文鮮明・韓鶴子御夫妻

自叙伝

人類の涙をぬぐう

平和の母

韓鶴子 著

光言社

自叙伝
人類の涙をぬぐう 平和の母（文庫版）

2021年7月22日　初版第1刷発行
2022年7月1日　　第3刷発行

著者　韓鶴子《ハンハクチャ》
翻訳　天の父母様聖会 世界平和統一家庭連合
韓鶴子総裁自叙伝日本語版出版委員会
発行　株式会社 光言社
〒150-0042
東京都渋谷区宇田川町37-18
電話　03（3467）3105
https://www.kogensha.jp/
印刷　共同印刷 株式会社

ISBN978-4-87656-660-0
定価はブックカバーに表示してあります。
乱丁・落丁本はお取り替えいたします。

序文

アフリカの赤道付近に位置するサントメ・プリンシペを訪問し、「神《しん》国家の祝福」という長年の宿題を終えた私は、しばしの休息を取るため、セーシェルという小さな島国を訪れました。エメラルドグリーンに光る海から、まるで挨拶をするかのようにザブン、ザブンと打ち寄せては引いていく真っ白な波を眺めながら、私は海辺を歩きました。白い砂浜の温《ぬく》もりと柔らかい感触が、足の裏から伝わってきます。澄み渡った空と心地よく吹きつける風。暖かな日差しを背に受けながら、私は心から平和を感じました。そして、人間の手垢《てあか》が付いていない太初の姿を残す風景を見ながら、このような祝福を無条件に下さる神様に思いをはせました。

神様は御自分の子女として創造した人間に、何の見返りを求めることもなく自然万物をお与えになり、共に平和な生活を送ることを望まれました。もし、ただ一つ願いがあったとすれば、それは神様が私たちの父母になられることでした。しかし人間始祖の堕落により、神様は最も愛した御自分の子女も、御自分の万物も、みな失ってしまったのです。

韓国ではよく、「子を失ったら胸に埋める」と言います。ある日突然、自分の命よりも大切な、愛する子供を失ってしまったら、親としてそれ以上の苦痛はないでしょう。神様もまた、子女である人類を失い、まるで気が触れて髪を振り乱したかのような姿で、歴史をかき分けてこられました。喜びと栄光の神様ではなく、悲しみと絶望、恨《ハン》（願いがかなわなかったことに対する無念な思い）の神様となられたのです。

しかし、神様は人類の真の父母であられるがゆえに、失った子女をそのままあきらめることはされません。愛なる神様であられるがゆえに、御自分の子女を捜し出し、再び懐に抱かなければならないのです。そうして、太初に夢見た平和理想を実現されなければならないのです。

神様の願いは、人類の真の父母になり、「神様のもとの人類一家族」理想を実現することでした。「父なる神」だけでなく、「母なる神」、すなわち「天の父母様」となり、個人、家庭、氏族、民族、国家、世界が神様を父母として迎え、神《しん》個人、神家庭、神氏族、神民族、神国家、神世界になるように導くことでした。

しかし、人間始祖の堕落によってこのような天の父母様の創造理想実現は延長され、「天の父母」の立場ではなく、神様の男性格である「天の父」の立場を中心とした、男性中心の歴史が展開されたのです。西洋文明の根幹を形づくったヘレニズムとヘブライズムも、みな総じて男性を中心とした歴史を綴《つづ》ってきました。したがって、神様の女性格である「天の母」の立場は隠され、神様は「天の父母様」になることができなかったのです。西洋社会で起こったフェミニスト運動が、男性による支配に対抗する単なる革命運動になってしまったのも、このような西洋における神様の存在論的な立場と関係があります。

このような理由から、私はこれまで、天の父母様の本然の立場を取り戻してさしあげるために、そして、耳があっても聞こえず、目があっても見えていない人々のために、東から西、南から北へと地球の至る所を回り、天の摂理の真実を伝えることにすべてを投入してきました。砂嵐が吹き荒れ、一寸先も見えない砂漠の真ん中で、一本の小さな針を探すような、切実で切迫した心情で、天の摂理の真実を伝え続けたのです。真実を理解できずに反対し、非難する人々を子女として抱き寄せながら、世界を抱くために一心不乱に歩みました。

真の愛を抱いている私の胸のどこにも、非難と迫害、反対と蔑視によって受けた傷はありません。二〇一九年の一年だけでも地球を何周も回り、私を必要としていればそれが奥地であれどこであれ、駆けつけました。口の中がただれ、足がむくみ、立っていることすらできない困難がありましたが、休むことはできませんでした。この道を歩むことを決心し、「いくら天のみ旨が大変でも、私の代でこの不幸の歴史に決着をつける」と神様に約束したからです。

そのようにして、世の中の隅々まで熱心に訪ねていると、人々が私のことを「平和の母」と呼ぶようになりました。国家の首脳、宗教のリーダーたちが、国や宗教の壁を超えて私を「平和の母」と呼び、ついてきてくれるようになったのです。私には、たとえ肌の色は違えども、「平和」の名のもとで母子の縁を結んだ息子や娘たちが大勢います。黒人の息子も、白人の娘もいますし、ムスリムのリーダーをしている息子も、キリスト教のメガチャーチのリーダーをしている娘もいるのです。また、国家の首脳として働いている息子たちも数多くいます。みな、「平和」の名のもとに母子の絆《きずな》を結んだ間柄なのです。

彼らはそろって、私を「平和の母」として証《あか》しし、自らの国や、宗教団体に恒久的な平和をもたらすための祝福を授けてくれるよう、私に願います。私はそんな彼らに、いつも「天の父母様」のことを話します。そして、「天の父」の名のもとに隠された「天の母」について、「独り娘」という、私のもう一つの名を通して話すのです。父母なくして、兄弟間の平和はあり得ません。父母こそ、兄弟の中心だからです。人類の父母であられる神様なくして、この世界に真の平和は訪れません。私はこの時のために、今まで生きてきました。

天の摂理の最後の時、神様は女性である「母」を中心として摂理を展開していらっしゃいます。そして、その母を中心とした摂理は今、太平洋文明として結実しているのです。人類文明史を見ると、ナイル川、チグリス川、ユーフラテス川などを中心として発達した河川文明は、ギリシャやイタリアを中心とした地中海文明へと移り、やがてイギリスやアメリカを中心とした大西洋文明へと移ってきました。その大西洋文明からさらに移動して、最後に、太平洋文明として実を結びつつあるのです。

その中心には、独り娘が誕生した大韓民国があります。ですから大韓民国は、天の祝福を受けた国であり、韓民族は天に選ばれた民族です。これこそ天の秘密であり、天の摂理なのです。太平洋文明は、キリスト教に根を下ろしながらも略奪と征服を繰り返す文明に転落した大西洋文明圏のようになってはなりません。利己的な文明ではなく、ために生きる真の愛に基づいた利他的な文明圏を築き、安着させなければならないのです。それが神様の最後の願いです。

私は残された生涯を、神様のこの願いをかなえてさしあげるためにすべて捧げる覚悟です。

本書には、このような私の生涯の一端が記されています。「独り娘」の名で、神様を「父母」として侍《はべ》るために生きてきた人生を振り返り、私の率直な思いを初めて、この本に込めました。どうしても入り切らなかった内容は、次の機会にお伝えできることを願っています。

本書の執筆を終えつつある今、ひときわ、慕わしくなる方がいます。夫婦の縁を結び、共に生涯を神様のみ旨をかなえるために生きて、八年前に天の国に召された私の愛する夫、文鮮《ムンソン》明《ミョン》総裁です。もしこの本が世に出るのを御覧になっていれば、誰よりも喜ばれたことでしょう。その夫の眼差しが、きょうはひときわ、私の胸を熱くするのです。み旨のために共に歩んだ私たちの生涯が、本書を通して、世の中に正しく伝わることを願ってやみません。

最後に、本書が出版されるまで多くの精誠を注いでくださった金寧社《キミョンサ》の高世奎《コセギュ》社長と出版関係者の皆様に、心から感謝の意を表します。そして、私の手となり足となり、本書のために多くの汗を流した天正宮《チョンジョングン》博物館や世界本部の責任者と関係者にも、感謝の気持ちを伝えたいと思います。

二〇二〇年二月、韓国・京畿《キョンギ》道《ド》加平郡《カピョングン》の孝情《ヒョヂョン》天苑にて

韓《ハン》 鶴《ハク》 子《チャ》

人類の涙をぬぐう 平和の母・目次

第七章　青春の苦労は明日の太陽です

第十章　神世界に向かう偉大な挑戦

第十一章　天一国安着のための天宙的カナン四十日路程

第一章
私の生涯の願い

その日、独立万歳を叫んだ一人の女性

その日は、既に節気では春が訪れた三月の初日でした。まだ霜が残る早朝、平安南道安州《ピョンアンナムドアンジュ》の空は、薄い霧でどこまでも覆われていました。襟元から入り込んでくる早春の冷たい風に身を震わせながら、女性が一人、台所に出て、朝御飯を作っています。薪《まき》で火を焚《た》き、家族のために御飯を用意すると、女性は食器棚の奥から木綿の布で包んだ物を大事そうに取り出しました。勝手口の隙間から、一筋の朝日が差し込みました。木綿の布を開くと、たたまれた白い布が中に入っています。さっと広げると、白い布の上に青と赤で描かれた円が、その完全な姿を現しました。

それは、夢ですら忘れることのなかった太極旗でした。悲しい気持ちとともに、言いようのない感情が込み上げてきます。女性はそれを再び木綿の布で包むと、食器棚にしまいました。

朝の野良仕事を終えた夫が家に帰ってくると、女性は数えで六歳になる娘を抱いて、一緒に朝食を取りました。その後、台所や奥座敷、土間や庭をきれいに掃除し、正午を少し過ぎた頃、女性は穏やかな表情で、家を出ました。背中に娘を負い、胸には太極旗を抱えていました。

安州の市場まで行くには、村を通る狭くて曲がりくねった砂利道を歩いていかなければなりません。その道を過ぎると、大通りにぶつかります。牛を引く農夫、背負子《しょいこ》を担ぐ青年、包みを頭に載せた女の人……。たくさんの人々が我先にと、市場へ向かっていました。

その女性は、市場の真ん中にある野菜売り場で足を止めました。そこは市場の中でも、人が一番多く集まる場所でした。背中で眠っていた娘が、目を覚ましました。女性は振り返って、愛《いと》おしそうに、静かに娘を見つめ、笑みを浮かべました。娘にとって、それは世界で最も美しい笑顔でした。

次の瞬間、喊声《かんせい》が上がりました。

「大韓独立万歳！」

その叫び声が途切れないうちに、女性は懐から太極旗を取り出して激しく振り、力の限り叫びました。

「大韓独立万歳！」

それを合図に、その場にいた人々が一斉に懐から太極旗を取り出し、振り始めました。池の水があふれるように、四方から「大韓独立万歳」という絶叫が上がりました。みな、このために集まった人たちでした。女性は誰よりも、誰よりも大きく叫びました。

突然起こった万歳の声と太極旗の波。事情を知らなかった人の中には、戸惑い、後ずさりしてこっそりと立ち去る人もいました。しかし、大韓の人であれば、万歳の隊列に加わらない人はいなかったでしょう。

女性はその日をどれほど待ちわびていたでしょうか。数日前から夜を徹し、手を震わせながら、幼い娘と一緒に太極旗を作りました。明かりのそばで、自分たちがどのような民族であり、なぜ独立万歳運動をしなければならないのか、娘に聞かせてやりました。娘は母親の話を聞きながら、その意味がみな分かっているかのように頷《うなず》きました。

娘は、母の背中で万歳の声に耳を傾けました。白い服を着た大韓の人々が己の命も顧みず、統治者である日本に抵抗する純粋な正義を目撃しました。その汚れなき白衣は、韓民族がいつまでも大切にすべき、非暴力と平和の美しい象徴でした。

すぐに、鋭い笛の音が鳴り響きました。日本の巡査たちが手に警棒と小銃を携え、市場になだれ込んできたのです。無慈悲に振り回される警棒に打たれた人々が、あちこちで血を流し、倒れました。日本の巡査は、男でも女でも、お構いなしでした。

女性は娘の命を守るため、涙を飲んで引き下がるしかありませんでした。その思いは天を衝《つ》くほどでしたが、血を流して犠牲になることを、神様は願っていらっしゃらないことを知っていました。神様は、愛と平和を願われていました。

女性は、まだ時ではないこともよく分かっていました。

「近い将来、宇宙の母、平和の母、独り娘が生まれ、独り子と出会って愛と平和の真の母となり、韓半島やアジア、世界に真の平和をもたらすだろう。そのために、しばしの屈辱は耐えなければならない」

その女性が信じたとおり、「大韓独立万歳」の声が響き渡った一九一九年から二十四年後、天の摂理によって、民族を超えた人類の松明《たいまつ》として、この地に独り娘が生まれました。

当時、太極旗を熱心に振ったこの女性こそ、私の祖母、趙元模《チョウォンモ》です。私の故郷である安州《アンヂュ》は、もともと愛国の精神が息づいている場所であり、早くからキリスト教が伝わっていた地域です。三・一独立万歳運動の当時、ソウルと共に安州でも、独立宣言書の朗読と万歳デモが行われました。

祖母はその後も、機会があるたびに独立万歳運動に加わりました。母も祖母に連れられ、独立万歳運動に参加しました。祖母の独立万歳の声が轟《とどろ》いてから二十四年が過ぎた年に、私は生まれました。そして、私が数えで三歳になっていた一九四五年の八月十五日、解放を迎えたのです。その時、祖母は孫である私を背負い、町に出ました。太極旗を握りしめ、解放された喜びのあまり、喉がつぶれるほど万歳を叫びました。

このように渦を巻く歴史の中心において、天は「宇宙の母」、「平和の母」をこの地上に送りました。天は、己未《つちのとひつじ》の年（一九一九年）に独立万歳運動に飛び込んだ祖母の趙元模から始まり、絶対信仰を持つ母の洪順愛《ホンスネ》、そして私に至るまでの、三代にわたる一人娘の家門を選ばれたのです。再臨の主を迎えるためにあらゆる困難を越えて準備してきただけでなく、国を愛する心を伝統として持つ家系でした。

人類を復帰するために、天が特別に探し立てたこのような家門を通して、神様の独り娘である私は、迫害を受けている韓半島の地に生まれました。独立万歳運動から百年、天が準備した平和の母、独り娘による人類救済摂理のプロセスは今、地球規模で展開しています。

「ありがとう！　頼んだよ！」

月よ月よ、明るい月よ　李太白《イテベク》が楽しんだ月よ
はるか向こう、あの月に　カツラの木が生えている
玉の斧《おの》で切り倒して　金の斧でよく仕上げ
小さなわらぶきの家を建て　両親二人をお迎えし
千年万年暮らしたい　千年万年暮らしたい

切なくも、心に響き渡り、気づきを与えてくれる歌です。

父や母を迎えて千年万年暮らそうという一節には、孝の道理を果たしたいという願いが込められています。神様を見失い、天涯の孤児として生きている人間は、たとえすべてを失ったとしても、神様と本郷を訪ねていかなければなりません。華やかな王宮ではなく、粗末なわらぶき屋根の小屋だとしても、慕わしい父母を迎えて暮らすことができれば、これより幸せな人生はないでしょう。

人間や万物は、太陽を慕います。太陽があってこそ生命が誕生し、万物が栄えるのです。一方、月には違うイメージがあります。太陽が華やかさだとすれば、月は静けさです。家を出た人が、太陽を見つめながら故郷を懐かしむということはあまりありません。むしろ、月の光の下で故郷を思い浮かべ、親を慕うのです。私は、夫と月にまつわる多くの思い出を大切にしています。秋夕《チュソク》や陰暦の小正月には、たくさんの信徒と一緒にお月見をしました。しかし、人類の真の父母である私たち夫婦は、月を見ながら物思いにふけっているわけにはいきませんでした。

「この仕事を終わらせて……」

夫の文鮮明《ムンソンミョン》総裁は、いつもそのように話していました。それは私も同じです。

「この仕事を終わらせて、時間ができたら、少し休めますね」

急ぎの仕事を終わらせたら、少しでも休む暇があるだろうと思っていましたが、ゆっくりする時間はついぞ与えられませんでした。

百年前、祖母が国を取り戻すために独立万歳を叫んだことを思いながら、私は人類を救い、平和な世の中をつくるため、生涯、命と情熱を余すことなく燃やしてきました。非暴力と平和を叫んだ三・一運動の崇高な精神を受け継ぎ、常に私は、平和を何よりも優先してきました。いつも時間に追われる気持ちで、多くのことをしてきました。私に与えられた使命を果たすために最善を尽くし、変わらぬ心と志でただひたすら、ために生きる人生を過ごしてきたのです。これは、誰にも想像だにできないことでしょう。

ですから、生きるに当たって肉身が必要とする休息を、まともに取ったことがありません。食事をしたり眠ったりすることも忘れて過ごすことが多くありましたが、体調を崩すことすらも贅沢《ぜいたく》であるかのように感じながら生きてきました。

文《ムン》総裁は非常に丈夫な体を持って生まれたので、少しでも健康に関心を傾けていれば、より良い世界をつくるため、もっと長い間、働くことができたはずです。しかし、天のみ旨のためであれば、自身のことを少しも顧みなかったため、取り返しのつかないほど健康を害してしまいました。聖和《ソンファ》（他界）する四、五年前からは、まるで千年のことを一日でするかのように、忙しく過ごしていました。

特に、年齢を考えると長距離の移動をされるべきではありませんでした。どうしても海外に出なければならないとしても、二、三年に一度くらいに抑えるべきでした。

外国を回る際は、時差の関係もあり、南北を縦断するよりも東西を横断するほうが体に負担がかかるのですが、聖和する前の一年は、九十歳を超えた年齢にもかかわらず、アメリカに行くために八回以上、東西を横断しました。自らの健康については全く考えず、ひたすら神様と人類のために働いたのです。

教会の古参の信徒はもちろん、青年たちに対して、苦難を克服する精神と忍耐力を養うために、荒れる海で何日も夜を徹することがよくありました。聞かせてあげたい話がありすぎて、十時間以上、訓読会（経典などを読み、学ぶ時間）をされることも多くありました。

ある仕事が迫っている中、文総裁は無理をして巨文島《コムンド》と麗水《ヨス》を急いで回ったのですが、ついに風邪を引いてしまいました。すぐにでも病院に行くべきでしたが、「この仕事を終わらせてから行こう」と言うので、明日、明後日と先延ばしになってしまいました。ようやく病院に行って診察を受けた時には、既に体が非常に衰弱した状態でした。

そうして、二〇一二年の夏、しばらく入院することになったのですが、病院の検診が終わるや否や、すぐに退院しようと言い、頑として譲りませんでした。もう少しいたほうがよいと引き止めましたが、誰の言葉も聞き入れはしませんでした。

「まだすべきことが多いのに、病院で時間ばかり過ごしてどうするのか！」

むしろ、入院を勧める人たちを、このように叱るのです。どうすることもできず、退院することになりました。それが八月十二日のことでした。館に戻ると、文総裁がぽつりとつぶやきました。

「きょうは、二人で向かい合って食事をしたいね」

その言葉を聞いた周りの信徒たちは、とても不思議に思いました。いつも私は隣に座って食事をしていたからです。その日、文総裁は遅い朝の食膳を前にして、スプーンを持とうともせず、じっと私の顔を見つめていました。おそらく、心の中に妻の顔を刻んでいたのでしょう。私は笑顔で、夫の手にスプーンを取ってあげ、おかずを味わってもらいました。

「このおかずはおいしいですよ。ゆっくり召し上がってください」

八月十三日は、ひときわ日差しの強い日でした。文《ムン》総裁は、人の背丈以上にもなる大きな酸素ボンベと共に、厳しい日の光を浴びながら、清平《チョンピョン》湖や清心《チョンシム》国際中・高等学校をはじめ、孝情《ヒョジョン》天苑団地を隈《くま》なく見て回りました。そして館に戻ると、録音機を持ってくるように言いました。録音機を手にしたまま、文総裁は十分以上、考えにふけっていましたが、やがてぽつり、ぽつりと言葉を発しながら、祈り始めました。

それは、これまで歩んできた生涯に終止符を打つ場で、堕落の歴史を超越して人類の本然のエデンの園に戻り、真の父母についてきさえすれば天国に向かうことができる、という内容でした。また、自分の氏族を導く使命を果たし、国を復帰するという宣布でもありました。

そして最後に、この言葉で締めくくったのです。

「すべて成し遂げた、すべて成し遂げた！　すべてを天の前にお返しする。完成、完結した」

結局、この祈祷が、真の父である文総裁の最後の祈りとなりました。

それはアルパでありオメガ、始まりと終わりがすべて含まれた祈りであり、み言《ことば》でした。少しの間、苦しそうに呼吸をした文総裁は、私の手をぎゅっと握りました。

「ありがとう！　頼んだよ！」

息苦しそうにしながらも、「本当にすまない。本当にありがとう」と立て続けに話す文総裁。

私はその手をさらに固く握りしめ、慰労の言葉と眼差しで、安心してもらえるよう努めました。

「何も心配しないでください」

二〇一二年九月三日、文鮮明《ムンソンミョン》総裁は数えで九十三歳を一期として、神様の懐に抱かれました。

そして、天聖山《チョンソンサン》の本郷苑《ポニャンウォン》に入りました。私はよく、天聖山の上に浮かぶ月を見ながら、静かに物思いにふけります。

「玉の斧《おの》で切り倒して、金の斧でよく仕上げ、小さなわらぶきの家を建て、両親二人をお迎えし、千年万年暮らしたい、千年万年暮らしたい……」

その願いを、何度も口ずさむのです。

山道で出会った野花のほほ笑み

「道がぬかるんでいるでしょうから、きょうはお休みください」

雨上がりの朝、私の安全に配慮し、周りの人が寄せてくれる言葉です。

秋になると風が激しく吹き荒れ、冬になるとぼたん雪が降り積もります。休むべき理由と言い訳は本当にたくさんありました。しかし私は、夜明けと共に家を出て、京畿道《キョンギド》加平郡《カピョングン》の天聖山にある夫の墓まで登りました。

文《ムン》総裁が聖和《ソンファ》した後、私は朝夕、霊前に食事を捧げ、本郷苑《ポニャンウォン》まで往復しながら、心の中で夫と多くの会話を交わしました。そうして、夫の考えが私の考えとなり、私の考えが夫の考えとなりました。

侍墓《シミョ》の精誠を捧げた私は、一九七〇年代に夫が横断したアメリカの五千六百キロの道をたどり、スイスのアルプス山脈にある十二の峰を訪れて、祈祷と瞑想《めいそう》をしながら夫と霊的にさらに近く交感しました。私は、夫と全世界の信徒に約束しました。

「草創期の教会に返り、神霊と真理によって教会を復興させます」

いつでも行きたい、とどまりたい場所、温かい母親の懐のような教会をつくることが、私の夢です。それは、夫が描いた夢でもあります。

夫と私は、生涯を通して数多くのことを共に経験しました。私だけが心にしまっているエピソードは、さらにたくさんあります。私はこれまで以上に、神様と人類のために献身しようと決心しました。その日から、一時も休んだことはありません。

生命が躍動する春を迎えると、本郷苑までの道はたくさんの楽しみにあふれます。小道の両脇には、人の腰の高さで曲がった松が生えており、その下には野花が咲き乱れています。花は、冬には姿を消してしまいますが、春になると競うように、あちこちで咲き誇ります。山道で足を止め、しゃがんで草花をじっと見つめると、それらはたとえ振り向いてくれる人がいなくても、朝日を一身に浴びながら、非常に美しい姿を見せていることが分かります。その美しさに酔いしれ、花々をそっとなでてから、再び細い道を登るのです。決して軽い足取りではありませんが、私の心は野に咲く花のように、平和で満たされています。

墓に到着すると、芝生に混じって雑草が生えていないか、山の動物が踏み荒らしていないか、じっくり調べます。時と共に、その青さを深めていく芝生に囲まれた墓の前で、私は世の中のすべての人が野の花のように美しく、松のように強い心を持ち、この芝生のように清く生きていけるように、一人、祈りを捧げるのです。

下りの道では、野草や松の木に挨拶をします。

「自然の友たちよ、明日また会いましょう」

ゆっくりと下りていく細道は昨日と全く同じ道ですが、天気は毎日変わります。暖かな日差しの日、風が吹く日、突然雷が鳴りどしゃぶりの雨が降る日、ぼたん雪が空を覆う日……。それでも私は、文総裁が聖和した二〇一二年九月以降、三年、千九十五日の間、一度も侍墓を欠かしませんでした。

韓国の伝統で、亡くなった父母に捧げる孝行が侍墓です。父母の墓の西側に小屋を造り、雪が降ろうと雨が降ろうと、食事もろくにせず、着の身着のまま、土葬された父母と三年間、共に過ごすのです。その三年というのは、生まれた子女が、両親の全面的な保護と愛なくして生きることのできない期間と同じです。ですから侍墓《シミョ》とは、言わば恩返しの時間なのです。

しかし世の中には、父母の恩を忘れて生きている人があまりにも多くいます。目の前にいる自分の生みの親に対してさえそうであるならば、人類の苦痛と悲しみを蕩減《とうげん》（本来の位置と状態に戻るために必要となる条件を立てること）するために涙の祈りを捧げている真の父母という存在に、果たして気づくことができるでしょうか？

多くの人が、この地に顕現した真の父母とは誰なのか、その真の父母がどのような犠牲の道を歩んできたのかを知らないまま、今もそれが自分とは関わりのないことのように生きています。そのような人々に気づいてもらうために、文《ムン》総裁の妻である私が、全人類に代わって三年間、一日も欠かさずに侍墓の精誠を捧げたのです。

その精誠が終わった二〇一五年、私は世界の人類のために大きな贈り物を用意しました。歴史始まって以来、最も意義深い「鮮鶴《ソナク》平和賞」が、長い準備の末にスタートしたのです。

苦しみに満ちたこの世界の架け橋となって

空が少し曇っています。明日の天気はどうなるのでしょうか。

「朝、にわか雨が降るそうですね、雲も多いですし」

見慣れた光景をまた目にするようで、思わず笑みがこぼれました。「世界平和統一家庭連合」（以下、家庭連合。旧称は「世界基督《キリスト》教統一神霊協会」、以下、統一教会）の行事を行う日は、雨がよく降りました。

四十数年前、アメリカのニューヨーク・ヤンキースタジアム大会では、突風を伴う夕立に見舞われました。韓国・ソウルの蚕室《チャムシル》で三十六万組の国際合同結婚式を行った日も大雨が降りましたし、「世界平和女性連合」の創設大会を行った日も一日中、雨が降りました。しかし私は、その雨をありがたい贈り物として受け止めました。

二〇一五年八月二十八日、この日もやはり、雨が降りました。夏の終わりに、雨の中、世界のあちらこちらから多くの人々がソウルを訪れました。客人を気持ち良く迎えられるようにという天の配慮からか、雨脚がしばしの間、弱まります。

地球の至る所から遠い道のりを越えて人々が訪ねてきたのは、「平和」のためでした。人は、誰もが平和を願います。しかし、それは簡単には与えられません。もし、平和というのが田舎道の石ころや山に生える木のようにありふれたものであるならば、人類の歴史にこれほど痛ましい戦争や対立は、一度も起きなかったことでしょう。平和は、その代価として数多くの人々の汗や涙を、そして、時には血を求めます。まさにそれゆえに、私たちは平和を心から渇望しながらも、なかなか実現できずにいるのです。

真の平和を実現するためには、決して見返りを望むことなく、自分がまず真なる愛を与えなければなりません。それは私が、そして私たち夫婦が生涯、歩んできた道でした。その道のりにおいて、聖和《ソンファ》した夫の文《ムン》総裁と人類への贈り物として私が準備したのが、鮮鶴《ソナク》平和賞です。

第一回の表彰式が行われる日、雨の中集まってきた人々は、まるで思いがけないプレゼントをもらった子供のように、すぐには興奮を抑えることができませんでした。好奇心が強い人は目を丸くして、隣の人とささやき合いました。

「様々な人が集まりましたね。地球上には、こんなに多くの人種がいたのでしょうか」

この世界には多様な言語があり、多くの人種がいます。その日、表彰式の式場では、様々な肌の色の人々が集う中、あらゆる言語が飛び交い、まるで言葉と人種の博覧会のようでした。

まだ私に会ったことのない人は、韓鶴子《ハンハクチャ》とはどういう人物なのかを気にして、壇上に座る私を遠くから見つめました。ところが予想に反して、私の服が自分の着ている服よりも質素で、どこにでもいる平凡な母親のような姿だと思ったのか、首をかしげる人もいます。一方で、私が人類のために準備した大きなプレゼントに対する感謝を込めて、視線を送ってくる人も多くいました。

私は鮮鶴平和賞を創設する時、その根幹となる部分が何かを、人々が忘れないように願いました。

「平和の範囲を未来にまで広げなければなりません。たとえ私たちが直接会うことのない子孫であったとしても、彼らが幸せな人生を送れるようにしなければなりません」

未来のための平和とは何なのか、白熱した議論の末に、その意味と方向性が定まりました。

本当の平和とは、単に宗教や人種、国家間で起こる対立を終わらせることだけではありません。私たちを苦しめるものとして、分別のない環境破壊、そして未来への備えがないことが挙げられます。それにもかかわらず、既存の平和賞は、今の世代の問題解決にばかりこだわっています。

現在の問題を解決しながらも、同時に幸せな未来をつくり上げていくことこそ、私たちが今、取り組むべきことです。その志を抱きながら、苦しみに満ちたこの世界の架け橋となるため、鮮鶴平和賞は最初の一歩を踏み出したのです。

「海」は宝物庫、最初の鮮鶴平和賞

人類の歴史は、いつの時代にも大きな傷跡を残しています。その中でも一番胸が痛む時期が、二十世紀です。地球の至る所で大小の戦争が絶えず起こり、数え切れないほど多くの善良な人々が命を落としました。日本統治時代に生まれ、第二次世界大戦と韓国動乱（朝鮮戦争）を経験した私は、その凄惨さをいまだに忘れられません。

しかし、そもそもの理由すら分からない、美名に包まれた戦争が、いまだに続いています。残忍な戦争やテロに限らず、種々の深刻な問題が私たちを苦しめているのです。

幸いにも私たちには、揺るぎない道徳心と、知恵があります。自然を保護できる技術も持っています。それらの問題解決の舞台の一つが、いまだ多くが手つかずのまま残されている海です。地球の表面の七〇パーセントを覆っている海は、莫大《ばくだい》な資源を抱えており、人類の難題を解決することのできる宝物庫です。早くから私たち夫婦は、海の重要性を繰り返し強調し、その活用方法を様々な形で提示してきました。

そのような背景から、鮮鶴《ソナク》平和賞の最初のテーマを「海」に定め、厳格な審査を経て、義人を選び出しました。インドのM・ビジェイ・グプタ博士と、南太平洋の小さな島国、キリバスのアノテ・トン大統領（当時）です。

グプタ博士は、食糧不足を克服するための方法として魚の養殖技術を開発し、「青の革命」を導いた科学者です。東南アジアやアフリカの貧しい国に広く技術を普及させ、貧困層にいる人々が飢餓に苦しまないように尽力しました。

トン大統領は、海洋生態系の重要性を国際社会に訴えるグローバルリーダーです。心痛いことに、キリバスは三十年以内にその生活基盤である国土全体が水没するかもしれないと危惧されています。そのような危機に瀕《ひん》しているにもかかわらず、世界で最も大きな海洋公園を造り、海の生態系を保護する活動の先頭に立っているのです。

二人が取り組んできた食糧問題と環境問題は、私たち夫婦が長い間、人類の救いと平和世界実現のために解決しようとしてきた課題でもありました。私たち夫婦は、理論的な探究と活動にとどまらず、実際に技術の平準化を提唱しながら、様々な取り組みを行いました。魚を粉状にして食糧用に普及させることで、多くの人々が飢えから抜け出せるようにするなど、理想世界を実現するために、半世紀以上、力を注いできたのです。

文《ムン》総裁と私は早くから、韓国からすると地球の真裏に当たる南米のパラグアイやブラジルにまで足を運びました。そこで、まさに一介の農夫や漁夫となり、炎天下、人類の未来の食糧問題を解決するために食べることも忘れて働きました。滴る汗を手でぬぐいながら深刻に歩んだ日々が、今も脳裏に焼きついています。

これまで六十年間、地球の至る所で人類の幸せを願って多くのことをしてきましたが、自分の名前を掲げたことはありません。私は人々の幸せのためなら、持っているものをすべて与えながら、一歩その場を離れれば、そのことを忘れてしまいます。それは私が真の母、平和の母として、苦しんでいる隣り人の涙をぬぐいながら、人類を救い、神様の恨《ハン》を解くために、生涯をかけて努力してきた独り娘だからです。

根を抜かれたまま流浪する人々

「教育者というよりも、隣に住むおばさんのようですね」

黒いヒジャブをかぶったサキーナ・ヤクービ博士を見て、誰かがつぶやきます。背も高くなく、ふっくらした彼女の顔には、厳しい歳月を経てきた証《あか》しのように、シワが刻まれています。

鮮鶴《ソナク》平和賞の授賞式という華やかな場でなければ、中東のどこかの路地で見かけそうな、平凡な中年女性にしか見えません。

「その隣の男性も、医者には全然見えないね」

ジーノ・ストラーダ博士も見た目はやはり、ヨーロッパでよく目にする普通の中年男性です。しかし、この二人の内面には強靱《きょうじん》な意志が秘められていることを、私は知っていました。

冬の終わりは、思いのほか冷え込みます。それでも立春になれば、いつの間にか厳しい寒さは遠のき、大地を包み込む暖かな季節が訪ねてきます。二〇一七年、立春を翌日に控えた二月三日は、私にとって非常に多忙な一日でした。多くの客人が世界中から集まってきたからです。八十カ国以上から来た彼らは、皮膚の色も、言語も、宗教も違います。それでも、隣り合った初対面の人とうれしそうに挨拶を交わし、すぐに友人になるのです。

世界には依然として、家族や友人を失い、寝る場所もなく、食事すらまともにできない人がたくさんいます。生まれ育った故郷から理不尽に追い出された、難民と呼ばれる人々です。戦争の惨禍を逃れて故郷を離れた人々の暮らしは、限りなく悲惨です。私は、彼ら難民が人間らしい生活を取り戻し、その苦しみを解決できるようにするため、全世界の人々が協力するよう訴えました。また、義人たちを探し出し、激励することに労を惜しみませんでした。

第二回の鮮鶴平和賞受賞者であるイタリアのストラーダ博士は、二十五年もの間、中東とアフリカで命の危機に瀕《ひん》した七百万人以上の難民に、医療救護を施した人道主義者です。

アフガニスタンのヤクービ博士は、「アフガン教育の母」と呼ばれる教育者です。彼女はアフガニスタンの難民キャンプで、故郷を失った難民が再び定住できるように二十年以上、尽力してきました。時には命の危険にさらされながらも、耐え抜いて人々に教育を施し、たとえきょうがつらくとも、明日には希望があるという信念を持たせました。

彼女が丁寧に書き送ってきた私への手紙には、深い感謝の気持ちが込められていました。

　鮮鶴平和賞は、ノーベル平和賞に並ぶほどの、本当に素晴らしい賞です。……私の人生は、常に危険と隣り合わせです。朝起きて、夕方まで生きていられるか分かりません。しかし今回、授賞という形で、これまでの私の努力を認めていただきました。韓鶴子《ハンハクチャ》総裁が私の苦労を認めてくださったことは、私にとって非常に大きな意味を持ちます。……韓国は戦争を経験したにもかかわらず、その意志と知恵をもって短期間に多くのことを成し遂げました。

アフガニスタンが、韓国をロールモデルにして発展することを願っています。

　彼女は、一日たりとも生活の安全が保障されない危険な環境に置かれながらも、今も変わらず、女性や子供たちのために働いています。私たちが家で、心安らかに温かい御飯を食べている時でも、多くの人々が故郷から根を抜かれて追われ、流浪しています。自分の家から追い出される苦痛と悲しみは、人生を根底から揺さぶります。その胸痛い悲劇を、私たちの世代で必ずや終わらせなければなりません。

アフリカの涙をぬぐう日

イエス様は弟子たちに、祈祷について多くのことを説かれましたが、そこで「こう祈りなさい」と明確に指導された中に、次の一節があります。

わたしたちの日ごとの食物を、きょうもお与えください。（マタイによる福音書六章一一節）

その祈祷を教えてくださってから既に約二千年が経《た》ちましたが、いまだに、私たちが考えるよりもはるかに多くの人々が飢餓で苦しんでいます。特にアフリカは、人類文明の発祥地であるにもかかわらず、そこに生きる人々の目標がまず「飢えないこと」であるほど、劣悪な環境にあります。人間の基本的な権利が奪われていたり、基礎教育を受ける機会自体が閉ざされていたりする人たちもたくさんいます。

私はアフリカに行くたびに、その課題を解決しようと多くのことに取り組んできました。鮮《ソ》鶴《ナク》平和賞委員会が二〇一九年、第三回のテーマとして「アフリカの人権と開発」を掲げた際は、長年の宿題が一つ片付いたと感じ、うれしく思いました。

アフリカ開発銀行総裁のアキンウミ・アデシナ博士と、女性人権活動家のワリス・ディリー女史は、私が常に探し求めてきた「実践する義人」でした。

ナイジェリアの貧しい農家に生まれたアデシナ博士は、幼い頃から「どうすれば農業を復興させられるだろうか」と悩み、将来は豊かなアフリカをつくるという夢を育んでいました。アメリカのパデュー大学で勉強した後、アフリカに戻り、三十年間かけて農業技術の革新に取り組むことで、数億人が飢餓から抜け出せるようにしました。二〇一九年二月、鮮鶴平和賞の受賞のために韓国を初めて訪れた彼は、より良い世界をつくるためにまだやるべきことが多くあると語りました。

「世の中に、食事を提供し、飢餓と栄養失調をなくすことよりも重要なことはありません。飢えというのは、人類にとってまさに害悪です。白、黒、黄色、いかなる肌の色の人も、飢えてはいけません。これが、鮮鶴平和賞の賞金五十万ドル全額を、私がワールド・ハンガー・ファイターズ財団のために使おうとする理由です」

彼の夢は、私が早くから唱え、訴えてきた平和を実現する一つの実践方案です。私は彼がいつまでも志を曲げず、真に価値ある仕事を続けられるように励ましました。

もう一人の受賞者であるディリー女史は、女性として乗り越え難い道を克服してきた、意志の強いアフリカ女性です。ディリー女史はソマリアの遊牧民の娘として生まれたのですが、五歳の時に割礼を受け、内戦や飢餓、弾圧が起こる中で幼少期を過ごしました。しかし、多くの夢を持っていた彼女は、未来に向かって挑戦し、ついには世界的なスーパーモデルになったのです。

一九九七年、アフリカの数億人の女性を代表して割礼の経験を告白することで、彼女の人生が変わりました。人権活動家として目覚ましい活動を始め、国際連合の「女性割礼根絶のための人権広報大使」に任命されると、アフリカの十五カ国において女性割礼の禁止を明示した「マプト議定書」の批准を実現させました。

二〇一二年には、国連が女性割礼を全面的に禁止する決議案を全会一致で採択するに当たって、大きな役割を果たしています。これにとどまらず、彼女は医師たちと協力してフランス、ドイツ、スウェーデン、オランダに、デザートフラワーセンターという、割礼を受けた女性たちのための診療所をつくっています。また、女性の自立を支援する教育機関をアフリカの各地で運営しています。

アフリカのいくつかの場所で行われている女性割礼は、宗教や民族固有の伝統ではなく、ただの暴力的な慣習にすぎません。この悪習は、女性を抑圧する手段であるだけでなく、その命までも脅かすものです。

それにもかかわらず、三千年以上も続いてきたこの割礼を撤廃するために、ディリー女史は自身のすべてを捧げました。世界はその献身に、足並みをそろえました。それがどれほど険しい道のりだったかは、わざわざ言葉にしなくても十分に分かります。

「私の目標は、アフリカの女性を助けることです。私は、女性が力強く生きる姿をこの目で見たいのです。アフリカにおいて、日々の暮らしに責任を持っている女性は、国の経済的側面において中心的な役割を担っています。それなのに、幼少の時に心に傷を負わせ、生涯、心理的にハンディキャップを抱えて生きるようにさせているのです。それが、か弱い女性にとってどれほど大きな暴力であるか、気づかなければなりません」

　アフリカはきょうも太陽が熱く照りつけています。そこで暮らす人々は極めて善良で、家族を愛し、隣人を尊重し、自然と共に生きています。彼らの流す涙をぬぐってあげるのは、私たち全員の役割です。

　鮮鶴《ソナク》平和賞は今、新世紀の美しいビジョンを描いています。私たちは間違いなく、一つの家族です。皮膚の色が違い、言葉が違うことは、何の障害にもなりません。鮮鶴平和賞は、未来への旅路における、堅固な架け橋となっています。地球上のどこであろうと、真実の心で汗を流して歩む義人たちの、真の友です。鮮鶴平和賞が蒔《ま》いた平和の種は、地球という村で最も大きな実を結ぶ、平和の大樹に育つでしょう。

第二章
私は独り娘としてこの地上に来ました

深く根を張った木は風に倒されず

目を閉じると、トウモロコシ畑を荒々しくなぎ倒していく風の音が聞こえます。それは、荒野を走る何千頭もの馬の蹄《ひづめ》の音、大陸を力強く駆けた高句麗《コグリョ》の戦士の気迫あふれる鬨《とき》の声を思わせます。静かに心の耳を澄ますと、また別の、懐かしい音が聞こえてきます。

「ウッコッコー……」

山の中腹にある、高い木の枝に巣を作ったコノハズクの鳴き声が、かすかに聞こえます。夏の夜、母の手を握ってうとうとしている時に耳にした鳴き声が、今も私の耳元で響きます。私の故郷、平安南道《ピョンアンナムド》安州《アンヂュ》の美しい風景や、自然が奏でる音色は、七十年以上経《た》っても、私の心の中にそのまま残っています。必ずまた訪ねたい、慕わしい故郷です。私がいつかは帰るべき、本郷の地です。

私が生まれる時、父の韓承運《ハンスンウン》は、単に子を授かる兆しというよりも、啓示というべき夢を見ました。それは、松が鬱蒼《うっそう》と茂る林の中で、清く美しい日の光を浴びながら、二羽の鶴が仲睦まじく過ごしている夢でした。そのため、父は私に「鶴子《ハクチャ》」という名前を付けたのです。

私は清州韓《チョンヂュハン》氏であり、本貫《ポングァン》（始祖の出生地）は忠清北道《チュンチョンブクト》の清州《チョンヂュ》です。忠清とは「心の中心が清い」という意味であり、清州とは「清い地」という意味です。川や海の水が清く澄んでいると、泳いでいる魚はもちろん、底のほうまではっきりと見通せるように、その地域に住んでいた私の先祖は、心が清く、謙遜な人々でした。清州韓《ハン》氏の「ハン」には、様々な意味があります。「一」（ハナ）という意味では神様を象徴し、「大きい」という意味では宇宙万物を懐に抱きます。また、「満ちる」という意味も持っています。

清州韓氏の始祖は、高麗《コリョ》建国の功臣の一人だった韓蘭《ハルラン》です。彼は、清州の方西洞《パンソドン》に務農亭《ムノンヂョン》というあずまやを建てて広い土地を開拓し、人々が農業を営めるようにしました。のちに高麗を建国することになる王建《ワンゴン》が、後三国の争乱の際、後百済《フベクチェ》の甄萱《キョンフォン》を討ちに行く途中で清州を通るのですが、その時、韓蘭は王建を出迎え、十万の兵の腹を満たすとともに、自ら一緒に戦場に向かい、大きな功を上げることになります。韓蘭はその功によって高麗の開国壁上功臣に上り詰め、その名を末長く轟《とどろ》かせます。その彼から三十三代を経て生まれたのが、私です。

イエス様は三十三歳で十字架にかかり、亡くなりました。三十三年の生涯の間、命を懸けて人類を救おうとされましたが、イエス様がどのような方か分からなかった当時の無知なイスラエル民族によって、十字架にかけられてしまったのです。

しかし、イエス様は「また来る」と言って、再臨することを約束されました。その時、十字架にかかったのは、イエス様と左右の強盗の三人です。その中で、イエス様は右側の強盗に、「あなたはきょう、わたしと一緒にパラダイスにいるであろう」（ルカによる福音書二三章四三節）と約束して、天に昇られました。三という数字は、天と地、そして私たち人間を示しており、天理法度の完成、完結を意味します。

韓民族はもともと、星座を研究して天の運勢を解き明かした、聡明《そうめい》な東夷《とうい》民族でした。紀元前から農耕文化を築いて繁栄した民族であり、天を崇《あが》め、平和を愛する選民でした。この東夷族である韓民族が、韓《ハン》氏王国を建てたというのです。歴史的に見ると、古朝鮮時代以前に韓氏がいたという記録があるといいます。これを神話だといって貶《おとし》める意見がないわけではありませんが、檀君《タングン》神話には、韓民族を天孫民族として選んだ神様の深いみ意《こころ》が込められています。また、韓民族は倍達《ペダル》民族ともいいますが、倍達とは明るい国、光の当たる国、天を崇める民族を意味しています。

しかし、韓民族が歩んできた五千年の歴史を思えば、誰もが胸を痛めずにはいられません。先天的に平和を愛する善良な民族であるにもかかわらず、絶えず他の民族の侵入を受けてきたのです。そのたびに韓民族は無慈悲に踏みにじられ、厳しい寒さの中、裸の木のように哀れな姿で過ごしてきました。しかし、いくら踏まれても、雑草のようにその根は決して失いませんでした。知恵と忍耐心で外敵を退け、誇らしい韓民族の国を固く守ってきたのです。

神様はなぜ、善良なこの民族を、これほどの大きな試練と苦痛を通して鍛錬されたのか、考えずにはいられません。それは、韓民族に非常に大きな使命を担わせるためでした。聖書にもそのような歴史が記されています。神様はノア、アブラハムなどの中心人物を立てて摂理を導いてこられながら、イスラエル民族を選民として立て、イエス様を送られました。しかしイスラエル民族は、イエス様を十字架にかけて死なせてしまうという愚を犯したのです。

それから二千年後、天は韓民族を選び、独り子と独り娘を送られました。これは、神様の愛を最初に受けることのできる唯一の男性と唯一の女性を意味しています。韓半島に独り子と独り娘を誕生させ、世界を救い、人類を愛によって導くようにすることが神様のみ旨でした。韓民族が長く凄絶な苦難と苦痛を通して、たとえ裸の木にはなったとしても、決して朽ち果てた枯れ木とはならなかったのは、このような崇高な使命が与えられていたからです。韓民族は、天が選んでくださった真の選民なのです。

めん鳥が雛《ひな》を抱くように情にあふれた村

私が生まれるずいぶん前から、地球は美しい星ではなく、もだえ苦しむ星となっていました。世界中が、互いに殺し合う戦場となり、人間が人間を搾取する不平等の時代を迎えていました。極度の混乱と暗闇に覆われ、どこにも希望の光を見いだすことはできませんでした。

韓半島は一九〇五年の乙巳《いっし》保護条約から一九四五年に解放を迎えるまでの四十年近く、暗鬱な日本統治時代にあり、言葉で言い尽くせないほどの苦難を経験しました。

その凄絶な抑圧の時代の最中である一九四三年二月十日、陰暦では一月六日の明け方、私は平安南道《ピョンアンナムド》の安州《アンヂュ》で生まれました。現在は安州市七星洞《チルソンドン》という地名になっていますが、当時の住所、

「安州邑《アンヂュウプ》信《シ》義《ニ》里《リ》二六番地」を、今も鮮明に覚えています。私の故郷の村は、それほど田舎ではありませんでしたが、まるでめん鳥が翼の下でそっと雛《ひな》を抱くように、温かく、情にあふれた村でした。ほとんどがわらぶき屋根の家でしたが、私が生まれたのは広い板の間もある、瓦屋根の家でした。

家の裏には、栗《くり》や松の木が茂る小さな山がありました。季節に合わせてきれいな花が咲き、様々な鳥のさえずりが、まるで合唱をしているかのように聞こえてきました。暖かな春には、家々の垣根の間から黄色いレンギョウが明るくほほ笑みかけ、裏山ではツツジが真っ赤に咲き乱れました。村には小川が流れ、水がカチカチに凍る真冬の時期以外は、いつもちょろちょろと愛らしい音を立てていました。

私は、鳥のさえずりと同じように、その川の音を自然の合唱として受け止めながら育ちました。今も思い浮かべると目頭が熱くなるほど、温かな情感を抱かせてくれる、母の懐のような故郷です。

裏庭には、トウモロコシがぎっしり植えられた小さな畑がありました。夏も暮れになるとトウモロコシがよく熟し、皮が裂けて細長いひげの間からツルツルした黄色い粒が顔を出します。

天気の良い昼下がり、母はよく、ぎっしりと実の詰まったトウモロコシをゆでてくれました。それを竹のかごに入れて板の間に置くと、近所の人たちを呼びにいきます。すると、周りの家から一人、二人と戸を開けて入ってきては、床に座り、トウモロコシを分けて食べるのです。

村の人々は感謝しながら食べていましたが、その表情はあまり明るいものではありませんでした。今考えてみれば、みな暮らしに余裕がなくて飢えをしのぐこともままならず、心と体が疲れ切っていたのでしょう。

私もその間に入り込み、小さなトウモロコシを一つ、何とかむしって食べようとしました。しかし、なかなかうまくいきません。すると母がにこりと笑い、黄色い粒を指で取って、私の口の中に入れてくれるのです。その甘いトウモロコシの粒が口の中をあちこち転がっていたのが、まるで昨日のことのように思い出されます。

タルレ江《ガン》の伝説、天の摂理を宿して

「お母さん、平安道《ピョンアンド》ってどういう意味？」

好奇心旺盛だった私は、気になることがあると母の元に走っていき、何でも尋ねました。その都度、母は丁寧に教えてくれました。

「平安道は、平壌《ピョンヤン》と安州から一文字ずつ取って付けた名前よ」

「どうして一文字ずつ取ったの？」

「どちらも、大きな街だからよ」

私の故郷である安州は、昔から軍事的にも政治的にも非常に重要な地域でした。また、広い平野があり、農業が栄えて食糧にも恵まれ、古朝鮮時代から大きな都市を築いていました。母が生まれた定州《チョンジュ》は、私の夫、文鮮明《ムンソンミョン》総裁の故郷でもあります。そこから南に向かって清川江《チョンチョンガン》を渡ると、すぐに安州《アンジュ》です。

昔、「薩水《サルス》」と呼ばれた清川江は、高句麗《コグリョ》時代に乙支文徳《ウルチムンドク》将軍が隋《ずい》の大軍を撃破した「薩水《サルス》大捷《テチョプ》」でも有名です。この川を境にして、平安北道《ピョンアンブクト》と平安南道《ピョンアンナムド》に分かれているのです。安州から、北にわずか六十数キロ行けば夫の故郷である定州があり、南に七十五キロ行けば平壌《ピョンヤン》があります。

父の韓承運《ハンスンウン》（清州韓氏《チョンヂュハン》）は、陰暦の一九〇八年十二月二十九日、その平安南道安州郡の大尼《テニ》面龍興里《ミョンヨンフンニ》九十九番地で、父・韓炳健《ハンビョンゴン》と母・崔基炳《チェギビョン》の間に、五人兄弟の長男として生まれました。数えで十一歳になる一九一九年、萬城《マンソン》公立普通学校に入学しています。その学校は四学年の時に中退しましたが、勉強がよくできた父は学びへの情熱を抑え切れず、一九二三年に私立の育英《ユギョン》学校に入学し、一九二五年に卒業しました。数えで十七歳の時でした。

父は卒業後、教師となり、約十年間、母校の育英学校で子供たちを教え、解放直後の混乱期においても一九四六年まで、萬城公立普通学校の教頭として働きました。

私が父と一緒に過ごした期間は、とても短いものでした。しかし、その温厚な人柄と風貌は、私の記憶に深く刻まれています。細やかで慎み深い性格でしたが、がっちりとした体格で、体力も秀でていました。村の人が田んぼの中の大きな岩をどけようと苦労しているのを目にすると、すぐに駆け寄って、ひょいと岩を持ち上げてしまったというほど、力持ちでした。

キリスト教の信仰に篤《あつ》かった父は、教員生活と信仰生活に真摯に取り組む中、家を空けることが多くありました。李龍道《イヨンド》の新イエス教で中堅幹部として忙しく過ごし、日本警察からの迫害と監視を受けながらも、ひたすら神様に仕える信仰と心情で生活していました。

母の洪順愛《ホンスネ》は、一九一四年の陰暦二月二十二日、平安北道の定州で生まれました。敬虔《けいけん》なキリスト教信者である父・洪唯一《ホンユイル》と母・趙元模《チョウォンモ》の間に、一男一女の第一子として、誕生しています。

祖母の趙元模は、朝鮮時代に裕福で学のあった趙漢俊《チョハンヂュン》の直系子孫で、官職を担った人々の住む瓦屋根の家が立ち並んだ村で育ちました。

その昔、定州を流れるタルレ江《ガン》に一本の橋が架かっていました。大きな石を一つ一つ積み上げて造った丈夫な橋でしたが、月日が経《た》つにつれ古くなって崩れ始め、渡ることができなくなったといいます。そして、人々が日々の生活に追われ、そのまま放置していたところ、ある日洪水によって大量の土砂が押し寄せ、橋は完全に崩れて、川底に沈んでしまったのです。

ところで、その地域に昔から伝えられてきた予言がありました。

タルレ江の橋に岩を削って立てた将軍標《チャングンピョ》が埋もれれば国がなくなり、それが姿を現せば朝鮮の地に新天地が広がるであろう。

当時、中国の使臣が鴨緑江《アムノッカン》を越え、漢陽《ハニャン》（現在のソウル）に行こうとすれば、タルレ江《ガン》を渡らなければならなかったのですが、橋が壊れてしまったため、渡る方法がありません。国にもお金はありませんでした。そこで、橋を架けてくれる人を探している旨のお触れを出し、募集したのです。

その時、趙漢俊《チョハンヂュン》が、持っている財産をすべてはたき、石橋を新たに架けたのです。四角い石を隙間なくしっかりと積み上げ、その下を船が通れるほど、大きな橋を造ったといいます。

新しい橋を架けるのにほぼ全財産を使った趙漢俊ですが、手元に三文ほどの小銭が残りました。そこで、翌日行われる、橋の竣工《しゅんこう》式に履いていく草履を買ったのです。その晩、夢に白い服を着た老人が現れて言いました。

「漢俊よ、お前の功は大きい。そこでお前の家門に天子を送ろうとしたのだが、残しておいた小銭三文が天に引っ掛かったので、王女を送ることにした」

夢から覚めた趙漢俊が不思議に思い、タルレ江に行ってみると、丘の上にそれまでなかった弥勒《みろく》仏の石像が立っているのが見えました。その弥勒像は非常に霊力が強く、誰一人として、馬に乗ったままその前を通り過ぎることはできませんでした。馬から降り、お辞儀をして、ようやく通ることができるのです。村の人々は、不思議なことがあるものだと言いながら、その上に屋根を造り、弥勒像が雨風に当たらないようにするなど、心を込めて祀《まつ》りました。

このように、忠誠を尽くした趙漢俊の家門を通して、天は信仰心の篤《あつ》い祖母・趙元模《チョウォンモ》を送ってくださり、その祖母から、さらに一層深い信仰心を持つ母の洪順愛《ホンスネ》が誕生しました。韓半島に神様の愛する独り娘を誕生させるための天の摂理と精誠が、はるか昔、先祖の趙漢俊から始まり、私にまで綿々と続いてきたのです。

神様が、お前の父親である

「かわいい我が子よ、教会に行こうか」

私はタタタと走っていき、母の手を握ります。教会に行くのは大好きでした。四歳の頃から、私は母と一緒に教会に通いました。

ある日曜日、礼拝から帰る道すがら、村の入り口で母が足を止めました。母は道端に可憐《かれん》に咲いている野花を一輪手折り、後ろに垂らした私の髪に差してくれます。そして、私の耳に口を寄せ、小さな声で優しくささやきました。

「とてもきれいよ、主の貴いお姫様！」

いつも変わらない、母の眼差し。切なさに満ちたその瞳は、真っ青な空をひとすくいして収めたように、深く澄んでいました。時にはそこに涙の跡が残っており、言い知れない悲しみを感じることもありましたが、母の深い心情を知る由もない私は、「主の貴いお姫様」という一言に胸をときめかせ、喜ぶばかりでした。何ものとも比べることのできないその貴い言葉を聞くたびに、胸が温かくなり、幸福に満たされました。

私はまだとても幼い年でしたが、母は祈るように力を込めて、「主の貴いお姫様」と言ってくれました。これは、たった一人の娘である私に向けた、母の生涯をかけた祈りの題目でもありました。こうして、私は神様の娘、主の娘であるという自負心を持って、すくすくと育ったのです。

祖母もまた、私の目を見つめながら、はっきりと教えてくれました。

「神様が、お前の父親だよ」

ですから、私は「父」と聞けば、常に天の父を考えたのです。「神様」という言葉を思い浮かべるだけで、心が温かくなり、優しい気持ちになれました。思春期も、人生について悩んだり、父に対して寂しい思いを持ったり、貧しさを恨んだりということは全くありませんでした。私の根本である父なる神様が、いつもそばにいて、見守ってくださっていたからです。神様は私が生まれた時から、私にとって親でした。

一方で、私は他の人とは違う鋭い霊的直感力も持っていました。文《ムン》総裁も大勢の前で、人や物事に対する私の洞察力が明晰《めいせき》で優れていることに何度も言及し、称賛してくれたものです。

祖母と母は、血筋や、人情に引っ張られることなく、天情の道理を私に継がせるために、あらゆる努力をしてきました。骨髄が溶けるようなつらい苦労を意に介さず、神様の前に一片丹心、従順する姿を、その生き様を通して見せてくれました。祈りの精誠だけをもって、はるか高い石塔を築いていくように、極めて繊細で、切実な心情で毎日を過ごしていたのです。

私は一日に何度も縁側に立ち、青い空を見上げました。美しい鶴が数羽、空を飛んでいくのをよく見かけました。そのような日は、澄んだ空をずっと眺めながら、将来を思い描き、期待に胸を膨らませたものです。

ある日、母が私に尋ねました。

「お前が生まれた時、どんなふうに泣いたか分かる？」

「赤ちゃんだから、『おぎゃあ』って泣いたんでしょう」

「いいえ、お前は『ラララ』と歌を歌ったの。だからおばあさんが、『この子は大きくなったら音楽家になるようだ』と言ったのよ」

私は、それが自分の将来を示しているのではないかと思い、胸深くに刻んでおきました。

しかし、私の幼少時代は、決して穏やかではありませんでした。

母が出産後、わかめスープを飲み、私を抱いて眠っていると、そこに角を生やした真っ黒なサタンが近づいてきて、山も川も吹き飛ぶかのような大声で叫んだのです。

「この赤ん坊をそのままにしておくと、将来、世の中が危なくなる。すぐに葬らなければならない」

サタンはそう言って、私に危害を加えようとしました。母は私をぎゅっと抱き締め、叫びました。

「サタンよ、直ちに立ち去れ！　この娘は天にとってとても大切な子である。お前に傷つけさせたりはしない！」

　母は、夢の中で激しく闘いました。よほど大声を上げたのか、祖母がびっくりして、母を揺り起こしました。

「順愛《スネ》、お前は子供を生んで、だいぶ気持ちが参っているようね」

　母は体を起こして座り、娘の私をじっと見つめました。

「生まれるや否や、サタンが傷つけようとするのはなぜだろうか？」

　きっと、この子は世を救う人物になるに違いない。そう信じた母は、固く決心しました。

「この赤ん坊を、精誠を尽くして育てなければならない。今後、世俗に染まらないよう、主のために清く美しく育てなければならない」

　一カ月ほどして、母は再び夢を見ました。今度は白い服を着た天使が、真っ白な雲に乗って現れました。

「順愛よ、赤ん坊のためにずいぶん心配しただろう。しかし、案ずるな。赤ん坊は主の娘であり、あなたは乳母と同じである。真心を込めて育てなさい」

　しかし、サタンは簡単には立ち去りませんでした。私が六歳になり、北から南に下るまで、母の夢に身の毛のよだつ姿で現れては、赤ん坊を出せといって、ありとあらゆる形で攻撃してきたのです。母は私を守るために、六年間、闘い続けました。

私は母が見た夢の話を聞いて、非常に気になりました。

「なぜサタンは、そんなに躍起になって私を亡き者にしようとするのだろう？　どうして、そんなに長くつきまとうのだろう？」

暗闇の時代、主を迎えるための選択

「これからは外出をするとき、この靴を履くようにしなさい」

「これは何という靴？」

「ハイヒールというものだよ」

日本統治時代、ハイヒールは少し田舎に行くと見かけない、珍しい物でした。そのような中、母方の祖父である洪唯一《ホンユィル》は、自ら市場に行ってハイヒールを買い、家の女性に配るほど、近代の文物を柔軟に受け入れていました。背が高く、親近感を持たれやすい好男子だった祖父は、このように進取の気性に富んでいて、人々の尊敬を一身に受けていました。儒教の伝統が厳格に残る家で育ったにもかかわらず、時代の先を行く人でした。

私が小学校を卒業した頃、初めて文《ムン》総裁を見て、心の中でこの祖父にそっくりだと思いました。ですから、文《ムン》総裁に対して見知らぬ人のように感じることは全くありませんでした。

小柄で容姿端麗だった祖母の趙元模《チョウォンモ》は、新しい時代の教育を受けた女性でした。勤勉で活動的な性格で、住んでいる地域で「平安《ピョンアン》商会」という店を開き、ミシンを売って生計を立てていました。時には壊れたミシンを修理する仕事もしていました。

当時、ミシンは憧れの嫁入り道具として挙げられるほど、貴重で高価な機械でしたが、祖母は結婚を控えた女性たちにそれを安く売ったため、評判になっていました。ミシン代を一度に払えない人には、一年かけて分割して払ってもらうようにもしていました。祖母が私を背負い、その月の代金を受け取りにあちらの村、こちらの村と回ったおかげで、幼い私は祖母の背中にいながら、世の中というものを少しずつ学ぶことができました。

母の洪順愛《ホンスネ》は、主の再臨を待ち望む祖母の情熱的な信仰を受け継ぎ、十九歳まで長老派の教会に通いました。「順愛」という名前も、教会の牧師が付けてくれたものです。祖父一家が定州《チョンヂュ》を離れ、清川江《チョンチョンガン》を渡って平安南道《ピョンアンナムド》の安州郡安州邑信義里《アンヂュグンアンヂュウプシニリ》に引っ越した後、母は安州《アンヂュ》普通学校に通い、一九三六年には平壌《ピョンヤン》聖徒学院を卒業しました。

父の韓承運《ハンスンウン》と母は、一九三四年三月五日、婚礼を執り行って夫婦になりました。私が生まれたのが一九四三年なので、結婚後、九年を経てようやく私が誕生したことになります。両親共に、それぞれ信仰生活と教会活動に没頭していたため、私が生まれるまで時間がかかったのでしょう。

母方の祖父母は父を婿養子にしようとしたのですが、父はこれを受け入れませんでした。韓《ハン》氏の家門の長男であり、遠く、黄海道《ファンヘド》の延白《ヨンベク》で教師として働いていたので、妻の実家に入ることはできなかったのです。さらに、信仰心が篤《あつ》い母は教会のことに専念していて、家にいることも稀《まれ》だったので、一緒に過ごすのも簡単ではありませんでした。そのような理由から、私は信義里にある母の実家で生まれ育ち、自然に神様を受け入れるようになりました。

父は、解放を迎えた一九四五年に、萬城《マンソン》公立普通学校で働くようになりました。ところが、自分の国を取り戻したという喜びも束《つか》の間、今度は共産党の蛮行と脅しが日に日にひどくなっていくのです。父は南に行くことを決心し、私が数えで四歳の時、突然家に帰ってきました。

「共産党による弾圧で、これ以上、北で暮らすのは難しいので、南に行って新しい生活を始めましょう」

父の言葉に、母は当惑しました。当時、再臨主に会うという一念で熱心に信仰生活をしていた母でしたが、主に出会った後はどうするかという具体的な計画はありませんでした。ひとえに、主に会わなければならないという切実な思いでいっぱいだったのです。ところが、父に懇願されたことで、母も自らに深く問わざるを得ませんでした。

「主にお会いするために、み旨の道を行くのが正しいだろうか。それとも、平凡な家庭の主婦として生きるのがよいのだろうか」

その分かれ道で思い悩んだ母でしたが、心の中で決着をつけ、父にきっぱりと言ったのです。

「迫害に屈せず、この地で主を迎える信仰の道を守ります」

母の決心は、父にとって実に意外なことでした。ですが当時の平壌《ピョンヤン》は、「東洋のエルサレム」と呼ばれるほどキリスト教が復興しており、多くのキリスト教徒が再臨のメシヤを迎える準備をする神聖な場所になっていました。

聖書には、再臨主が「雲に乗って来る」と書かれていましたが、平壌の神霊的な集団では「肉身を持って来る」と信じられていました。母もまた、再臨主は「肉身を持った人間」として来られると信じていました。これまで祖母から篤《あつ》い信仰を受け継ぎ、新イエス教に通いながら献身的に歩んできた母は、メシヤを迎える家系として忠実に使命を果たそうと決意したのでした。

父は夫として、また父親として、人倫の道理を果たそうとしましたが、天の摂理はついに家族を別れさせてしまいました。家の門を出ていく父の後ろ姿を見ながら、幼い私は「また会えるだろう」と思っていましたが、それが、私が最後に見た父の姿となりました。

一人で南に下った父は、四十年以上の間に、十五、六カ所の学校で教鞭《きょうべん》を執ったそうです。その身をすべて教育に捧げ、最後には校長まで務めた後、教職から退きました。そうして一九七八年の春、神様の元に安らかに旅立ったのです。ずっとあとになって、天正宮《チョンヂョングン》博物館を京畿道《キョンギド》加平郡《カピョングン》に建設する際、そこにある美原《ミウォン》小学校に父がしばらく勤めていたことが分かり、天の導きを感じました。

私は、子供の頃に北で父と別れて以来、生涯、父に会うことはできませんでした。時々、「父は今どこで何をしているのだろう？」と気になることはあっても、捜そうとはしませんでした。幼少の頃から、祖母と母に言われた言葉を、胸と頭の中に深く刻み込んでいたからです。

「神様が、お前の父親だよ」

私はその言葉を、決して揺らぐことのない真理として受け止め、育ちました。神様の娘として生まれたのだから、私の父親は神様であると固く信じていました。そのため、肉親の父に対して、私的な感情は持たなかったのです。

私が日本の統治と韓国動乱を経験し、祖母一人、母一人の家庭であらゆる逆境を孤独に乗り越えながら育ったその期間は、天が用意した準備の期間でした。その準備を通して、世を救う真の母になるわけですが、結果的には父もまた、陰ながら力添えをしてくれたことになります。

選民の国、独り娘を迎える民族

人類救済のための神様の摂理が続く中で、六千年の時を経て、私はこの地に来ました。その準備のための路程は、人類の歴史の中でも最も困難で、波乱万丈なものでした。多くの人々が宇宙の母、独り娘の顕現を切実に待ちわびてきました。誰もが平和な世界で暮らすことを望んでいるからです。

しかし、平和というものは、誰もが求めていながらも、簡単には手に入らないものです。平和を手にするためには、それに匹敵する犠牲と献身がなければなりません。

神様が独り娘である天の新婦を地上に送るには、まずもって、韓民族の五千年にわたる犠牲と蕩減《とうげん》の民族的準備期間が必要でした。さらに、キリスト教を中心とした信仰と、三代にわたって心情を引き継いだ苦難の家庭的基盤もなければなりませんでした。そのような中で、ようやく平和な世界を成し遂げる平和の母を、この地に迎えることができたのです。

私たちはみな、自分が生まれたことに対して深く感謝しなければなりません。この世に生を享《う》けた人の中で、無意味に生まれた人はいないのです。また、個人の人生は、その人だけのものではありません。一人の人が生まれる背景には、天と地のあらゆるもの、宇宙万象が縦糸と横糸として編み込まれています。全世界の、さらには全宇宙の気運が調和し、凝縮されているのです。

ですから、誰であっても、自分自身を取るに足らないものとして扱ってはなりません。宇宙の聖なる作用によって生まれた貴い存在であることを、心の底から悟るべきなのです。

私が生まれる前、世界は混乱の極致にあり、暗い闇に包まれて、希望の光を見いだすことができませんでした。一九三九年の九月に始まった第二次世界大戦は、時とともに激化し、ヨーロッパは真っ赤な血に染まりました。植民地支配にあえいでいたアジアの国々は、さらなる苦しみを味わうことになりました。

一九四〇年に入ると、ヨーロッパのほとんどの国がヒトラーに次々と侵略されていき、ついにはイギリスほか、数カ国が残るばかりとなりました。そのイギリスも、ドイツ空軍の爆撃に戦々恐々とし、一日として心安まる日がありませんでした。

日本の植民地だった韓半島は、さらに悲惨な状況でした。食べる物、着る物も少なく、生きること自体が苦難の絶頂にありました。第二次世界大戦の終局になると、日本は武器を造るため、韓半島の人々の家を隅々まで探し、鉄でできたものを奪っていきました。甚だしくは、祭器として使っていた真鍮《しんちゅう》の器までも差し出させたのです。

米が軍糧として徴発され、苦しむこともありました。農民たちは、自らの土地で、自らの手で米を収穫しても、それを自由にすることができないという状況に置かれたのです。民族の魂が込められたハングルは失われ、創氏改名が行われました。若い男性の中には徴集され、遠い戦地に赴いたり、炭鉱や兵器工場で一日中、労役に従事したりする人もいました。

しかしそのような苦難の中でも、国を取り戻すという決意と希望が芽生えていました。一九四〇年、大韓民国臨時政府が中国の重慶に庁舎を移し、光復軍を創設したのです。そこには、たとえ国を奪われても、それは一時的な苦難にすぎない、すぐに祖国を取り戻すのだ、という固い決意が込められていました。

一方で、世界大戦はその絶頂を迎えていました。ドイツがソビエト連邦の領土に攻め入ることで、一千万人以上が命を落とした悲劇の独ソ戦争が始まり、日本は真珠湾（アメリカ・ハワイ）を奇襲して太平洋戦争を起こしました。アメリカが参戦することで、戦争は世界に拡大していきました。しかし、夜が深まればもう夜明けが近いように、終戦に向けた希望の光が、かすかにですが見え始めていました。

韓国は昔から、天を敬い、平和を愛する白衣民族でした。韓国の歴史には、人生の根本的な徳目である孝と忠、そして烈の精神が息づいています。また韓国は、歴史的に世界の宗教が入ってきて、実を結んでいる所です。キリスト教の歴史は短いにもかかわらず、天は韓国を選民の国として選び、天の摂理を進める独り娘を送る民族として、韓民族を探し立ててくださったのです。

そのような天のみ旨に従って、海外の独立運動団体が一九四一年四月、ハワイのホノルルにあるカリヒのキリスト教学院に集まり、韓族大会を開きました。この大会には北米大韓人国民会、ハワイ大韓人国民会、大朝鮮独立団など九つの団体の代表が参加し、一丸となって祖国光復のために日本軍と戦うことを宣言しました。それは植民地となった祖国の光復を願う、必然的な熱望の表れでした。さらに重要なことは、それが主権を持った国家において、独り娘の摂理を展開できるようにするための準備であったということです。

私が生まれる一年前の一九四二年一月一日、連合国の二十六カ国がアメリカのワシントンＤＣに集まり、連合国共同宣言に調印しました。その主な内容は、第一に戦争を終わらせること、第二に平和世界をつくることでした。これにより、日本の統治によって植民地国家へと転落した韓国が独立することのできる機運が高まったのです。

祖母の趙元模《チョウォンモ》が一九一九年、当時数えで六歳だった娘の洪順愛《ホンスネ》を背負って大韓独立万歳を叫んだことも、篤実な信仰を中心として国を愛する基盤の上に、神様に最初に愛される独り娘を誕生させる準備となりました。それから二十三年後の一九四二年、世界はそのさらに一年後に顕現する独り娘を迎えるため、このような苦難の歴史を通過していたのです。

独り娘を迎えるためのキリスト教徒たちの精誠

神様が、御自身の最初に愛する独り娘を韓国の地に送るための摂理を進める中、植民地の韓半島には既に、その兆しが見え始めていました。キリスト教の多くの神霊集団では、再臨のメシヤが平壌《ピョンヤン》を通して来ると信じており、一九〇〇年代の初頭から、神様の摂理を知る篤実なキリスト教徒たちの間で、神霊運動が燎原《りょうげん》の火のごとく広がっていました。

その神霊運動は、牧師の李《イ》龍道《ヨンド》を中心とした新イエス教、金聖道《キムソンド》の聖主《ソンヂュ》教、許《ホ》浩彬《ホビン》（孝彬《ホビン》）の腹中《ポクチュン》教へと続いていきました。彼らはあらゆる弾圧に耐えながら、神様の摂理を引き継ぐ独り子と独り娘を迎えるための基盤を築いたのです。

韓半島の東は山が多く、日が昇る側であり、西は平野が多く、日が沈む側です。それに対応するように、東の咸鏡道《ハムギョンド》の元山《ウォンサン》では男性による神霊の役事《やくじ》が、西の平安道《ピョンアンド》の鉄山《チョルサン》では女性による神霊の役事が広がりました。女性の代表としては聖主教の金聖道、腹中教の許浩彬が活動し、男性の代表としては伝道師の黄國柱《ファングクチュ》、そして新イエス教の牧師である白南柱《ペクナムヂュ》、李龍道《イヨンド》などが神霊の役事《やくじ》を起こしました。

母の洪順愛《ホンスネ》は長老派教会に通っている時、祖母を通じて様々な神霊集団と縁を持ちました。解放を迎える前からあらゆる精誠を捧げ、犠牲と奉仕の生活に徹しながら、再臨主を迎えるために献身的に歩んだのです。

当時、伝道師の黄國柱とその信徒約五十人が間島《カンド》を出発し、韓半島を巡回しながら多くの役事を起こしていました。小麦粉を水に溶かして飲みながら伝道に励み、復興集会の時には霊的な役事を起こしていたのです。黄國柱の妹である黄恩子《ファンウンヂャ》も聖霊の火をたびたび受けており、母は黄恩子の信仰に深く感銘を受けました。そこで、伝道師と共に伝道の旅に出掛け、新義《シニ》州《ヂュ》を目指して歩きながら、神様のみ言《ことば》を伝えたのです。民族思想を口にするだけでもすぐに連行される、大変な時代でした。しかし、彼らを監視しに来た日本の官憲ですら、その説教を聞いて感嘆したのです。

伝道の旅といっても、旅というのは名ばかりで、それはまさに苦難の路程でした。食べる物も着る物も満足になく、寝ることすらままならない状況でしたし、伝道される側の田舎の人たちの日々の生活も、この上なく困窮していました。それでも、伝道団は昼夜を分かたず、一日に四十キロずつ歩きながら、村々に聖霊の役事を起こしていきました。

母たちがようやく新義州を越えて江界《カンゲ》に到着する頃には、百日が過ぎていました。伝道団は国境を越えて満州に行こうとしましたが、それはかなわなかったため、再び故郷に戻ることになりました。

安州《アンヂュ》に帰ってきた時に出会ったのが、李龍道の新イエス教です。母はそこで、新たに信仰生活を始める決意をしました。もともとメソジスト派の牧師だった李龍道は、復興会の最中に血を吐いて倒れてからしばらくした後、平壌《ピョンヤン》で公議会を開き、新イエス教を創立しました。しかし、彼は志半ばに、元山《ウォンサン》で三十三歳の若さで亡くなっています。その葬儀が行われた後、新イエス教は牧師の李浩彬《イホビン》を中心として新たに出発しました。

祖母と母は、一九三三年から三年間、安州の新イエス教で信仰生活をしました。母は、再び来られる主を迎えるために、もっと清くなければならないという一念で、毎日痛哭《つうこく》しながら祈りを捧げていました。そんなある日、天の啓示が降りたのです。

「喜びなさい！　あなたの赤子が男の子であれば宇宙の王となり、女の子であれば宇宙の女王となるであろう」

母が数えで二十一歳となる一九三四年の早春、月が煌々《こうこう》と照る夜の出来事でした。ただ、天の啓示だといっても、その言葉を信じることのできるような現実的要素は整っていませんでした。しかし、母は心を落ち着かせながら、その言葉をそのまま受け入れたのです。

「私に下さるのが息子だろうと娘だろうと、全世界を受け止めるように大きく受け止め、天の王子や王女のように大切に育てます。み旨のために、私の命をお捧げします」

数日後の三月五日、母は李浩彬《イホビン》の主礼により、当時数えで二十六歳の青年だった父の韓承運《ハンスンウン》と、結婚式を挙げました。婚礼後、父は以前からの職業である教師を続け、母は家庭を切り盛りしながらも教会の活動を熱心に行いました。イエス様の母親であるマリヤの時のように、「もし赤ん坊が生まれたら、その子はたとえ母親の体を通してこの世に生まれたとしても、神様の最初の息子である独り子、もしくは最初の娘である独り娘として、宇宙を治める人になる」という神様の啓示を受けたことを、母は決して忘れませんでした。そして、自分は絶対に失敗しないという固い決意を持っていました。

祖母と母は、遠からず既成のキリスト教会に大きな変化が起きると信じていました。しかし三年経《た》っても、何の変化もありませんでした。その頃、鉄山《チョルサン》には金聖道《キムソンド》という女性が率いる神霊集団があり、祖母と新イエス教の信徒たちがそこに行って、恩恵を受けてくるということがありました。

金聖道は、夫やその実家から迫害を受ける中でも信仰の道を歩んだ女性ですが、やがてその信仰に感服した信徒たちが一人、二人と集まって家庭集会を開くようになり、つくられたのが聖主教《ソンヂュ》です。一九三六年頃、母は祖母について初めて鉄山に行き、金聖道に会って、新しい信仰生活を出発しました。

私の母方の叔父である洪順貞《ホンスンヂョン》は、勉強がよくでき、平壌《ピョンヤン》師範学校に通っていましたが、長期休みに入ると故郷に帰ってきました。しかし、鉄山にいる姉（母の洪順愛《ホンスネ》）に会おうとすれば、そこからさらに遠い道のりを行かなければなりませんでした。京義線《キョンイソン》の汽車に乗り、車輦館《チャリョングァン》という駅で降りてから歩いて、一日がかりでようやくたどり着くのです。母はそのように苦労して訪ねてきた弟の洪順貞を大変喜んで迎えましたが、熱心に伝道をしていたため、積もる話も長くはできませんでした。

聖主教は信徒たちの熱心な伝道により、鉄山、定州《チョンヂュ》、平壌、海州《ヘヂュ》、元山《ウォンサン》、ソウルにまで広がり、二十カ所以上に礼拝堂をつくりました。しかし一九四三年、金聖道と信徒十数人が日本の警察に連行され、監獄に収容されてしまったのです。金聖道は三カ月後には出監しましたが、一九四四年、六十一歳で他界してしまいました。八年間、鉄山に通いながら、エデンの園が復帰されると思っていた祖母と母は、目の前が真っ暗になったようでした。

「これから、誰を信じて進むべきなのだろうか？」

そう考えるだけでも、心が重くなったことでしょう。しかし幸いにも、聖主教で金聖道に精誠を尽くして侍《はべ》っていた許浩彬《ホホビン》という婦人に、聖霊の役事《やくじ》が起こりました。そして彼女は腹中《ポクチュン》教をつくり、信徒を集め始めたのです。許浩彬は、自分を主の新婦だとして、女の腹中を通して主が生まれると説きました。

また、天は彼女に罪を脱ぐ方法を教え、来られる主を守り育てる方法も教えてくださいました。二千年前、イエス様がイスラエルの地に生まれるまでに天が多くの準備をしたように、許浩彬も、韓国の地で生まれる再臨主のために徹底した準備を始めたのです。

ある日、許浩彬《ホホビン》が私の母を呼びました。

「再臨主が私たちの前に来られた時、恥ずかしい思いをされないように、再臨主がお召しになる服を一着用意しなければなりません。夜になるまでに服を一着作っておいてください」

母は主の服を作るということで、熱心に縫いました。その作業をしながら、「夢でもいいから、再臨主に一目お会いできたら、死んでも悔いがない」と思ったといいます。そうこうしているうちに、少しうたた寝をしてしまったようです。気がつくと、部屋の中で体格の良い男性が東に向けて机を置き、座っていました。男性は頭に手ぬぐいを巻いて勉強をしていたのですが、やがて振り返って座り直すと、「私はあなた一人を探すために、こうして勉強しているのだ」と言いました。

その言葉がどれほどありがたく、畏れ多かったことか、我知らず涙が出てきたといいます。そこで、夢から覚めたのです。目が覚めてから、ようやくその方が再臨主であると気づきました。母はその夢を通して、文《ムン》総裁に初めて会ったのです。しかし、そこから実際に会うまでには、まだ長い期間、多くの茨の路程を行かなければなりませんでした。信仰の道は、かくも遠く、険しいものでした。

このように母は我知らず、再臨主として来られた文総裁と、霊的に深い交流をしていました。当時、祖母や母は、主である独り子が再び来るのをひたすら待ちわびていました。天はこのように、復帰摂理の歴史的な秘密を、そっと秘めたまま、摂理を展開してこられたのです。

物事は、必ず正しい道理に帰するものです。日本は戦争で惨敗し、終戦を迎えました。韓半島は、民族全体が熱望していた解放を迎えたのですが、北はすぐに共産統治下となり、激しい宗教弾圧が始まりました。いつの世も、裏切る人は必ず出てくるものです。腹中《ポクチュン》教でも信徒の一人が共産党当局に密告し、許浩彬と信徒たちは平壌《ピョンヤン》の大同《テドン》保安署に連行されました。

保安署の署員たちは、容赦なく許浩彬に詰め寄りました。

「お前の腹の中にいるイエスは、いったいいつ出てくるのだ」

それに対し、許浩彬は堂々と答えます。

「数日後には出てこられるだろう！」

許浩彬たちが獄に入れられたのは、一九四六年八月頃のことです。腹中教の信徒たちは白い服を着て、毎日監獄の外から祈りを捧げましたが、一向に出監は許されませんでした。

それはまた、ソウルにいた文総裁が平壌に行き、景昌里《キョンチャンニ》に集会所を開いて伝道していた時期でもありました。共産党の暴挙が極限に達していた時です。そして許浩彬が監獄で苦難に遭っているまさにこの時、文総裁も、李承晩《イスンマン》のスパイという根拠のない疑いをかけられて、大同保安署に収容されたのです。

無念でならないのは、牢獄《ろうごく》にいた腹中教の信徒たちが、文総裁が自分たちと一緒に収容されているにもかかわらず、この方こそ再臨主であると気づけなかったことです。文《ムン》総裁は百日にわたり獄苦を受けながらも、看守に見つからないように細心の注意を払って、許浩彬《ホホビン》に何度も連絡を入れました。しかし、彼女はとうとう、「文鮮明《ムンソンミョン》」が何者であるか、悟ることができなかったのです。

文総裁は過酷な拷問を受け、瀕死《ひんし》の状態になりながらも、生きて解放されましたが、その一方で、腹中《ボクチュン》教の信徒たちは拷問によって命を落とし、残った人々も後の韓国動乱で散り散りになってしまいました。

これは、天の啓示に気づくことのできなかった人々がどれほど惨めな末路をたどらなければならないかを示す、生きた教訓です。これらの教団は、再臨主を迎え入れる道を準備し、新婦を探し出すために、神様から啓示を受けることを唯一の目的としていました。私の母がいた教団はこのように、信じられないほどの苦難を経たのです。

そのような苦難の波に耐えながら、祖母と母は再臨主を迎えるため、一途な信仰心を持って生涯を過ごしました。長い間、変わらない志で、「韓国の地に世を救う独り子と独り娘が来る」という預言に従ったのです。ありったけの精誠を尽くしながら、誰よりも純粋に、熱心に信仰を守り続けました。世の中に妥協したり、平安な家庭の中に安住したりせず、天の前に奉仕しながら精誠を尽くしました。

私は、主を迎えるために受難の道を歩んできた祖母と母から、信仰の精髄を受け継ぎました。

み旨のために進む道であれば、何であろうと犠牲にしてきた祖母と母であるがゆえに、三代目に至り、待ち焦がれた独り娘がこの地に生まれたのです。

　このように、私は人一倍、霊的な家庭に生まれ、常に神様と交流する中で育ちました。将来、宇宙の母として世のために何をすべきか、啓示を受けながら育ったのです。

三十八度線、あの世とこの世の境を行き来して

「お母さんに会いに来たのかい？」

「はい！」

「ちょっと待ってなよ、呼んできてあげるから。飴《あめ》があるけど、食べる？」

　一九四八年、北の共産党による宗教弾圧が極限に達した頃、祖母と母も、腹中教の信徒だという理由で十一日間、投獄されました。数えで六歳だった私は、母に会いに留置場に通いましたが、幼い私を不憫《ふびん》に思ったのか、誰もが良くしてくれました。横柄な共産党員ですら、私を見ると果物や飴をくれたのです。

　幸いにも二人は牢獄《ろうごく》から解放されましたが、共産党はますます横暴を極めるようになりました。祖母は、北ではこれ以上、信仰生活はもちろん、平凡な暮らしをすることさえ難しいと判断し、南に行くのはどうかと、苦しみながらも考え始めました。しかし、当時はまだ許浩彬が

獄中にいたため、母は簡単には結論を出せず、ためらっていたのです。

祖母は、そんな母を説得しようとしました。

「ここにいては再臨主に出会う前に私たちが死ぬ。南に下りましょう。順貞《スンヂョン》にさえ会えれば、道が開かれるはずだよ。神様が私たちを保護してくださる」

順貞とは、母の弟、つまり私の叔父に当たります。祖父の洪唯一《ホンユイル》は、平壌《ピョンヤン》が「エデンの宮」であるという啓示を受け、これに従うために残ることにしましたが、妻と娘、すなわち私の祖母と母には、南に行くよう勧めました。再臨主に出会うことが人生の目的である母は、何日も祈りを捧げた末に、しばらくの間、南に行ってとどまることに決めました。

何とも幸運だったのが、叔父の洪順貞《ホンスンヂョン》が日本での学業を終え、南の軍にいるという知らせが届いたことです。叔父は容姿端麗で、知識人であり、非常に意志の固い人でした。祖母は、ただ一人の息子である叔父に会いたくてたまらなかったのだと思います。

一方で、やはり祖母は唯一の孫娘である私を、何としてでも守ろうとしていました。孫娘が残虐な共産党の手にかかるようなことが決して起こらないようにしようとしたのです。いつも私に、「お前は神様の真の娘だ」と話していた祖母は、世の一切の不幸から、私を守ろうとしてくれました。

また、祖母は北にいる共産党が長続きすることはないだろうと考えていたので、少しの間、南にいれば共産党が滅び、また故郷に帰ってこられるだろうと信じていました。しかし、そのようにして叔父に会うつもりで三十八度線を越えたのを最後に、私たち三人は南にとどまり続けることになりました。

　振り返ってみれば、天は叔父に対する祖母の切実な思いを通して、私たちが出発できるように役事《やくじ》されたのです。子供に対する母親の哀切な思いは、突き詰めて言えば、私たち人間を訪ねてこられる神様の切実な心情でもあったのです。

「そろそろ夜も更けたから、出発しよう」

　一九四八年、秋のある夜更けに、祖母と母、そして私の三人は、包みを二つばかり抱え、家を出ました。安州《アンヂュ》から三十八度線までは、直線距離でも二百キロはあります。私たちはその遠路を、何日も何日もかけて下っていかなければなりませんでした。最初の一歩を踏み出す時から、胸がドキドキして仕方がありませんでした。

　出発してから五、六時間もすると、東の空がかすかに明るくなってきました。私たちは少しでも先に進むため、休まずに歩きました。夜は空き家で眠りに就き、朝露を踏みながら、また出発しました。ぼろぼろの靴ででこぼこした道を行かなければならないので、少し歩くだけで足が痛みました。何より耐え難かったのが、空腹です。民家に入り、包みの中の物を渡して、代わりに麦飯を恵んでもらいながら食いつなぎました。苦労に苦労を重ねながら、ひたすら南に向かって歩き続けたのです。

北の共産党は、人々が簡単には南下できないよう、田畑を掘り返してでこぼこにしていました。田畑を通るたびに足を取られ、夜は寒さにぶるぶる震えながら、ただ星の光だけを頼りに歩きました。

ようやく三十八度線の近くまで来たと喜んだのも束《つか》の間、私たちはそこで厳重な警備を敷いていた北の人民軍に捕まってしまいました。空き家の納屋に放り込まれると、既にそこには捕まった人が何人もいて、恐怖に震えていました。ただ、人民軍は男性に対しては乱暴に振る舞いましたが、女性と子供に対してはひどい扱いをしませんでした。

ある日、捕まっていた大人の一人が、歩哨《ほしょう》に立っていた人民軍に食べ物を持っていくようにと、私を使いに出しました。私は震える心を抑えて笑顔をつくり、食べ物を人民軍に渡しました。そのようなことを何度かしているうちに、彼らの心も和らいでいったようです。ある晩、故郷に帰れと言って、人民軍が私たち三人を解放してくれました。天の加護により、生死を分かつ岐路で生の道へと導かれたのです。その夜、夜陰に乗じ、私たちは案内者について、三十八度線を一気に越えました。

私は喜びのあまり、母に言いました。

「もう、金日成《キムイルソン》を称賛する歌を歌わなくてもいいのでしょう？　南の歌を歌うわ」

ところが、南側でも厳重な警備が敷かれていたのです。そのことを何も知らなかった私は、うきうきして何節か歌を歌いました。すると、前の茂みでガサガサと音がするのです。びっくりした私たちは、その場で石のように固まりました。また人民軍に捕まるのではないか、という恐怖が押し寄せてきました。

ところが、茂みをかき分けて現れたのは、南の兵士たちでした。人の気配を感じ、銃を構えて警戒していた彼らでしたが、無邪気な子供の歌声を聞き、撃つのをやめて出てきたのです。彼らは安堵《あんど》のため息をつく私たちを温かく迎え、ねぎらってくれました。

「こんなかわいい娘さんを連れて、さぞかし大変だったでしょう。いくらもありませんが、お役立てください」

南の兵士たちはありがたいことに、ソウルまでの旅費をくれました。あの時、もし私が歌を歌っていなければ、北の人民軍と誤解され、その場で銃弾を浴びて命を落としていたでしょう。天はこのように、辛くも私たちを保護してくださったのです。

こうして、千辛万苦の末に、無事、南の地を踏むことができました。しかしそれは一方で、祖父とは二度と会うことのできない、決別の道ともなってしまいました。

南での生活は、私たちにとって戸惑うことばかりでした。ソウルには一度も来たことがありませんでしたし、どこに行っても人、人、人でごった返していたので、どうすればいいのか、見当もつきませんでした。信仰をどのように守っていくのか、どこに行けば再臨主に会えるのか、何も分からず、目の前が真っ暗になりました。頼れるところもなく、お金もありません。特別な技術を持っているわけでもないので、稼ぐこともままなりませんでした。古びた空き家で雨露をしのぎ、一日一日を何とか生きながらえながら、過ごしました。

そのような中、聖主《ソンジュ》教の金聖道《キムソンド》の長男である鄭錫天《チョンソクチョン》が南に住んでいるという話が耳に入り、祖母はいずれ彼を訪ねていこうと、心に決めました。しかしまず、ソウルで叔父を捜すことが最優先でした。私たちが南に来て頼れるのは、叔父だけだったのです。そういう中、意外なところから天の導きがありました。

ソウル薬学専門学校で勉強を終えた叔父は、陸軍士官学校の薬剤官教育を受けた後、中尉として服務していました。しかし、私たちは実際に叔父に会うまで、そのようなことを全く知りませんでした。母はわらにもすがる思いで彼を捜し出すために、毎日切実な祈りを捧げました。

「弟の洪順貞《ホンスンヂョン》を見つけるには、どうすればよいでしょうか？」

その祈祷によって導かれ、偶然にも叔父の友人に道端で出会い、消息が分かったのです。まさに天佑神助《てんゆうしんじょ》でした。

龍山《ヨンサン》陸軍本部に勤務していた叔父は、母親と姉、そして、姪《めい》が故郷から突然南に下りてきたのを見て、驚きながらも喜んでくれました。彼は早速、孝昌洞《ヒョチャンドン》に小さな部屋を一つ借りてくれ、私たちはそこに身を寄せることになりました。

こうして、ようやく安心して生活できるようになったのです。あとで分かったことですが、そこは後に設立される統一教会の本部が置かれた青坡洞《チョンパドン》のすぐ近くでした。まさに目と鼻の先とも言えるほど、近所だったのです。

ほどなくして私は孝昌《ヒョチャン》小学校に入学し、自由大韓の地で初めて学校に通うことになりました。本を風呂敷に包んで学校に行く毎日は、とても楽しいものでした。近所の大人たちからとてもかわいがられ、子供たちとも仲良くなりました。

徐々に、南でも落ち着いた生活ができるようになりました。叔父が将校として軍に服務していたことや、まだ会えずにはいましたが、聖主教の鄭錫天とその家族が先に南下していたことは、天が摂理を担わせる独り娘を保護するために準備していたと言わざるを得ないことでした。

多くの命を奪った青い閃光《せんこう》

「戦争が始まったそうだ！」

「ああ、人民軍が三十八度線を突破して下りてきたらしい」

一九五〇年六月二十五日、私が数えで八歳の時、韓国動乱が起こりました。庭の片隅に真っ赤なホウセンカが咲き乱れ、町角の柳やプラタナスの木が一斉に葉を茂らせる、初夏の朝でした。緑に包まれた夏の景色が色あせて見えるほど、朝から路上は、心配そうな表情をした人々であふれ返っていました。南に来て少し生活が安定してきたと思った矢先、北の人民軍が突然南に侵攻してきたのです。

人々は恐怖に震え、慌てふためきました。政府は、建前としてはソウル死守を叫んでいたものの、実際は急いで大田《テヂョン》まで後退し、人民軍を食い止めるために漢江《ハンガン》の橋を爆破しようとしていました。

二日後、まだ夜が明け切らないうちに母は起き出し、避難用の荷物を準備し始めました。ガサゴソとする音に私も目を覚ましましたが、そのまま目を閉じて、母と祖母の会話をじっと聞いていました。

「私たちも避難すべきです。共産党がここまで下りてきたら、私たちもただでは済みません」

「そうは言っても、女性を乱暴に扱ったりするだろうか？」

「私たちが北から下りてきたことを知れば、その場で殺すかもしれません」

母は、主にお会いするという一念で、いつも精誠を捧げる生活をしていましたが、この時は共産党が押し寄せてくるという知らせに、いつになく焦っている様子でした。

六月二十七日の夜、ぱらぱらと雨が降る中、避難を急ぐ人々の列が、町のあちこちにできていました。私たちも荷物を抱えて家を出ると、夜雨を浴びながら、漢江に向かって脇目も振らず歩きました。漢江の橋が暗闇の中からうっすらと姿を現し始めた時、私はふと何か感じるものがあり、祖母の服の裾を引っ張りました。祖母が足を止めたのを見て、母がいぶかしげに尋ねました。

「お母さん、どうされたのですか？」

祖母は空を一度見上げた後、下を向いてしばらく私を見つめると、再び顔を上げ、今来た道のほうを見つめました。

「順貞《スンヂョン》が来るかもしれない。もしかしたら連絡をよこすかもしれないから、戻らないと」

母は静かに頷《うなず》きました。私たち三人はとぼとぼと歩いて家に戻ると、布団にくるまってしばし休むことにしました。

けたたましい車の音に、私たちは目を覚ましました。障子から、ヘッドライトの光が差し込んでいました。戸が勢いよく開き、軍服を着た叔父が慌てた様子で中に入ってきました。祖母と母が安堵《あんど》のため息をつくのを見ながら、私も心の中で、「もう出発しても大丈夫だ」と思いました。

「急いでください。早く行かなければなりません」

陸軍本部に勤めていた叔父は、戦況をつぶさに見守っていましたが、漢江の橋を爆破するという情報が入るや、家族の身を案じ、車を飛ばして来たのでした。私たちはまとめてあった荷物を持って、急ぎ外に出ました。霧がかかった路地に、車が一台、エンジンをかけたまま停まっていました。叔父は私たちを乗せると、漢江に向かって車を飛ばしました。橋のある一帯は、まだ夜が明けていないにもかかわらず、既に多くの避難民が押し寄せており、大混乱に陥っていました。

私たちは漢江《ハンガン》の橋に向かいましたが、道に人があふれ、なかなか進むことができません。それでも、クラクションを鳴らしながら人々の間を通り抜け、陸軍将校の叔父が持っていた通行証で、何とか漢江の橋を渡り切ることができました。私は母の手をぎゅっと握りしめ、その懐に抱かれながら、避難民を見つめました。圧倒的な死への恐怖と混乱が、彼らを包み込んでいました。

漢江を渡るや否や、叔父が大声を上げました。

「伏せて！」

ドーン！

突然、後ろから爆音が聞こえてきました。私たちは車から慌てて降りると、道の横の低まった所に突っ伏しました。青い閃光《せんこう》と共に、鳴り響く轟音《ごうおん》。見ると、橋が爆破されていたのです。

私は、闇の中で燃え上がるその炎をはっきりと見ました。それはまるで、赤々と燃えたぎる悪魔の瞳のようでした。漢江の橋を渡っていた多くの人々、中には軍人や警察官までもが川に落ちて亡くなりました。幸いにも私たちは命拾いすることができましたが、わずか数メートルの差で、生と死が分かたれた瞬間でした。

私は目を閉じました。なぜ人は戦争を起こすのか、なぜ多くの人々が死ななければならないのか、天はなぜ、私たちにこれほどまで大きな苦しみと試練を与えるのか……。様々な思いが脳裏をかすめましたが、その場ではっきりとした答えは出ませんでした。再び目を開けると、真っ二つに破壊された橋が、燃え盛る炎の中に無残な姿をさらしていました。六月二十八日、午前三時頃のことでした。

政府は、ソウルを死守すると豪語していたにもかかわらず、北の人民軍が下りてくる前に、人が通る漢江唯一の橋を爆破したのです。自由を求めて避難の途に就いていた多くの人々が、命を落としました。私たちはその絶体絶命の危機から、叔父の助けによって脱することができました。咄嗟《とっさ》の判断で生死が分かれる瞬間に、天が保護してくださり、危険な峠を越えたのです。今も漢江の橋を渡ると、その時の青い閃光と避難民の阿鼻叫喚《あびきょうかん》が思い出され、胸が痛みます。

私は幼い年でしたが、戦争の残酷さを直接目撃し、悲惨な避難民の生活を経験しました。純朴な人々がまるで虫けらのように死んでいき、親を失った子供たちが泣き叫びながら街頭をさまよっていました。私は数えで八歳にして、戦争は地上から永遠に消え去らなければならないという思いを強く持ちました。漢江の橋が力なく崩れ落ちたその瞬間を思い起こすと、既に七十年近く前のことですが、今でも胸が詰まります。

爆発後、ようやく体を起こした私たちは、軍隊に戻る叔父といったん別れ、不慣れな道を歩いて、南へと向かいました。そして、時には車に乗せてもらいもしながら、全羅道《チョルラド》にたどり着き、そこで軍人家族避難民収容所にとどまりました。

九月二十八日に韓国側がソウルを奪還した後は、再び上京して、空き家だった日本式家屋で過ごしましたが、それも束《つか》の間、今度は五十万の中国軍が鴨緑江《アムノッカン》を越えて侵攻してきたため、一九五一年の一・四後退（国連軍が前年十一月からこの年の一月にかけてソウル以南の地域まで撤収したこと）に伴い、再び避難することになりました。軍人の家族は他の避難民より先に特別列車に乗れたため、無事に大邱《テグ》まで下りていくことができました。

その避難の路程は、筆舌に尽くし難いものでした。飢えや病で亡くなった人々の亡骸《なきがら》をこれでもかというほど目にしました。しかし私は、生死の境を行き来するようなその路程において、いつも神様が共にいらっしゃることを実感していました。神様は、私たちが北から南に下りてくる時も、南で避難民生活の渦中にある時も、常に共にいて、保護してくださったのです。

長い苦難の末にたどり着いたみ旨の道

大邱に下った私たちは、聖主《ソンヂュ》教の鄭錫天《チョンソクチョン》とその家族に会いました。無事に会えた喜びは、大変なものでした。鄭錫天も、長い間離別していた兄弟にでも会ったかのように、非常に喜んでくれました。

鉄山《チョルサン》の聖主教は、日本の弾圧と共産党の恐ろしい迫害によってほとんど消えかけていましたが、鄭錫天はみ旨を必ずや果たそうと、礼拝を捧げながら再臨主を迎える準備をしていました。鉱山事業を営みつつ、堅実に米や石油の商売も手掛け、暮らしに困窮してはいませんでした。

私の母は、彼に切実に訴えました。

「私たちが北にいる時、許浩彬《ホホビン》女史を通してたくさんの恩恵を受け、大きな役事《やくじ》がありました。再臨主はもうすぐ韓国に来られます。その方をお迎えするために、精いっぱい祈らなければなりません」

こうして、散らばっていた信徒たちが集まり、再び熱心に祈りを捧げるようになったのです。そんなある日、母は、再臨主に会うためにはもっと精誠を込めた生活をしなければならない、という天の啓示を受けました。

「祈るだけではいけない。生食をしなければ」

母は松の葉を生で食べて過ごすようになりました。蒸して食べれば問題ない松葉ですが、それを生で食べ続けたため、歯をひどく傷めてしまいました。

また、一人しかいない娘に勉強をさせてやらなければという思いから、母は商いを始めました。祖父が農業を大きく手掛け、祖母もミシン商会を営んでいたおかげで、母は結婚するまで、比較的裕福な生活をしていました。田舎では珍しく、姉弟共に上級学校に通ったほどです。

その祖父が、母にいつも言い聞かせていたことがありました。

「どれほど大変でも、他人の世話になってはいけない」

その言葉を守るために、母は小さな店を開いたのです。ところが、キムチ汁と松葉、ピーナッツを一日二回だけ食べる生活をしていたので、いつも体に疲労が残り、弱っているように見えました。ただ、ろくに食べないので元気はありませんでしたが、精神は澄み切っているようでした。祖母はそんな母を不憫《ふびん》に思わずにはいられなかったようです。

「これしか食べずにどうやって商売ができるのだろう。本当に奇跡のようだ」

母は空腹に耐えながら、わずかなお金を稼ぐため、三カ月ほど商売をしました。人一倍、強い信仰心で、「無条件、信じなければならない」とだけ考えていました。現実と妥協するということを知らなかったのです。そうして死ぬほど苦労をしながらも、娘が世俗に染まらず純粋に育つように、常に意識を傾けていました。

私は、鳳山洞《ポンサンドン》にある大邱《テグ》小学校に入って、勉強を続けました。勉強はできるほうで、友達もたくさんいました。なぜか、大人たちからもかわいがられました。

ある日の午後、母の店の前で一人遊ぶ私を見て、通りすがりの人が足を止めました。キラキラと目が輝く道人でした。母が店から出てきて丁重に挨拶をすると、その人は私を指さして尋ねました。

「あなたのお嬢さんですか？」

道人は、温かく深い眼差しで私を見つめました。母が頷《うなず》くのを見て、彼は言葉を続けました。

「この娘は、十人の息子にも勝るので、しっかり育ててください。遠くないうちに、年の差が大きい人と結婚する貴い娘です。陸海空の財産を持つ富者として暮らすでしょう」

真摯に話す道人の言葉が、胸に響きました。

母はたった一人の娘をさらに清く育てなければならないと思い、一九五四年、済州島《チェジュド》の西帰《ソグィ》浦《ポ》に渡りました。雑然とした大都市を離れ、清らかな自然の中で私を育てるためでした。そこで、鄭錫天《チョンソクチョン》の弟である鄭《チョン》ソクチン一家と九カ月間、共に生活しました。

母は私に、小学校卒業後、世の中とは関係のない、主のための聖女の道を歩ませようとしました。神様の娘として召命を受けるためには、純潔でなければならないという思いで、精誠を尽くしたのです。新孝《シニョ》小学校の五年に転入した私は、遊びたい盛りの年に、過酷とも言えるほどの厳しい信仰生活をすることになりました。祈祷、敬拝、精誠を捧げることに、ほとんどの時間を費やすようになったのです。

母はふやかした押し麦に、大根キムチを一つ添えて生食をし、私は粟《あわ》と一緒に炊いた御飯を食べて過ごしました。母は生食をしながらも、農民が働いている姿を見ると、そのまま通り過ぎることができず、畑に入って仕事を手伝いました。また、道を歩いていて重い荷物を背負っている人を見かければ、家まで担いであげました。そのような母の姿を見て、人々はただただ、感嘆するばかりでした。

「何とも、奇特な人がいるものだね」

「教会に熱心に通っているそうだけど、やはり違うな」

母は誰かを助けることを生活の中で常に実践し、信仰者としての模範を示してくれました。

叔父は戦争が終わる頃に結婚し、家庭を持っていました。祖母は息子夫婦と一緒にソウルに住んでいましたが、母と私がどのように過ごしているのか気になるようで、済州島《チェヂュド》にまで訪ねてきました。ある日、江原道《カンウォンド》の春川《チュンチョン》勤務の発令を受けた叔父から連絡が来ました。

「済州島の生活を整理して、春川に来てください」

祖母も、「鶴子《ハクチャ》を近くで毎日見るのが、私の人生の唯一の楽しみだ」と言って、本土に来るよう、懇願しました。こうして、母と私は済州島を離れ、祖母の住まいの近く、薬司洞《ヤクサドン》に小さな部屋を借りて、春川での生活を始めることになったのです。

私は一九五五年二月、鳳儀《ポンイ》小学校に転校し、ほどなくして六年生になりました。学校には大きなプラタナスの木があったのですが、その木陰で本を読んでいたことが思い出されます。学校の隣には練炭工場があり、登下校のたびに運動靴に練炭の粉が付いていたこともよく覚えています。

翌年の一九五六年、私は鳳儀小学校を第十一期生として卒業しました。戦争が起きる中、四つの学校を転々とした末に、受け取った卒業証書でした。学業優秀者として、卒業式の時に優等賞ももらいました。

そのような中で、主に出会うために捧げる母の切実な精誠に、天がついに応えてくださいました。私たちを見守ってこられた神様は、そのみ手を決して放されなかったのです。

私たちより先に南に下り、大邱《テグ》で暮らしていた鄭錫天《チョンソクチョン》は、金聖道《キムソンド》の遺言をいつも心に留め、実践しようとしていました。

「神様から任されたみ旨を私が成し遂げられなければ、他の人を通してでも成し遂げるだろう。主が来られる団体は、淫乱集団だと誤解され、迫害を受けて投獄もされるはずだ。そのような教会が現れれば、真なる教会だと思って訪ねていきなさい」

彼は家で熱心に礼拝を捧げながら、復興会が開かれると聞けば、あちらの教会、こちらの教会とこまめに訪ねていきました。そうして、一九五五年五月、「東亜日報《トンアイルボ》」に載った梨花《イファ》女子大学退学事件に関する記事を目にしたのです。

それは、統一教会は淫乱集団の疑いがあり、そこに顔を出しているという理由で、梨花女子大の教授たち五人が解雇され、学生も十四人、強制的に退学させられたという内容でした。

母親の予言が現実のものとなっていることを直感した鄭錫天は、釜山《プサン》に住む自分の姉に手紙を送りました。彼の姉は娘と共に、新聞の切れ端を握ってすぐさまソウルの青坡洞《チョンパドン》に向かいましたが、文《ムン》総裁には会うことができず、釜山の統一教会を紹介されて戻りました。

姉から連絡を受けた鄭錫天は、今度は自ら大邱の統一教会を訪ねて「統一原理」を聞き、すぐに信徒になりました。ところが、入教して十日後の七月四日、文総裁が投獄されるという衝撃的な事件が起きたのです。それでも、鄭錫天はソウルの西大門《ソデムン》刑務所を訪問して文総裁と面会し、大きな励ましを受けました。そして文《ムン》総裁が十月四日に無罪で釈放されると、鄭錫天《チョンソクチョン》は大邱《テグ》での生活をすべて整理してソウルに上り、み旨の道を献身的に歩むようになったのです。

出監後、文総裁が大邱を訪問することがありました。その頃、春川《チュンチョン》にいた母が、ある夢を見ました。それは白い龍が自分の懐に入ってくるというものだったのですが、その夢が何を意味するのか、はっきりとは分かりませんでした。ただ、近いうちに大きなことが起こるだろうという予感だけはありました。そのような折に鄭錫天から手紙が届き、すぐに大邱に向かったのです。しかし、文総裁は既にソウルに戻った後だったので、その時は会うことができませんでした。

残念に思いながら大邱を去ろうとした時、母はまた夢を見ました。一対の黄金の龍がソウルに向かってひれ伏している夢でした。母はその夢を胸深く刻み、休む間もなくソウルに行くと、青坡洞《チョンパドン》教会を訪ねました。こうして、そこで初めて文総裁にお会いし、御挨拶ができたのです。一九五五年十二月のことでした。それはまた、白い龍の現れた夢が何を意味していたのか、疑問が解けた瞬間でもありました。

長年にわたって、あらゆる苦行をしながら夢に描いてきた再臨主に会うことができ、母はこれ以上ないほど感激していました。しかし、一対の黄金の龍の夢が何を意味しているのか、まだ解くことはできませんでした。

母の感激とは裏腹に、文総裁は他の信徒には優しく接しながら、母にだけは冷たく当たりました。母は目の前が真っ暗になり、胸が張り裂けるようでしたが、休むことなく、黙々と祈りました。

ある日、文総裁がイエス様の心情について説教で話しながら、このように言いました。

「昔、イスラエル民族は真の父として来られたイエス様を迎え入れることができず、十字架にかけてしまった。その罪がどれほど大きいことか！」

その言葉を聞いた母は、礼拝堂の片隅で説教が終わるまで、ただただ涙を流していました。すると、そのことを伝え聞いた文総裁があとで母を呼び、天の召命を受けた人は、サタンからはもちろん、天からの試験までも通過しなければならないと語りながら、慰労してくださったのです。それまで感じていた寂しさは、春に雪が溶けてなくなるように、母の心の中から消え去っていきました。

確固たる信仰を持った母は、すぐに春川に向かい、開拓伝道を始めました。

第三章
「小羊の婚宴」は世界を救う灯火

「犠牲」の真の意味を胸に抱いて

母が統一教会に正式に入教したのは、一九五五年十二月十五日のことです。翌五六年、春川《チュンチョン》の薬司洞《ヤクサドン》の我が家で聖日礼拝が行われ、春川統一教会が小さいながらも歴史に残る一歩を踏み出しました。その年の初めに鳳儀《ポンイ》小学校を卒業した私は、数えでは十四歳になっていました。

暖かな日差しが降り注ぐある日、母が私に言いました。

「ソウルに行ってこよう」

私はなぜ行くのかも分からないまま、母についてソウルに向かいました。その日、青坡洞《チョンパドン》教会で初めて文鮮明《ムンソンミョン》総裁にお会いしたのです。板塀で囲われ、小ぢんまりとした二階建ての日本家屋は、教会というより、住居と呼ぶにふさわしいものでした。私は、初めてお目にかかる文総裁に、丁寧に御挨拶をしました。挨拶を受けた文総裁が、母にお尋ねになりました。

「この子は？」

「私の娘です」

文総裁は非常に驚かれた様子でした。

「こんなにかわいい娘がいたんだね」

そしておもむろに目を閉じ、しばらく瞑想《めいそう》された後、私の名前をお尋ねになりました。私は恭しくお答えしました。

「韓鶴子《ハンハクチャ》と申します」

すると文総裁が、誰に言うでもなく、驚いたようにつぶやかれたのです。

「韓鶴子が韓国の地に生まれた。韓鶴子が韓国の地に生まれた。韓鶴子が韓国の地に生まれた」

母は不思議そうな顔をしていました。

「なぜだろう、私の娘に関して、全く同じ言葉を三回も繰り返されるなんて」

文総裁は、さらにまた、独り言のように、感謝の言葉を口にされました。

「韓鶴子という、このように素晴らしい女性を韓国に送ってくださったのですね。ありがとうございます」

文総裁は、私に念を押すように話されました。

「韓鶴子、これから犠牲にならなければね」

「……はい！」

列車に乗って帰る道すがら、私は「犠牲」という言葉の意味をじっと考えました。文総裁のおっしゃった「犠牲」は、教科書で覚えた「犠牲」とは明らかに違うものでした。より深い意味の犠牲、より高潔な犠牲、より完全な犠牲のことをおっしゃっているのだと思いました。どのようなものを犠牲にするかも大切ですが、それが何のための犠牲であるかが、より重要なはずです。

ガタゴトと列車に揺られていると、窓の外の景色が次々と移り変わっていきます。何のために、誰のために犠牲にならなければならないのか……。まだはっきりとは分かりませんでしたが、その日から「犠牲」という言葉が、私の中で一つのテーマとして刻まれました。あとから考えてみると、「犠牲」とは、平和の母として生きるべき私のもう一つの名前だったのです。

神様がもうすぐ私を訪ねてくださるだろう

祖母の趙元模《チヨウォンモ》は、私が言葉を理解し始める頃から、一つの事実を変わることなく教えてくれました。

「神様が、お前の父親である」

さらに、このようなことも言いました。

「お前のお母さんは、乳母と同じだ。お前を神様の娘として育てているだけだ」

私は、母のおなかの中にいる時から信仰によって育まれていたので、その言葉を何の抵抗もなく受け入れ、成長しました。「神様」という言葉を聞くと穏やかな気持ちになり、心が限りなく豊かになるようでした。

母は私を育てるに当たって、世俗的な生活に染まらず、天のみ旨を実現させる人物にするために、どんな苦労も意に介しませんでした。骨が溶けるような苦労もいとうことなく、一片丹心、神様に対して絶対服従、絶対従順の道を歩みました。娘が世の中の誘惑に触れることなく純粋に育つよう、徹底的に保護したのです。その精誠に応えるように、私は孤高の鶴のごとく、成長していきました。

私はソウルの鍾路《チョンノ》区《グ》社稷洞《サヂクトン》にある、聖貞《ソンヂョン》（聖正）女子中学校に入学しました。仁王山《イヌァンサン》の南の麓、日当たりの良い所にある小さなその学校は、一九五〇年五月に開校したものの（開校当時の名称は「漢陽《ハニャン》女子商業中学校」）、わずか一カ月後、韓国動乱の勃発によって休校を余儀なくされるということがありました。開校するや否や、民族の受難を共に経験することになったのです。

戦乱後に再び開校したこの学校は、国を強くするためには女性の人材を育てるべきというミッションを果たして、多くの女性を教育しました。一九八一年に恩平区《ウンピョング》へ移転した後、一九八四年には「善正《ソンヂョン》女子中学校」に名称を変更し、現在は「善正中学校」となっています。私はこの学校を一九八七年に引き継いで、統一グループの鮮鶴《ソナク》学園の一校とし、常に深い関心を持って多くの支援を行っています。

私は中学時代も静かで口数の少ない生徒でした。熱心に勉強し、成績は常に上位圏に入っていました。愛らしいと言われた容貌に、慎ましく、素直な性格だったためか、いつも先生たちからかわいがられていました。

私の学校生活は、これといった曲折もなく、むしろ平坦《へいたん》と言えるものでした。一年生の時、体調をひどく崩して数日欠席したことはありますが、二、三年生の時は続けてクラスで最高の成績を取り、優等賞をもらいました。外でする活動や運動よりは、静かな雰囲気の中で本を読み、音楽を楽しむ生徒でした。もう一つ、絵を描くのも趣味でした。小学校に続き、中学校でも美術の素質があると言われましたが、絵だけを描くような画家になる考えはありませんでした。また、三年連続で学級委員を務め、三年生の時には運営委員長として生徒会活動の先頭に立ち、自分の中に眠っていたリーダーシップを存分に発揮しました。

ある日、全校生徒が集まる場で壇上に上がり、生徒会で決定した事項を発表することがありました。落ち着き払い、堂々としている私の態度を見て、教師たちは口をそろえて褒めてくれました。

「鶴子《ハクチャ》は本当にすごいな！」

「静かでおとなしいとばかり思っていたが、リーダーシップも優れている」

教師たちは、それまで知らなかった私の新たな一面を発見し、温かい関心を傾けてくれました。

思春期に入ってからも、人生について悩んだり、迷ったりすることはありませんでした。祖母と母が、いつも天に侍《はべ》って暮らす信仰を育んでくれたおかげでした。特に母は、信仰生活について厳しく教えてくれました。当時、つらいと思ったことがなかったわけではありませんが、数年経《た》って、それがいつか天の独り娘として、天の独り子に出会うための準備だったことが分かりました。

また、外的にはそのような信仰的環境で過ごすとともに、内的には自分自身で、揺れることのない信仰の太い根を張っていました。

この時期の私は多くの本を読みました。『聖者聖女伝』を好んで読み、文学作品にもたくさん触れました。特に好きだったのが、パール・バックの『大地』です。作中の登場人物は運命に立ち向かい、人生を開拓していきますが、結局人間は、「大地」に代弁される自然の懐に帰っていかなければならない存在であることを、その作品を通して悟ることができました。同じように、神様の懐から決して抜け出すことができないのが、人間なのです。私が故郷を愛する歌を聴いたり、故郷に関する小説を読んだりすることが多かったのも、突き詰めれば、神様と共にいたいという切実な思いがあったからです。

幼い頃から、私は神様が自分の父であることを知っていたので、読んだ作品はみな、自然に神様とつなげて考えることができました。世俗の荒々しい環境から自分自身を完全に隔離して、まるで修道女のように清い生活を送り、自分自身の意思ではなく、天に導かれるままに生きたのです。特にこの時期、聖書をよく読みました。神様の創造や人間の堕落、そして中心人物を通して進められてきた神様の救いの歴史を読みながら、涙と共に多くの夜を明かしました。

神様は御自分の子女として愛するために人間を創造されました。しかし、かえってその人間を通して、苦しみと悲しみを味わわれたのです。それにもかかわらず、再び御自分の子女として人間を抱こうとされる神様の恨《ハン》多き歴史を読みながら、胸が痛み、眠れなかったことが数知れずありました。

その中で私は、文《ムン》総裁が私に語られた「犠牲」について、自然により深く考えるようになりました。

「私は神様のために何を犠牲にするのか」

この問いかけが、私の人生を根底から変えていきました。

私が高校に進学する頃は、まだ戦争の爪痕があちこちに残っており、通りには負傷者があふれていました。戦争孤児をはじめ、多くの子供たちが飢えと病により、ひどい苦しみを味わいました。病気にかかっても、すぐに治療を受けられる人はあまりいませんでした。私は彼らの傷と苦痛を癒やし、彼らを明るい世界に導くために、中学を卒業した一九五九年の春、聖ヨセフ看護学校に入学しました。

自分のためではなく、他のために生きる人生というのは、犠牲と奉仕を前提にしない限り、考えることすらできません。私は幼い頃から徹底して信仰を育んできましたが、その中で、胸に秘めた夢がありました。それは、人類を救うために歴史を導いてこられた神様の恨《ハン》を解いてさしあげること、歴史の箍《たが》を解いて自由にしてさしあげることでした。

人の上に君臨して安穏とする場では、決して神様に出会うことができません。神様は、自分よりも苦しんでいる人のために黙々と動く場に、訪ねてこられるのです。より低い立場に立って、神様のみ意《こころ》と恨に思いをはせるとき、その神様が訪ねてきてくださることを、私は既に分かっていました。

天と地の鳳凰《ほうおう》が出会う

一九五〇年代の末に、女手一つで子供を育てながら生きていくというのは、容易なことではありませんでした。母は様々な仕事をこなして生計を立てなければなりませんでしたが、精誠を込める祈祷生活を一時も休むことなく続けながら、その苦難と試練を見事に克服していきました。

そのような中で、ある日ふと、「このままではいけない」という思いが湧いたそうです。

「生活に追われて虚《むな》しく生きるより、もっと価値のある人生を送らなければ」

母は、祖母と私のことを叔母（洪順貞《ホンスンヂョン》氏の夫人）に頼み、青坡洞《チョンパドン》教会に住み込んで献身的に歩み始めました。教会では人の一番嫌がる仕事を進んで引き受け、人々の心配をよそに、いつも楽しそうに、感謝しながら過ごしていました。かつて、北で誰よりも徹底した信仰生活を送っていた母でしたが、統一教会では新参者として、新しく出発したのです。

しかし、教会で手に余るほどの仕事をこなそうとしたため、体がひどく弱り、母はついに病気にかかってしまいました。幸いにも、母が腹中《ポクチュン》教時代から姉妹のように親しくしていた婦人信徒たちがソウルの鷺梁津《ノリャンヂン》に住んでいたので、母もそこに居を構えて闘病生活を送り、交替で面倒を見てもらいながら、少しずつ健康を取り戻していきました。

私は寄宿舎から看護学校に通い、日曜日には青坡洞《チョンパドン》教会に行って礼拝に参加しました。ある時、母が教会で私を見かけるや否や、隅のほうに引っ張っていき、こっそりささやきました。

「数日前、何だかよく分からない夢を見たのよ」

「どんな夢だったの?」

「それが、白い礼服を着た教会の女性たちがピンクの花を持って立っている中、お前が文《ムン》先生に向かって歩いていくんだよ。集まった人たちは、お前のことをうらやましそうな目で見つめていたのだけれど……。そこで突然、雷鳴が轟《とどろ》き、天から雷が落ちて、夢から覚めたわ」

「もうすぐ、世の中がびっくりする出来事が起こるという知らせのように思います」

「そうよね? 明らかに何かのお告げなのだろうけれど、どんな意味なのかしらね」

当時、教会では文総裁を「先生」と呼んでいました。母はまだ、これが途方もない啓示、すなわち自分のたった一人の娘が「世界を救う真の母になる」という天の啓示であるとは、思っていないようでした。しかし私は、神様のために犠牲となる人生を生きることを決心していたので、その夢の意味をうっすらとですが理解しました。

一九五九年の秋、青坡洞教会で開かれた全国伝道師修練会に、私は母と一緒に参加しました。狭い建物の一角で修練会をするということで、ずいぶん慌ただしかったのですが、一方で、また別の重大な摂理が進められていました。二カ月ほど前から、信仰心の篤《あつ》い元老婦人たちを中心に、文総裁の聖婚準備が少しずつ進められていたのです。

ある日、一人の元老女性信徒が文総裁の元を訪れ、自分が見た夢の話をしました。

「空から無数の鶴の群れが飛んでくるのですが、何度手で払っても戻ってきて、ついには文先生を覆ってしまったのです」

当時、文総裁と聖婚したいと思う女性信徒は、非常にたくさんいました。文総裁がその夢の話を聞いても、これといった反応を示さないでいると、その元老信徒は確信に満ちた声で言いました。

「私の夢は、新婦の名前に『鶴』の字が入らなければならないという、天のみ意《こころ》を示しているのだと思います」

しかし当時、私は学生であり、文総裁の年齢に比べてあまりにも幼かったため、私の名前は多くの候補者の中に埋もれ、取り上げられることすらありませんでした。

そのような中、祈祷生活を続けていた母が、また夢を見ました。一羽の鳳凰《ほうおう》が天から降りてくるのですが、別の一羽が大地から飛び立って昇っていき、出会うのです。天から来た鳳凰は文総裁でした。母は数年前、文総裁にお目にかかるために大邱《テグ》に向かう頃に見た夢のことも思い出しました。一対の黄金の龍がソウルに向かってひれ伏している夢です。それがいったい何を意味するのか、一生懸命考えましたが、やはり答えは見つかりませんでした。

ところがある日、母が明け方の冷水浴を終え、誓いの言葉を唱和していると、天の声が聞こえてきたのです。

「天から降りてきた鳳凰《ほうおう》は真の父を象徴し、大地から飛び立った鳳凰は真の母を象徴する」

母は夢を解く糸口がつかめてとても喜びながらも、口をつぐんで、教会で毎日精誠を捧げました。私は十六歳になる頃には、教会に行くと信徒たちの視線を感じるようになっていました。そして彼らは私を、「気品があり、容姿も端麗だ」と、称賛してくれるのでした。

「鶴子《ハクチャ》は、その落ち着きといい、淑《しと》やかさといい、まるで名前のごとく、鶴を見ているようだ」

「それだけじゃなく、礼儀も正しい。よく見ていると、判断力や観察力も優れている」

北にいる時から、あらゆる困難を経験しながらも、垢《あか》の付いていない純粋さとみ旨に対する従順、服従の美徳を身につけることに心を砕いてきたからか、何人かと一緒にいれば、特に目立ったようです。しかし、称賛に浮かれて自分を前面に押し出したり、軽挙妄動に走ったりすることはありませんでした。

文《ムン》総裁は何より、自身を犠牲にして献身的に歩む、ために生きる心を持った女性を探していらっしゃいました。学歴や家柄、財産、美貌は求めていらっしゃいませんでした。絶対的な信仰を持って、この世界に愛を施せる女性、この世界を救うことのできる女性でなければなりませんでした。

そのような女性を見つけるため、文総裁は聖婚なさらずにいました。宇宙の母となる天の新婦がすぐ近くにいるのですが、時を待たなければならなかったのです。私は天のみ意《こころ》に気づいていましたが、それを話すことはしませんでした。探し出すのは文総裁の責任だったからです。

ただ私だけが天の花嫁であることを

　しばらくして、呉《オ》執事という信仰の篤《あつ》い信徒が、鍾路《チョンノ》区《グ》楽園洞《ナグォンドン》の商店街にある服屋に、裁縫を手伝いに行くことがありました。服屋の主人は「祈祷おばあさん」と呼ばれている元老信徒で、男性用の服を一着作っているところでした。呉執事はその横に座ってミシンを動かしながら、何の気なしに尋ねました。

「誰の服を作っているのですか？」

「文先生の服だよ。約婚式の時に着る服」

　彼女はびっくりして聞きました。

「花嫁が決まったんですか？」

「日にちは決まったけれど、新婦はまだ決まってないのよ。でも、いずれにしても式は挙げるわけだから、あらかじめ服を作っておくの」

　呉執事は、「いったい新婦になるのは誰なのだろう？」とあれこれ思い浮かべてみましたが、ピンと来る人はいませんでした。

　ところで、彼女は祈祷の最中によく神様の声を聞いたり、啓示を受けたりする人だったのですが、その日も祈りを捧げている時に啓示を受けたのです。

「エバが十六歳で堕落したのだから、天の新婦は二十歳を超えてはならない」

一九五九年の秋のことでした。呉《オ》執事は、真の母を迎えるために七年もの間、精誠を尽くしていたのですが、その時、ようやく天のみ意《こころ》を悟ったのです。

「神様！　天の新婦は、本当に二十歳前でなければならないのですか？」

何度も尋ねているうちに、一筋の光のようにひらめくものがありました。

「十六歳くらいの子に、韓鶴子《ハンハクチャ》がいる……。私はどうして、そばにいながら気がつかなかったのだろう！」

夜十時過ぎ、仕事を終えて家に帰るため、鷺梁津《ノリャンヂン》行きのバスに乗り、漢江《ハンガン》を渡っている時に起こった天の役事《やくじ》でした。

「鶴子がなる！」

「鶴子がなる！」

天の啓示は、秋の夜空から、波のように何度も押し寄せてきました。午後十一時を回っていましたが、呉執事は鷺梁津にある私の母の家に足を運びました。

「順愛《スネ》、寝てる？」

「まだよ。入って」

「あなたの娘は何歳だったかしら」

唐突な質問に、母はいぶかしそうに呉執事を見つめました。

「こんな夜中に来て、私の娘の年をなぜ聞くの？」
「いいから、早く答えて」
「今年、数えで十七歳よ。満十六歳」
「一九四三年の陰暦一月六日。文《ムン》先生と同じ誕生日で、寅《とら》の刻に生まれたわ。いきなりどうしたのよ」

　呉執事は、母が北の故郷にいる時から共に信仰を持ってきた同志であり、友人でした。もともと、母親同士（呉執事の母親と趙元模《チョウォンモ》女史）が非常に仲の良い間柄だったので、本当に長い付き合いだったのです。母が教会の仕事をしすぎて体を悪くした時も、呉執事は鷺梁津にある自分の家の向かい側に、母の住まいを用意してくれました。

　翌日、日が昇ると、呉執事は再び楽園洞《ナグォンドン》の商店街に行きました。仕事中、ずっと上の空だった呉執事は、仕事が終わるや否や、すぐにソウルでも評判の占い師がいる所に向かいました。誰のものかも知らされないまま、差し出された四柱（生まれた年、月、日、時間）を見た占い師は、両目を大きく見開きました。

「このお二人、年の差は大きいですが、天が定めた夫婦です。天下にまたとない夫婦ですね。滅多にお目にかかれない、天の四柱です」

　呉執事ははやる気持ちを落ち着かせながらも、すぐに教会に駆けていき、文総裁に報告しました。

「洪順愛《ホンスネ》さんの娘、韓鶴子《ハンハクチャ》が天の新婦です」

文《ムン》総裁からは何の返事もありませんでした。おそらくそれは、既に文総裁の周りに、弟子たちから推薦された新婦候補者がたくさんいたからでしょう。しかし私は、心配しませんでした。なぜなら、天の独り子は天の独り娘と聖婚しなければならないのであり、独り娘を探し出すことは、独り子の使命であるとともに、その本分だからです。

いくら家柄や学歴が良いとしても、天が準備した独り娘でなければ、独り子と聖婚することはできません。当時、世間的にはまだ幼く見えたかもしれませんが、天に対する私の気持ちは、既に固まっていました。私は時を待っていました。

当時、寄宿舎で生活していた私は、ある日、窓辺の木に留まったカササギの声を聞いて、喜ばしい知らせがもたらされるような予感がしました。そして、窓を開いて空を仰いだ瞬間、神様の声が聞こえたのです。その頃は、夜に夢のお告げがあるのはもちろん、澄み切った空からも、波が押し寄せるように休みなく、啓示が下りてきていました。

「時が近づいた」

それは子供の頃からよく耳にした、天の声でした。貴人に会えそうな予感がした私は、まるで誰かから背中を押されるようにして、読んでいた本を伏せ、寄宿舎をあとにしました。朝、母の具合が悪いという知らせを受けたことも頭にありました。

バスに乗って漢江《ハンガン》を渡りながら、たくさんのことを考えました。川を渡るというのは、今までの世界とは別の世界に入ることではないか。あのように滔々《とうとう》と流れる川の、穏やかな水面とは裏腹に、その中はどれほど多くの事情を抱え、渦巻いているのだろうか。そのような水面下の様子は、私たちを訪ねてこられる神様の心情にも通ずるのではないか……。

気がつくとバスを降りて、鷺梁津《ノリャンジン》の丘の上にある母の家に向かっていました。坂道を上ると、漢江から吹いてくる冷たい風が吹きつけてきましたが、季節外れの暖かい日差しが、私の足取りを軽やかにしてくれました。

母は私を見ると、自分の体調のことは忘れたかのように、心配そうな表情で口を開きました。

「教会から知らせがあったわ。すぐに来るようにって」

私はその知らせが、天によって準備されたものであることが分かりました。小学校を卒業して間もなく、初めて文総裁にお会いした時の場面が、パノラマのように広がりました。

その数日前に、私は夢を見ていました。ひときわ若々しく、穏やかな表情をした文総裁が夢に出てこられたのです。天の啓示も、はっきりと聞こえました。

「その日が近づいた。準備をしなさい」

それは、天の厳然たる訓令でした。私は完全に無我の境地で、祈祷を捧げました。

「今まで私は、神様のみ意《こころ》のとおりに生きてまいりました。今や、神様のみ旨が何であろうと、その摂理がどのようなものであろうと、たとえ何があっても、私はあなたの願われる使命を果たします」

私は天の無念なる事情を知っていたため、自分に与えられた使命を感謝して受け入れたのです。「小羊の婚宴」が行われるという予感がするとともに、再び天の声が聞こえてきました。幼い頃、道を行く道人が私を見て証《あか》したように、「宇宙の母、時が満ちた」という声が、まるで銅鑼《どら》の音のように虚空に鳴り響くのが聞こえました。

「私はアルパでありオメガである。創世以前から、宇宙の母を待っていた」

私はその言葉を聞いて、これから起こる未来の出来事を悟り、穏やかな心情で時を待ちました。エデンの園で、アダムとエバは神様と直接会話をしていました。つまり、神様のみ言《ことば》を自分の耳で聞いたということです。私も子供の頃から、神様といつでも会話を交わすことができました。困難にぶつかったり、決断を迫られたりするたびに、神様は私を導いてくださったのです。

一九六〇年二月二十六日、冬が過ぎ去り、春の陽気を感じさせるこの日、私は青坡洞《チョンパドン》教会に向かいました。天の新婦を決定する場を持つためでした。文《ムン》総裁と私は、九時間もの間、たくさんの言葉を交わしました。私は絵も描いて、お見せしました。堂々と、かつはっきりと、私は自分にかけられた願いと抱負について話をしました。アブラハムがカナンの地で受けた祝福を思いながら、「天の子女をたくさん生む」という話も、堂々と伝えました。神様が祝福したとおり、天の星や浜辺の砂のように広がった地上の人類を、善なる子女として生まれ変わらせると決意したのです。

アブラハムが、供え物を捧げるためにイサクを連れてモリヤ山に登った際、イサクはアブラハムに、供え物はどこにあるのかと尋ねます。アブラハムはそれに対し、神様が準備してくださっているとだけ答えて、それ以上は話しませんでした。それでも、イサクは幼いながら置かれた状況を理解し、自分が天に捧げられる供え物であることを悟ったのです。イサクは神様の摂理を悟り、祭壇の薪《まき》の上に、従順に横たわりました。

同じように、神様が私を天の新婦として準備してこられたのは天の摂理であり、天が立てられた予定であったと悟った私は、疑問など持ちませんでした。ただ、そのみ意《こころ》に従順に従うだけでした。天の声を、私は無我の境地で受け入れたのです。

家に帰る道すがら、母が驚いたように言いました。

「普段は柔和で物静かなお前に、あのような剛胆さがあるとは思わなかった」

しかし、聖婚はそのような気持ちの強ささえあればできるというものではありません。天の血統を広げていくために、真の母は善なる子女をたくさん生まなければなりません。そのためには、二十歳を超えてはいけなかったのです。また、国のために奉公した忠臣の家門で、三代が献身的で深い信仰を備えていなければならないということは、言うまでもありませんでした。

実際、文《ムン》総裁が四十歳になる三年も前から、何人かの未婚の女性信徒が、それぞれ良い条件を掲げ、自分こそ新婦として適任者であると主張していました。特に三十歳前後の女性たちが、自分なりの理想を高く持っていました。文総裁は聖婚の日をあらかじめ定めていましたが、まだ新婦を発表せずにいらっしゃいました。

宇宙の母、平和の母になるための「小羊の婚宴」に出ることができるのは、神様が準備された独り娘だけです。世界を救い、平和な世をつくるためには、私が決心しなければなりません。そうしてこそ、文総裁も、真の父母の立場に進むことができるのです。

私は文総裁を独り子として迎え、神様のみ旨を成し遂げてさしあげると決心しました。それは神様が私に下さった、天の新婦、宇宙の母としての使命でした。これから歩むことになる路程が、想像を絶する険しい茨の道であることも知っていました。しかし、その時、私は神様のために、世界の人類を救う使命を必ず果たすと決意したのです。

「行く道がどれほど困難でも、私の代で復帰摂理を終わらせます」

さらに、次のように決意しました。

「神様が実現しようとされているみ旨を、必ずや成してさしあげます」

その日以降、私は生涯のすべてを、その決意のもとに捧げて生きてきました。

しかし世の中というのは、すんなりとは事を運ばせてくれません。ほかでもない、「十七歳の韓鶴子《ハンハクチャ》」が新婦として選ばれたという知らせが教会に伝わると、多くの人々が仰天しました。いぶかしく思う人、困惑する人も大勢いました。喜んでくれる人もいましたが、あからさまに嫉妬する人もいました。私は、その四年前に文総裁が言われていた「犠牲」という言葉を思い出し、自分に与えられた道を行く、と覚悟を決めました。

祖母の先祖である趙漢俊《チョハンジュン》は、国のために奉公し、「天の王女を送る」という啓示を受けました。天は彼の精誠に応え、そこから忠情の家門が続くようにしてくださいました。そして信仰の深い祖母から母が生まれ、その母を通して、私が生まれました。世を救う独り娘を送るための天のみ旨が、先祖の趙漢俊から始まり、私で実を結んだのです。

その使命を果たすには、神様の独り娘として、世の中を救うという固い意志と強靭《きょうじん》な信念がなければなりません。そして、国を超えて民族と人種を和合させることができなければなりません。あたかも、大小様々な川をことごとく包み込む海のような、慈愛がなければならないのです。また、神様に侍《はべ》り、父母の心情を感得して、行き場を失った人類を懐に抱かなければなりません。

私はそれらすべてを胸深く刻んで歩みながら、天が願われた使命を一時も忘れませんでした。そのような道を行ってこそ、真の天の新婦、真の母になることができるのです。それが、天の摂理を導く宇宙の母、平和の母になる道なのです。

聖婚、地上で小羊の婚宴が開かれる

二千年前、イエス様は地上に来られました。イエス様は新婦を探して、真の父母とならなければなりませんでした。しかし、そのみ旨を果たすことができないまま、十字架にかかって亡くなってしまったのです。どれほど惨めな心情を味わわれたことでしょうか。イエス様が再臨してまず初めになさることは、新婦を探すことです。真の父母なくして天宙に満ちた恨《ハン》を解くことはできず、神様のための勝利の基盤を築くこともできません。

私が聖婚した日、それは神様が勝利された日であり、失われた栄光が取り戻された日です。そして、人類が真の母と共に生きることができるようになった、喜びの日です。

文《ムン》総裁は数えで十六歳の時、平安北道《ピョンアンプクト》の定州《チョンジュ》にある猫頭山《ミョドゥサン》で、イエス様から使命をお受けになりました。しかし、その使命を果たすに当たっては、過酷な試練が与えられました。日本留学時代はもちろん、解放後、北で新しいみ言《ことば》を伝える時も、人間として耐え難いあらゆる苦難を経験されたのです。共産党の悪辣な弾圧によって監獄に入れられ、生死の境をさまよわなければなりませんでした。

しかし、興南《フンナム》の徳里《トンニ》特別労務者収容所（興南監獄）で生死の岐路に立たされていた時、国連軍によって劇的に救出され、天が下さった使命に向かって再び出発することができたのです。

文総裁はその後、釜山《プサン》を経て、ソウルに定着されました。しかし、試練は休むことなく訪れ、また濡《ぬ》れ衣を着せられて投獄されました。その凄絶な歩みは、神様が準備した独り娘に出会い、「小羊の婚宴」の日を迎えるまでの蕩減《とうげん》路程でした。

統一教会の信徒たちもまた、つらい試練を経験しました。しかし一九六〇年を迎え、名状し難い喜びと希望に彼らの胸は躍っていました。それは、文総裁が生まれて四十年になる年であり、神様の最初の息子、娘である独り子と独り娘の聖婚が成される祝福の年でした。

春たけなわの一九六〇年三月二十七日、陰暦では三月一日の午前四時、文総裁と私の歴史的な佳約式（約婚式）が行われました。招待されたのは男女四十数人ずつでしたが、天の新婦を一目見ようと信徒が押しかけ、ただでさえ手狭な青坡洞《チョンパドン》教会が人であふれ返りました。佳約式は一部と二部に分けて挙行され、文総裁の祝祷によって、神聖な雰囲気の中、幕を閉じました。

私と文総裁の佳約式には、深い意味があります。聖書で言う人間の六千年の歴史は、真の父母を迎えるための悲痛なる路程でした。真の父母と出会えなかったことが、それまで全人類にとっての悲しみでしたが、この佳約式によって、その悲しみが終わったのです。まさに、祝福の日でした。

聖婚式は、佳約式から半月後の四月十一日、陰暦三月十六日の午前十時から行われました。全国の教会から選ばれた約七百人の信徒が青坡洞教会に集まる中、意義深い聖婚式が盛大に挙行されたのです。佳約式の時よりもさらに大勢の信徒が集まったため、教会は足の踏み場もないほどでした。周りの路地も、教会内に入れない人々で埋め尽くされました。

式場は、教会の礼拝堂をきれいに飾りつけて準備されました。壁と床を白い布で覆い、玄関から入って左手に壇を作りました。白いチマチョゴリを着て長いベールをかぶった私は、新郎である文《ムン》総裁と腕を組み、聖歌「宴のとき」に合わせて二階から降りていきました。こうして、歴史に永遠に残る聖婚式が、祝賀客の熱い歓迎の中、挙行されたのです。

聖婚式は、その意義と価値から見て、万民が称《たた》え、栄光と賛美を捧げるべき大きな慶事でしたが、その背後には、むしろ胸痛い出来事のほうが多くありました。キリスト教会からの告発によって、文総裁は聖婚式の前日も、夜の十一時まで内務部で屈辱的な取り調べを受けられました。しかし、文総裁と私はそれまでの痛みをきれいさっぱりと忘れ、平安な心で「小羊の婚宴」に臨んだのです。

最初の式は西洋式で行い、続いて韓国の伝統的な紗帽《サモ》（官服を着るときにかぶる黒い紗《しゃ》で作った官吏の帽子）と冠帯《クァンデ》、チョクトゥリ（女性が礼服を着るときにかぶる冠）に婚礼服姿で式を行いました。

聖婚式は、私が宇宙の母、平和の母として人類の前に新たに登極する日でした。神様の願ってこられた、独り子と独り娘が聖婚する「小羊の婚宴」は、アダムとエバが成し遂げられなかった宇宙的な真の夫婦、真の父母の理想を実現する場でした。

式が終わり、私と文総裁は晴れて夫婦となって、初めて一つの食膳で食事をしました。普通の夫婦であれば当然のように楽しむ新婚旅行はもちろん、新婚生活における甘い夢すら、思い描くことはできませんでした。ただ、神様と教会のことだけを思ったのです。

韓服に着替えた私たち夫婦は、信徒と共に歌を歌い、踊りを踊って、神様に栄光をお返しする喜びの時間を過ごしました。歌を歌ってほしい、という信徒たちのリクエストを受け、私は「春が来れば」を歌いました。

「春が来れば、山に野原にツツジが咲くよ。ツツジの咲くところ、私の心も花咲いて……」

春は新しい出発を意味します。私は、希望の季節である春が好きです。寒い冬を抜け出し、眠りから覚めた生命が躍動して、夢を描いていくことを願うからです。私は、統一家の歴史もいよいよ春を迎え、新たに出発しなければならないと考えました。

その日、地上に真の父母の家庭が現れることで、神様の摂理は新たな扉を大きく開きました。薄氷を踏むような日々を越えて行われた聖婚式。その日は、神様が最も喜ぶ一日となりました。

ヨハネの黙示録に、終わりの日に主が再び来られたら、「小羊の婚宴」をなさるという一節があります。その宴こそまさに、失われた独り子、独り娘を新郎新婦として結び、真の父母として立ててくださる神聖な祝福儀式です。私は文総裁と夫婦の契りを結びながら、神様の前に固く決意しました。

「神様が苦労して歩んでこられた蕩減《とうげん》復帰摂理の歴史を、私の代で清算します。何より、神様の名のもとに起こっている宗教的な分裂は、神様が最も胸を痛められることです。それを必ずや、解決してみせます」

小さな帆船、荒波に立ち向かう

「いかにも何かが起こりそうな雰囲気だね」

「そうですね。世の中があまりにも騒がしくて……」

「この混乱に満ちた世の中を正す人が現れたら、どれほど良いでしょうか」

人々は暗い表情で、ささやき合います。道端や仕事場で飛び交う話は、みな不安に満ちたものでした。私は、その不安がすぐに消えることを知っていました。

私が聖婚式を挙げた一九六〇年を分水嶺《ぶんすいれい》として、国内外に大きな変化が続けて起こりました。国内では民主主義への渇望が噴出し、自由党政権が倒れました。国外でも、アメリカでジョン・F・ケネディが大統領に当選し、新しい時代への扉を開きました。

しかし、冷戦でできた溝はさらに深まり、東西の対立は深刻になるばかりでした。ソ連の支配を受けている東欧の共産主義国家でも自由化の波が起こりましたが、まだ時至らず、数多くの犠牲者を出しながら鎮圧されてしまいました。

人々は切実に願いました。

「このすべての混乱を平和へと変えてくれる、真の導き手を送ってください」

歴史の巨大な歯車が回るとともに、統一教会にも大きな変化が起こりました。それまで国中が統一教会に反対し、特にキリスト教があらゆる批判を浴びせかけていましたが、真の母を迎えることで、世界宗教へと跳躍する土台ができたのです。

それはまた、悲嘆に暮れた人類が、救いへの新たな希望を抱いて生きていける灯火となりました。さらに、それまで抑圧されてきた女性たちが目覚め、世界各地で真の女性運動が小さいながらも芽生え始めていました。

聖婚式を挙げて三日後、私たち夫婦は信徒と一緒に仁川《インチョン》の朱安《チュアン》農場に行き、その一角にブドウやイチョウ、ケヤキの木を植えました。

私はひょろっとした苗木を植えながら、祈りました。

「すくすく育って、いつか世の人々に希望の実を分け与える大木になりますように」

それは、単にその木のためだけに捧げた祈りではありませんでした。木は、人々に実を与え、休むことのできる安息の場を提供します。それは私たち夫婦の使命であるとともに、天に仕える信仰者が担うべき役割でもありました。

覚悟してはいましたが、新婚当初から、荒々しい波が容赦なく私に襲いかかってきました。夫婦の安らかな生活など、最初から期待することもできず、「平穏」という言葉を口にすることもできない状況でした。

結婚してから住んだのは、青坡洞《チョンパドン》教会の奥にある、古びた小さな部屋でした。そこから、一方は教会の礼拝堂に、もう一方はとても小さな裏庭に続く通路がありました。共用の台所は、床にセメントをとりあえず敷いただけの、昔ながらの造りでした。

私はエプロンをかけ、練炭のにおいが漂う狭い台所で、夫のために食事を作りました。初めてそこで食事を準備した日は気温が低く、手がかじかみましたが、毎日使っている台所のように立ち働き、慣れた手つきで包丁を持ちました。料理をいくつも手際良く作る姿を見て、少し前まで私をただの学生だとばかり思っていた人たちは、ずいぶん驚いた様子でした。

教会はいつも信徒で賑《にぎ》わい、夫婦水入らずで過ごせるような日は滅多にありませんでした。そのような中でも、私は夫と向かい合って座り、世界のために何をどのようにすべきか、たくさん話し合いました。

「そろそろ、食事になさいませんか」

信徒の声にふと時計を見ると、午後の二、三時になっていることがよくありました。昼時をとっくに過ぎていても、二人とも、食事をする考えすら浮かばなかったのです。将来、私が担うべきことが多くあり、韓国はもちろん、全世界が私の差し伸べる温かい手を必要としていることを感じていました。

長女の譽進《イェヂン》から始まり、子供たちが次々と生まれましたが、生活していた家が、狭いだけでなく日本式の冷える住宅だったので、出産してから体調を崩してしまいました。私は若くして、産後の病に苦しむことになったのです。

しかし、どれほど大変な環境だったとしても、私はそれをしっかりと受け止め、楽しみを見いだしながら、幸せに過ごしました。背後で役事《やくじ》していらっしゃる神様のみ手を片時も忘れることはありませんでした。

神様は私たち夫婦に、多くの子供を授けてくださいました。子供たちは多くの兄弟姉妹に囲まれ、狭い部屋の中で窮屈な思いをしながらも、お互いに愛し、大切にし合いながら育ちました。私は、子供たちのことを小さな神様だと感じていました。毎日頬にキスをし、温かい言葉を交わしながら、時間さえあれば子供たちのために祈りました。父母と子女が一つになり、共にあるとき、その場に神様が臨在されるのです。

私は聖婚後、十三人以上の子女を生もうと決心し、最終的に十四人生みました。最近では、子供をたくさん生むとおかしな目で見られることもありますが、私は神様の摂理を貫く考えていました。十二という数字には、東西南北の四方を完成するという意味があります。そこに一を加えた十三数は、中心の位置に当たります。それによって、摂理の完成を目指し、未来に向けて永遠に発展していける道が開かれるのです。

これは何も、私の代にだけ該当することではありません。神様は人類を救うために、歴史を通して中心人物を探し立てながら、摂理を導いてこられました。二千年前、イスラエル民族を通して原罪のない独り子であるイエス様を救世主としてこの地上に送るに当たっても、血統復帰のために多くの段階を踏む摂理を展開されました。そのように複雑になった血統を、神様の摂理のために、私の代で一つの血統として復帰しなければならないのです。

神様の復帰摂理がこれ以上延長してはならないので、私は天を中心とした善なる血統を正しく探し立てると決意しました。複雑な血統を、神様を中心とした純血の、真の血統へと復帰するためには、命を懸けて新しい命を生み出し、死の峠を越える苦痛に耐えなければなりませんでした。ですから私は聖婚後、たとえ何年かかろうとも、十三人以上の子女を生むと決意したのです。

体は非常に大変でしたが、私は毎年のように子供を生み、四回にわたって帝王切開をしました。普通、帝王切開というのは二回以上することはできません。三回目の手術を受けると言った時、担当医は母体が危険にさらされるといって、躊躇《ちゅうちょ》しました。それでも、私が断固として生もうとするので、理解できないといって、夫と一緒にまた来るようにと言うほどでした。結局、私は四回手術をして子供を生み、天と交わした約束を果たして、責任を完遂しました。最後の帝王切開をしてからもう三十七年が過ぎましたが、いまだに痛みの記憶が残っています。

私が命を懸けて生んだ子供たちですが、私が彼らに願っているのは、父母でも手伝うことのできない、天が願われる各自の使命と責任を果たすことです。ですから私は、きょうも彼らのために祈るのです。

聖婚後しばらくして、私は小説に出てくる宮中秘話のようなことが起こらないよう、外で暮らすことにしました。

「自分がエバだ」と言って文《ムン》総裁の前に現れる女性がいるかと思えば、文総裁のベッドの下に入り込んで隠れる女性もいました。また、文総裁が世界巡回に出発された後、私が二階のベランダにいる時、正体不明の男が、「私がアダムだ」と叫びながら入ってくるという事件も起こりました。幸いにも事なきを得ましたが、その時私は妊娠八カ月で、大変驚いたため、胎児に影響がないかとても心配しました。

文総裁があらゆる苦難の道を歩まれたように、私もまた、耐え難い苦難を毎日のように味わいました。数々の試練と苦難が渦巻く冷たい現実を前にした私は、まるで荒海に浮かぶ、小さな帆船でした。

しかし、私は自分が果たすべき使命をよく理解していたので、祈りをもって、それらの苦難を乗り越えていきました。何も言わずに耐え、祈り続ける私の生活を見て、信徒たちは少しずつ感化されていきました。そして、すべてを包み込む海のような広い心と深い慧眼《けいがん》、揺らぐことのない信仰心を私の中に感じたのか、次第に信徒の心が変化していったのです。私が、神様に対する絶対服従と尊敬の心を深く持てば持つほど、彼らは愛と敬慕の念をもって私に接してくれるようになりました。

「驚くほどの愛を下さり、とても恩恵深いです。本当に感謝しています」

私の元に駆け寄り、手を固く握ってこのようにささやく信徒が、徐々に増えていきました。

忍耐なくして勝利することはできません

「あれ、また靴がなくなった」

その言葉を言い終わらないうちに、周りの人たちも残念そうにため息をつきます。貧困は時に、人間に悪い思いを抱かせるようです。日曜日の礼拝が終わると、下駄箱に入れておいた信徒の靴が一、二足なくなっていることがたまにありました。礼拝中に教会に来て、こっそりと良い靴を履き、出ていくのです。それは、まだ信仰の浅い信徒がしたのかもしれませんし、信徒ではない人がしたのかもしれません。

私はお金が少しでもできると、それをコツコツ貯めておき、靴を失くした信徒がいれば、新しいものを買ってあげました。また、靴を履いていった人が一生懸命働いて、二度と他人の物を持っていかないようにしてください、と祈りました。

行事の日には二、三百人が集まるのですが、彼らに食事を振る舞うとなると、米がいつも不足しました。そこで、教会の中で行事が行われている間に、火を起こして大きな釜で麦粥《むぎがゆ》を作ったのです。行事後、わいわいと集まって座り、麦粥を分け合って食べました。

「これはすべて、神様からの贈り物です」

十分なもてなしとは言えませんでしたが、信徒たちはみな、喜んでくれました。

名節が近づくと、胸の高鳴りや喜びよりも、まず申し訳なさを感じました。半月前からあちこち駆け回り準備して、ようやく信徒たちにリンゴ一個、飴《あめ》一粒を配ることができたのです。

私は妊娠中、ひたすらミカンが食べたくなるということがありましたが、当時、ミカンはとても貴重なものでした。それでも、私の気持ちを察した一人の信徒がミカンを買ってきてくれ、六、七個をその場であっという間に食べてしまったこともあります。ただただ、ありがたく、涙が出て仕方ありませんでした。

聖婚するまで、私は一日も気が休まることがありませんでした。聖婚後はさらに、様々な波風が絶えず襲いかかってきました。しかし、神様に対する信仰と従順、そして愛の道から、一度も離れることはありませんでした。

私が歩んできた道は、思い出すだけでもぞっとする茨の道でしたが、何をもってしても、私を屈服させることはできませんでした。サタンは、イエス様と文《ムン》総裁に試練を与えたように、私にも過酷な試練を課しました。その厳しく残酷な試練を、私は忍耐と献身によって乗り越えたのです。

それは一方で、私に訪ねてこられた神様の恩恵を、最も深く感じた時間でもありました。神様は私が苦痛の中にたたずんでいるとき、親しく現れて、導いてくださったのです。

私は文《ムン》総裁と、様々なことについて深い会話を交わしました。私たち夫婦はお互いに対する限りない信頼と共に、多くのことを経験しながら、やがて目を見るだけでもお互いを理解できるようになりました。文総裁が通過してきた路程と私が歩んできた道は、神秘的なほど似通っていたからです。

ほとんどの人は私のことを、大変恵まれて、すべての面において不足なものなどない人間だと思っていました。

「あなたは神様から独り娘として印を受け、恵まれた立場でお生まれになったのだから、何の努力をする必要もなく、ただその位置に上がられたのだ」

そう考える人が大勢いました。宇宙の母として、文総裁と出会い、幸せな家庭を築いて人生を楽しんでいるではないか、というのです。しかし、それは私の生活の一面だけを見ているにすぎません。私は世の中の誰よりも、険しく高い山を越えてきました。ただ違うとすれば、世の中のどの妻よりも、大きな愛を夫から受けながら越えてきたことです。

私は十四人の子女を生んで育てましたが、子供が多いと思ったことはありません。五人目の子供までは、青坡洞《チョンパドン》の薄暗く窮屈な部屋で出産し、六人目からようやく病院で生むようになりました。みな等しく、私がおなかを痛めて生んだ大切な子供たちです。しかしその子供たちも、幼い頃から不条理なことを経験しなければなりませんでした。五、六歳になって路地で遊び始めるや、世間の人から睨《にら》まれ、除《の》け者にされたのです。

「お前の父親は文鮮明《ムンソンミョン》だろう？　父親がどんなことをしているのか、お前は知っているのか？」

「統一教会のせいで、世の中が騒がしいんだ」

国内では文鮮明の息子、娘だと非難され、国外ではそれに東洋人だという差別が加わりました。ただ文鮮明、韓鶴子《ハンハクチャ》の息子、娘であるという理由だけで、苦痛を強いられる子供たち。しかし、私は子供たちを胸に抱きながらも、嘆いたり悲しんだりはせず、むしろ感謝の祈りを捧げました。

私たち夫婦は、愛と献身をもって子供たちを育てましたが、教会ですべきこと、み旨の道があまりにも忙しく、一緒にいられない日のほうが多くありました。文総裁が世界巡回に発《た》ったある日、三歳にもならない長男の孝進《ヒョヂン》が、部屋の床に座り、絵を描き始めました。いつもは車や自転車の絵をよく描くのですが、その日は白い紙の上にたどたどしく、人の顔を描いたのです。それが父親の顔であることは分かりましたが、あえて尋ねてみることにしました。

「孝進、この人は誰？」

孝進は何も答えず、違う紙にまた顔を描きました。最初とは違う表情でしたが、今度も間違いなく、父親の顔でした。普段は活発な孝進が、その日はおとなしく座って、絵を描いてばかりいました。一日中、父親の顔を描いていても、飽きることがなかったのです。次の日も、その次の日も、孝進は絵を描くのをやめませんでした。

ずいぶん日が経《た》って、父親が帰ってきてようやく、孝進は絵を描く手を止めました。世界をすべて手中に収めたかのように、父に向かって明るい笑みを浮かべ、腕に抱かれたその後ろ姿を、今も切なさと共に、鮮やかに覚えています。

もし、私がうれしいことばかりを経験していたなら、他の人の深い内面世界に気づくことはできなかったでしょう。また、天国の喜びも分からなかったでしょう。私は地獄のどん底まで経験し、ありとあらゆる苦労を味わいました。神様はひたすら、私を鍛錬してくださいました。私に必要なものは、疲れを知らない信仰と、堅固な意志、そして忍耐でした。それらが今日の私をつくり上げたのです。

誰であれ、天国への道のりで、甘く楽しいことばかりを手にすることはできません。信仰的な苦難こそ、神様の恩恵を感じられる最も貴い祝福です。その試練に打ち勝ってこそ、真なる人間として新たに生まれ変わることができます。忍耐という苦い種が一つ一つ実を結び、いつの日か、光り輝く誇りとなるのです。

第四章

茨の道を越え、人類の灯火となって

冷たい雨風を浴びながら、跳躍の道へ

私が生まれ、成長した時期は、世界的な混乱が起きていた激動の時代でした。人類全体が、これから進むべき方向性を見失い、右往左往しているような状況であり、韓民族も日本の統治と韓国動乱を経る中で、混沌《こんとん》とした思想と価値観を多くの人が持つようになっていました。安心して頼れるものがどこにもない中、私は「神様が私の父親である」ということを信じ、神様の夢と願いを成してさしあげるという信念を持って成長しました。「いかなることがあっても、私の代で恨《ハン》に満ちた天の復帰摂理を終わらせる」という決意に満ちていましたし、そのような心で、文《ムン》総裁との聖婚も決めたのです。

それは、そうすることで、私の代で宗教的な葛藤と教派分裂の問題を清算するという決断でした。これまで一つになれなかった血統と、それによって起こった教派分裂の問題を必ずや整理することを、私は決心したのです。

そうして、私は自分が決意した内容を果たしました。聖婚後、二十一年の間に十四人の子女を出産しました。それも、息子、娘の数を合わせ、それぞれ七人ずつです。今、私は戦争と葛藤のない世界をつくり、神様の恨を解いてさしあげるため、五大洋六大州を回っています。

「もう六十年が過ぎたんですね」

「光陰矢のごとしと言うけれど、確かにそのとおりですね。この六十年は、苦難と試練の連続でしたが、同時にそれは、栄光と喜びの日々でもありました」

一九五四年五月一日、ソウルの城東区《ソンドング》北鶴洞《プッカクトン》に創立された「世界基督教《キリスト》統一神霊協会」は、二〇一四年に六十周年を迎えました。記念式では、信徒が過ぎし日を振り返りながら、お互いに感謝の言葉を述べ合いました。

「今日まで、本当にお疲れ様でした」

すべてが貧しい中で始まった統一教会は、私たち夫婦の聖婚を足掛かりにして、新しい時代へと跳躍しました。少数の集まりにすぎなかった小さな教会が、今やその数を数えるのも難しいほど、世界中に広がっています。「原理」のみ言《ことば》は地球の果てまで伝えられ、歴史上、最も短期間で世界宗教に名を連ねる奇跡を起こしました。誰にもその存在を知られていない満十七歳の少女だった私、韓鶴子《ハンハクチャ》は、神様の独り娘として、天の新婦から宇宙の母、広く平和をもたらす母となり、世界の人々の胸に刻まれています。

聖婚式が終わり、一九六〇年の夏になると、全信徒が夏季四十日の啓蒙《けいもう》伝道活動に出掛けました。韓国の全土で、信仰の炎が力強く燃え上がりました。伝道師および信徒六百人以上が、四百十三の村々を巡りながら、神様のみ言を伝えたのです。彼らは四十日間、わずかなはったい粉で食いつなぎながら、襲いくる困難を乗り越えていきました。路地を清掃したり、借りた部屋で明かりを点《とも》して夜までハングルを教えたりもしました。

その時代、統一教会の伝道師はひどい迫害を受け、筆舌に尽くし難い苦労をしました。まるで広野にぽつんと立つポプラの木のように、彼らは寂しい立場に置かれていたのです。しかし、私たちは人々の無理解と非難がひどくなればなるほど、さらに啓蒙《けいもう》伝道に拍車を掛けました。やがて青年たちだけでなく、中高生も加わって歩むようになりました。その中には、中学一年生で参加する女の子もいたのです。

啓蒙伝道は、燎原《りょうげん》の火のごとく広がり、韓国社会を変化させる大きなうねりとなりました。一九六〇年代中盤以降に大きく広がった農村啓蒙と文盲根絶運動も、その時に始まったものです。都市や地方の至る所に夜間学校をつくり、学校に通えない青少年や女性たちにハングルを教えました。

忠州《チュンジュ》では素手で土のレンガを積み上げて教室を造り、靴磨きをしている青少年のために学び場を用意して、後日、成和《ソンファ》学院（鮮文《ソンムン》大学の前身）を設立するきっかけにもなりました。そのほかにも、農図園《ノンドウォン》という施設を全国規模でつくり、農村の近代化を牽引《けんいん》しました。これもまた、セマウル運動の出発点となっています。

私たちは多くの分野で、韓国社会を変革する運動の最前線に立ちました。しかし、それでも統一教会は異端だと言って、非難する声がやむことはありませんでした。牧会者や伝道師たちは、厳しい環境の中で日々を送らなければなりませんでした。

啓蒙伝道に参加した人はみな、一日に三食を確保することなどできませんでした。それどころか、一日一食食べることすら難しかったのです。そこで、家で包んでくれた弁当を、教会の学生たちが伝道師の宿所にこっそり置いて行くようになりました。昼食を抜く学生たちを思いながらその弁当を食べる伝道師は、さぞかし申し訳ない思いをしたでしょう。しかし、神様の新しいみ言《ことば》を伝えなければという悲壮な覚悟を持って、彼らは心を引き締め、歩んだのです。

私は、第一線に立って汗を流す伝道師や信徒を助けるために、服や生活用品を集めて送りましたが、やってもやっても間に合いませんでした。伝道のほかにも、社会運動や奉仕活動のため、より多くの投資が必要でした。

米軍の部隊で働く信徒が、たまに私の子供たちのためにチョコレートやバナナ、お菓子を持ってきてくれました。当時としてはとても貴重な物でしたが、それをそのまま子供たちに与えてしまうことはできませんでした。私はそれらを子供の手の届かないタンスの中や棚の上に隠しておき、遠くの任地に向かう信徒がいれば、それを包んで持たせました。お菓子の包みをもらうや否や、その場で突然泣き崩れる女性信徒もいました。数カ月後、任地から戻ってきた彼女は、私の手をぎゅっと握って言いました。

「あの包みを持っていき、開拓先のメンバーと分け合って食べました。真のお母様の励ましは、『原理』のみ言を伝える上で大きな力となりました」

その言葉は、私にとって大きな喜びでした。

文《ムン》総裁と私は伝道師を任地に送るだけでなく、彼らを励ますため、一年に三、四回、地方巡回に出て教会を回りました。開拓地の伝道師たちは感激の涙を流しながら私たち夫婦を迎えると、夜通し積もる話をしました。

開拓教会は、ほとんどが一間の部屋しかなく、看板も付けられないほどみすぼらしいものでした。門から教会に足を踏み入れれば、「ここは本当に教会なのだろうか？」と疑ってしまうほどでした。私は窮屈この上ないその有様に心を痛めながらも、一方ではそれを誇らしく感じ、信徒たちを慰めました。

「世間の人々は、今のこの状況をあざけるかもしれません。ですが、いつの日か私たちは旗を高く掲げ、万国の民の愛を受けるようになるでしょう」

ですから、私たちはどこに行っても恥じることなく、どんな人に会っても堂々としていたのです。

しかし、「世界基督《キリスト》教統一神霊協会」を政府に登録しようとした時は、何度も拒否されました。特に、既成キリスト教会からの反対と嘆願書が殺到していたようです。そういう中で、一九六三年五月、ようやく正式に登録をすることができました。

世の中は、やはり一日として穏やかな日はありませんでした。一九七〇年代に入ると南北韓の対立がさらに危機的状況となり、国際情勢も大きく揺れ動きました。共産主義を克服しつつ、世界に平和をもたらすことが何よりも急務でした。私たち夫婦は、韓半島と世界の平和のために全信徒が立ち上がらなければならない、と激励しました。

祝福結婚をして家庭を築いていた婦人たちも、夫と子供を置いて家を離れ、人々の愛国心を鼓舞するために家々を訪問しながら、啓蒙《けいもう》活動を行いました。婦人たちはそれこそ、病に伏す老親や幼い子供たちを天に委ね、出掛けたのです。家庭の中心である女性が長い間、家を留守にするわけですから、残された家族が担う苦労は、並大抵のものではありませんでした。

父親が、残された赤ん坊にもらい乳を飲ませる一方で、任地に出向いた母親は、パンパンに張った胸から母乳を絞り出しながら、涙を流しました。出発する前に妊娠していた妻が、途中で戻ってきて赤ん坊を生み、百日後に再び出発するということもありました。三年ぶりに帰ってきてみると、子供は見慣れない母親を遠目に眺めるばかりで、近づこうともしなかったといいます。

出産のとき、妊婦が苦しがっても毅然《きぜん》とした態度で指導するのが産婆の役割であるように、私たち夫婦は、信徒を厳しく追い立てました。統一教会の婦人たちが、それぞれの家庭の様々な事情を胸に秘め、国家と民族のために先頭に立ったこの活動は、韓国の現代史における隠れた愛国運動に違いありません。

歴史を見れば、国が危うくなるたびに、農民などが義兵となって蜂起してきました。同じように、これらはまさに、共産主義に立ち向かって国を救い、国難を克服した偉大な歴史の一場面として記憶されるでしょう。

以後も、すべての祝福家庭（祝福結婚をした家庭）の婦人たちに、この伝統が受け継がれていきました。こうして、統一教会を非難していた人々も、私たちを新たな目で見つめ直すようになったのです。

「たとえ今は理解できなかったとしても、この三千万の韓民族が統一教会と共に歩む日が来れば、この国、この民族が滅びることはないでしょう」

その後、私たちはさらに大きな責任を胸に抱き、「世界を愛する」という壮大な路程を出発しました。世界宣教の中心地であるアメリカに渡り、二百年前の建国当時の精神に立ち返らせる運動を展開したのです。

五十州を一つ一つ巡回しながら神様のみ言《ことば》を伝え、一九七四年には、文《ムン》総裁がホワイトハウスでニクソン大統領と会談しました。また、アメリカ議会やヤンキースタジアム、ワシントン・モニュメントの広場で天のみ旨を伝えて、熱狂的な支持を受けました。

韓国では勝共運動を活発に展開し、救国の気運を盛り上げました。勝共運動は日本やアジアを越えて世界の多くの国々に広がり、共産主義を終焉《しゅうえん》に導く上で大きな役割を果たしました。

一九八〇年代には、宗教和合のための超教派運動と、南北統一に向けた汎国民運動を牽引《けんいん》しました。社会のために奉仕し、平和を築く運動もより積極的に展開しました。

一九九〇年代、ソ連のミハイル・ゴルバチョフ大統領と歴史的な会談を行い、ソ連の若者に民主主義精神と正しい価値観を教えることで、共産主義の没落と東西の和解を促すことに大きく寄与しました。

一九九一年には、北朝鮮の地で金日成《キムイルソン》主席に会い、南北の対話の突破口を開くとともに、北朝鮮との交流の足掛かりもつくりました。

二〇〇〇年代に入ってからは、神様の願われる平和世界を成し遂げるため、活動の場を国連にまで本格的に広げました。百九十カ国以上の国に家庭連合ができ、地球上のどの都市、どの村に行っても信徒に会えるようになりました。

このようにして、六十年が一日のごとく流れていきました。六十年間、それぞれの時代の大きな山場を通過するたびに、いつも神様のみ言を中心に据え、世界平和のため、身も心もすべて捧げてきたのです。

二〇一二年九月、文鮮明《ムンソンミョン》総裁が聖和《ソンファ》した後も、歩みを止めることはありません。全人類へのプレゼントとして鮮鶴《ソナク》平和賞を制定し、未来の平和運動のための里程標を打ち立てました。南米やアフリカでさらに多くの奉仕活動を行い、世界各地で多くの人材を育てて、たくさんの人々を神様の元に導いています。草創期に受けた弾圧や抑圧、非難は熾烈《しれつ》を極めましたが、それを乗り越え、今や神様を父母として侍《はべ》り、全人類がみな兄弟となる、真の平和の夢を成し遂げつつあるのです。

「地上での最後の瞬間が近づいてきます」

一九八〇年代の初め、海外から一通の手紙が届きました。

地上での最後の瞬間が近づいてきます。この世で差し上げる最後の御挨拶です。天上でお目にかかります。どうかいつまでもお元気でいてください。

監獄に入れられた宣教師が、処刑される前に書いた遺書でした。私はその場で凍りつきました。おそらく、顔面蒼白《そうはく》だったと思います。もはや涙すら出ず、石のように固まったまま、しばらく立ち尽くしていました。私たち夫婦は、愛する彼らの記憶を、涙と共に胸の奥深くにしまい込みました。誰にも話すことができないまま、胸がつぶれそうになるほどの悲しみを抱え、ただ心の中で痛哭《つうこく》するしかありませんでした。それは人類の真の父母として、避けて通ることのできない道でした。

五十年ほど前、信徒たちは所構わず、熱い議論を交わしていました。

「これからは、世界に目を向けなければなりません」

「まだ早すぎるのではないですか？　ちゃんとした教会の建物すらないのに」

「教会の建物を立派に造ったら、神様が喜んでくださるのでしょうか？」

世界に出ていくべきだと主張する信徒もいれば、国内でまずしっかりとした教会を建てようと言い張る信徒もいました。どちらも疎《おろそ》かにはできないことでしたが、私たち夫婦は「韓国」よりも、「世界」を選びました。ですから、教会の外観はいつまでもみすぼらしいままでした。一九八〇年代に入っても、立派と言える教会が一つもなかったのです。

信徒が集まり、ささやかに礼拝を捧げられる空間だけでも欲しいという要望が多くありましたが、小さな緑屋根のAタイプ教会（正面が三角形で、Aの字に似ていることからそのように呼ばれた建築スタイル）を何とか建てるのが精いっぱいでした。

信徒数がまだ少なかった時代に、世界に向けて進出すべきだという主張に対して反対意見が出なければ、かえっておかしなことです。教会の中からも外からも、「教会一つも満足に建てていないのに、世界を目標とするなど、分をわきまえないにもほどがある」とあざける声が聞こえてきました。

しかし、家庭連合は最初から、より大きな価値を追求していました。個人や家庭よりは民族や国家のために生き、韓国よりは世界の救いのために働くことが優先でした。争いだらけの荒廃した世の中に、平和の鐘の音を響かせることが私たちの使命でした。

一九五八年、日本に初めて宣教師が渡り、その翌年、アメリカの開拓伝道が始まりました。六〇年代に入っても、依然として、海外宣教に出掛けるというのは教会次元ではもちろん、韓国自体においても考えることすらできない状況でしたから、当時、先駆けて二カ国に宣教師を送ったというのは、とても大きな実績でした。しかし、私たちはそれに満足してはなりませんでした。

一九六五年、文《ムン》総裁は海外宣教を本格化させるため、世界巡回に出発しました。これをきっかけに、その後、ヨーロッパ、中東、南米へと、宣教師が次々に派遣されていきました。しかし彼らを取り巻く環境は、これ以上悪くなりようがないと言えるほど、厳しいものでした。統一教会の「原理」のみ言《ことば》が巨大な波のように世界に広がった七〇年代には、あらゆる国が口裏を合わせたかのように、総力を傾けて私たちに反対してきました。しかし、いくら迫害がひどくなっても、私たちは起き上がりこぼしのように何度でも立ち上がりました。

一九七五年、世界宣教師会議を日本で開き、世界の百二十七カ国に宣教師を派遣することにしました。その決定に対して反対する声も多くありましたが、これ以上先延ばしにすることはできませんでした。

「できない理由というのは常にあるものです。しかし今送らなければ、永遠に送り出せなくなるかもしれません。最も困難な時に、決断を下さなければなりません」

その時に大勢の宣教師を派遣したことが、後に大きな実を結びました。

宣教師を送るに当たっては、一つの国からだけではなく、ドイツ、日本、アメリカの三カ国の信徒を一つのチームにして送り出しました。彼らの国は第二次世界大戦の時、お互いに怨《おん》讐《しゅう》の関係にありました。

私たちの宣教活動では、近代における西欧のキリスト教の希望に満ちた宣教ばかりを連想することはできませんでした。宣教資金が不足しているので、宣教師たちは小さな部屋や仮小屋で生活しながら活動をしました。

任地に出発する際は、見送る人も出発する人も悲痛な心情で覚悟を決めなければなりませんでした。当面必要となるお金を用意できた人から、古びたトランクに衣類と『原理講論』一冊を入れて、任地に発《た》つのです。当初は漠然と、「五年ぐらいだろう」と思われていましたが、結果として二十年以上、アフリカや中東にとどまって宣教した人も、少なくはありませんでした。

彼らは年に一、二回、行事に参加するために、ニューヨークのイーストガーデンという公館にやって来ました。宣教師たちは現地で自立して活動をしていたため、経済事情により飛行機のチケットを購入できず、参加できないケースもありました。

私たち夫婦に初めて会ったという異国の若い宣教師は、私たちを見るなり大粒の涙を流しました。もちろん、泣きたい心情になったのは、その宣教師だけではありません。最も痛哭《つうこく》したかったのは、私でした。しかし、そうすると行事の喜びの場が涙の海に変わってしまうので、毅然《きぜん》として涙を押し殺し、宣教師の肩を抱いてあげるしかありませんでした。

翌日、私は宣教師たちを全員連れて出掛け、シャツとネクタイを一つずつ買ってあげました。

「よく似合いますね。これまで苦労が多かったでしょう」

心から慰労するとともに、念を押すことも忘れませんでした。

「あともう少し、み旨の道を邁進《まいしん》すれば、平和な世界を私たちの時代に成し遂げることができます」

こうして、宣教師たちはみ旨に対して新たな覚悟を固め、再び摂理の最前線に向かったのです。

今もそうですが、私たち夫婦は宣教師を見知らぬ土地に送り出す際、天をつかんで切実に祈らざるを得ませんでした。特に共産主義国家に向かう宣教師に対しては、一層激しく祈祷しました。しかし、不幸にも殉教者が出たらどうしようかと、湧き上がる不安を抑えることはできませんでした。その心配は結局、現実のものとなってしまいました。

一九七〇年代に入ると、世界各地で耐え難い弾圧が行われるようになります。一九七三年、チェコスロバキアのブラチスラヴァで、宣教師と信徒約三十人が一挙に警察に逮捕され、連行されるということがありました。五年から十年の懲役刑、さらには死刑宣告を受ける信徒までいるなど、言葉で言い尽くせない弾圧が行われました。二十四歳のマリア・ジブナは、冷たい監獄の中、花盛りの年齢で命を落とし、共産主義統治下における最初の殉教者となりました。また、信徒がテロに遭い、遺体で発見されるという惨事もありました。

一九七六年、フランス・パリにある私たちの教会、ヴィラ・オブレ教会で爆破テロが起き、多くの負傷者を出しました。フランスの信徒たちは、エッフェル塔からトロカデロまでを行進しながら爆破テロ事件に対する抗議を行い、多くの人々の同情を誘いました。そして、この事件に共産主義勢力が介入していたことが明らかになると、アメリカの国会議員を先頭に、朝野がこぞって、このような宗教弾圧を猛烈に非難するようになったのです。

ニューヨークのベルベディアの館にも爆破予告がなされ、警察が出動しました。監視や追放、尾行、テロは、宣教師たちにとって日常的な出来事になっていました。

弾圧は八〇年代に入ってもとどまることを知りませんでした。一九八〇年、タンザニアに入った笹本《ささもと》正樹宣教師が、その年の十二月、銃で撃たれて殉教しました。それでも、宣教師たちの歩みは止まりませんでした。

特に共産圏の国々では「バタフライ作戦」の名のもと、宣教師たちが地下で命懸けの活動をしていました。バタフライ作戦とは、当時、オーストリアを拠点として、鉄のカーテンがかかっていた東ヨーロッパで秘密裏に行われていた宣教活動です。最初にソ連の地に渡ったギュンター・ヴュルツァーをはじめ、数多くの宣教師がソ連のＫＧＢに尾行されて迫害を受け、宣教していることが発覚した後は拘禁されたり、強制追放になったりしました。

一九八六年、私たちは内密に、バタフライ作戦の宣教師たちをアメリカのイーストガーデンに集めました。宣教師たちの凄絶な証《あか》しは、夜が深まっても終わることはありませんでした。

宣教師たちは、親兄弟にも言えずにいた胸の奥深くの内情を嗚咽《おえつ》しながら吐露し、それを聞く人々もまた、胸がえぐられるような思いで話に耳を傾けました。共産主義国家で歩む彼らの一日一日は、薄氷を踏むような瞬間の連続でした。皆の心に響いた、ある宣教師の言葉があります。

「いつどこで、いかなる危険に直面するか、私には分かりません。ただ、神様が啓示を通して、直接、私の人生を主管されていることが分かります。危険が迫れば、夢に神様が現れ、私の行く道を示してくださるのです」

短い会合を終えて再び任地に向かう彼らを、私は一人一人抱き締め、見えなくなるまで手を振りながら見送りました。いつまた会えるかも分からないまま、戦場よりさらに過酷な地に旅立つ宣教師のことを考えると、胸が痛み、涙があふれそうになりました。

統一教会の信仰を持っている、というだけで迫害を受ける信徒たちは、どれほど不憫《ふびん》でしょうか。それにもかかわらず、宣教師たちの歩みは止まることなく、地球の隅々にまで及んだのです。苦難と危機の中にあっても貧しい人を助け、学校を建てて、職業教育を施しました。また、荒地を開拓して、生活基盤を築くために投入しました。今日、百九十以上の国に家庭連合があり、信徒がいるのは、すべて、宣教師たちの貴い犠牲のおかげです。

私は宣教師たちを見知らぬ大陸や海の向こうに送るたびに、一つでも多くのものを与えたいと思いましたが、それができない現実に、いつも心を痛めていました。私たちの夢が実現する時には、神様が大きな恵みを与えてくださるだろう、という言葉で励ますしかありませんでした。しかし、その激励は宣教師たちにとって、千軍万馬よりもさらに心強い応援となったようです。

草創期、統一教会の信徒は追いに追われる、最もかわいそうな人々でした。冬の雪降る夜に家から追い出され、塀のそばで一人、涙の祈りを捧げた人がどれほど多かったことでしょうか。それは、宣教地においても同じでした。ある人は見知らぬ土地で追放の憂き目に遭いながら、ある人は夜空の星の光だけを頼りに砂漠を歩きながら、ある人は深い密林をかき分けて進みながら、神様のみ言《ことば》を伝えました。私たちはこのようにして、悲しみを心の内で消化しながら信仰を守り、み言を広めていったのです。

慕わしさと涙で染まった世界巡回

「お母さん、また荷物を詰めているのですか？」

すぐには答えられません。すると、私の隣で黙々と荷造りを手伝ってくれていた長女の譽進《イェヂン》も、今さらながら尋ねてきます。

「お母さん、今度はどこに行くのですか？」

大きなカバンを取り出して服をたたんでいると、子供たちはすぐに気がつきます。母親がいつもそばにいて、一緒に遊び、抱き締めてくれることを願う子供たち。しかし実際は、子供たちと一緒にいてやれない日のほうが多くありました。人との面会、教会の仕事、地方巡回など、すべきことが私を捕らえて放さなかったのです。海を越えて外国に行くとなると、カバンを取り出すところから、気苦労が絶えませんでした。

ただの旅行は楽しいものですが、ミッションを持って出発する旅路は、家を出た瞬間から緊張の連続で、心労が絶えません。また、旅先で豪華《ごうか》絢爛《けんらん》な宮殿に泊まっても、心は落ち着きません。そんな宮殿よりは、狭くて窮屈でも、自分の家で暮らすほうが気楽なのです。しかも、私が行くのは単なる旅行ではなく、ミッションを帯びた旅ですから、否が応にも緊張せざるを得ませんでした。

私は一九六〇年の聖婚以来、我が家にゆっくり落ち着いていることは滅多にありませんでした。休戦ライン付近の小さな村から、離れ小島の村まで、全国を回りながら信徒に会い、忙しく行事と講演を行ってきたので、心安らかに休む日などありませんでした。

ひとたび海を越えれば、日本を皮切りにアジア、ヨーロッパ、北米、南米、アフリカまで、全世界を巡回しました。神様のみ言《ことば》を伝えるために、異国の人を私の子女、異国の土地を私の家だと思って訪問しました。

世界巡回では、過密スケジュールの中、新しい都市に着くたびに合間を縫って、絵葉書を買いました。夜十二時過ぎ、ようやく仕事が終わったところで、私を待つ子供たちに便りを書くのです。

孝進《ヒョヂン》へ

会いたいわ。いつでも呼んで、走っていって抱き締めてあげたい、良い子でかわいい、愛する息子。

孝進、少しの間、離れ離れですが、あなたたちは幸せな天の息子であり、娘です。

私たちの孝子、孝進！　天の孝子であり、地の孝子、全宇宙の孝子、孝子の手本になる優しくて賢い孝子の孝進、愛しています。お父さんとお母さんは、み旨に従っていつも忙しい生活で、あなたたちと過ごす時間が少なくてとても残念だけれど、お母さんもお父さんもあなたがいるから、頼もしく思っています。

孝進、あなたは普通の子たちとは違います。他の子たちと一緒にいても、あなたの根本、天の品位を損なってはいけません。

お父さんとお母さんは、いつもあなたを誇らしく思っています。近いうちにまた会った時、お父さんとお母さんをたくさん、たくさん驚かせてくれますか？

お父さん、お母さんはあなたに対して、大きな夢を持っています。お母さんは待ち遠しく思いながら、いつも祈っています。元気でね。

一九七三年五月十二日、アメリカ・ベルベディアにて私は、多くの公的な仕事のため、子供たちと一緒の時間を過ごせないことがいつも気掛かりでした。それでも子供たちは、立派に育ってくれました。ある日、長男の孝進《ヒョジン》がインタビューを受けました。

「お母さんのどんなところを尊敬していますか？」

孝進はためらうことなく答えました。

「父を支え、喜ばせる母の愛と不屈の精神を最も尊敬しています。世の母親は、みな偉大ですが、特に私の母は、私たちを絶対的に信じ、励ましてくれます。私はその姿にいつも深く感銘を受けています。世界的な仕事を担い、常に忙しくしている中で、十四人の子供を生んだことも本当に偉大だと思います」

私はどれほど暑い夏であっても、冷たい水でシャワーを浴びることは控えます。それは、子供をたくさん生んだ影響が残っているからです。医師が引き止める中、帝王切開も四回行いました。

六男の榮進《ヨンジン》を生む時、赤ん坊の頭が大きすぎて、死の淵《ふち》をさまようことになりました。文《ムン》総裁はドイツに出張していて、三十分以内に決断しなければ母親も赤ん坊も両方危険だというので、やむを得ず帝王切開となったのです。

一度切開手術をすると、その後は自然分娩《ぶんべん》をするのが難しくなります。私は、切迫した心情で祈祷しました。切実に祈る中で、イエス様が十字架にかけられた瞬間が思い浮かびました。イエス様に迫りくる、闇の死の勢力。私はそれを、新しい命の出産によって払いのけ、イエス様を解放してさしあげようと決意して、苦痛に耐えました。

母親なら誰でも経験することですが、一つの命の誕生は、地獄と天国を行き来する苦痛の中で迎えるものです。四回も手術を受けるというのは、決して簡単なことではありません。切開手術を受けるために手術台に上がるたびに、私は十字架の苦痛を体験しました。そのようにして、一つ一つの命を神様のために、死を恐れずに生み出したのです。

それとともに、流産も何度も経験しました。その影響により、今も冷水でシャワーを浴びると、真夏でも悪寒がして、体がぶるぶると震えるのです。

私が子供をたくさん生み、家の中がにぎやかになればなるほど、教会があちこちに新しくでき、信徒も増えていきました。しかし、私の心の中には、「韓国で最も大きな教会」とか、「韓国で信徒が最も多い教会」というような目標は、最初からありませんでした。ただ、世界を救う宗教、人類の涙をぬぐってあげる真の教会になることだけを願っていたのです。

その志を果たすため、私は一九六九年の最初の世界巡回以来、何度も世界を巡回してきました。数千回を超える様々な大会と行事、集会、セミナーを行い、講演回数も数百回に達しました。およそ半世紀の間に、地球のほぼすべての地域に私の足跡がしっかりと刻まれたのです。

大都市から、原始的な生活を営んでいる小さな村落、灼熱《しゃくねつ》の太陽が照りつける砂漠、木が鬱蒼《うっそう》と生い茂る密林、空気が薄くて息苦しくなる高原地帯に至るまで、地球のあらゆる所を回りました。そこには、私を待つ人々がたくさんいました。特に、疎外された人々、社会的弱者である女性や子供、少数民族が、首を長くして私を待っていました。

たとえ体が大変だったとしても、私が一歩踏み出せばその分、彼らに安らぎを与えることができ、平和が訪れるということが分かるので、宿所に戻っても疲れた体を横たえる時間を取れないまま朝を迎え、再び出発するのでした。異国のホテルで二時間ほど座って休んだり、空港の空いたベンチにもたれてしばらく仮眠を取ってから出発したりするようなことも、数え切れないほどありました。荷物を広げることもできないまま、私を待つ人々に会うため、道を急いだのです。

初めて旧共産主義国家に入って講演した時は、生きている人よりも、亡くなった人の霊魂が多く訪ねてきました。夫と共にではなく単身でクロアチアに行った時は、その一帯が紛争の真っ最中でした。ホテルの部屋に入った瞬間、無念な思いを抱いたまま惨めに死んでいった人々の霊魂が、救いを求めて私を待っていたのが分かりました。私はその霊魂を解怨するため、夜を徹して祈祷を捧げました。

アフリカに行くときは、毎回マラリアの予防薬を飲みました。ある時、処方の間違いでひどい副作用に悩まされたのですが、現地でさらにマラリアにかかって、高熱に苦しみました。しかし、治療そっちのけで、計画したスケジュールを全うするために夢中で巡回していたところ、いつの間にかマラリアの症状は消えてなくなっていました。

一九九六年の秋に開かれたボリビアの大会は、決して忘れることができません。中心都市のラパスは海抜約四千メートルに位置し、世界で最も高い所にある高山都市の一つです。地元の人でない限り、誰もが酸素不足による高山病に悩まされずにはいられない所です。

私は約一時間の講演をするため、酸素ボンベを横に置いて演壇に上がりました。ところが弱り目に祟《たた》り目で、そこの講演台がぐらぐらとしており、ほんの少し寄りかかるだけでも倒れそうだったのです。頑強なスタッフが演台を支える中、人々は心配そうに私を見つめていましたが、私は講演の間、笑顔を決して絶やしませんでした。吐き気や頭痛、足の震えを、歯を食いしばって耐えましたが、終わった時は倒れる寸前でした。

「あの方は本当に、神様が送ってくださった方だ」

驚きと共に、称賛の嵐が巻き起こりました。講演は盛況のうちに幕を下ろしました。夕方に開かれた祝勝会で、私は参加した信徒一人一人の手を温かく握りました。私に会うために遠路はるばるやって来た貴いゲストや信徒を見ると、疲れも吹き飛ぶようでした。その場は、私たちがお互いを励まし、誇り合う喜びの場となりました。

大会を終えると、文《ムン》総裁が私の背を軽くたたきながら、喜んでくれました。

「天に近い、海抜四千メートルにもなる所で勝利したのだから、これ以上の福があるだろうか」

世界各地を回りながら、神様のみ言《ことば》を伝えると同時に、これまで犠牲になった霊魂を救う解怨式も、多くの国で行いました。

二〇一八年の春、オーストリアで行われた霊魂の解怨式は、実に意義深い行事となりました。ウィーンからドナウ川に沿って西に二時間ほど行くと、マウトハウゼンという町があります。周りの風景は非常に美しいのですが、訪れる人を迎える建物はどこか陰鬱で、殺伐としています。濃い灰色のレンガを高く積んで造られた塀の前に立つと、誰もが痛恨の涙を我知らず流さざるを得ないでしょう。そこは第二次世界大戦の最中、ナチスがユダヤ人を閉じ込めていた強制収容所でした。そこに入れられていた人の数は三十万人とも言われますが、そのうちのほとんどが、悲惨な死を遂げたのです。

もう七十年以上も前のことですが、今なお歴史の傷跡が残る現場です。誰もそこに、痛みを抱えた霊魂がさまよっていることを知りませんでした。犠牲になった霊魂を慰め、怨《うら》みと悲しみを和らげてあげてこそ、彼らは安息の場に向かうのです。

私はウィーンでのヨーロッパ希望前進大会を終えた後、信徒をマウトハウゼンに送り、解怨式を挙げさせました。信徒がくねくねと曲がる田舎道を通って到着した場所には、昔の傷跡がそのままむき出しになっていたといいます。そこで永遠の愛を込めて白い花束を捧げるとともに、犠牲者の霊魂を慰める告天文と衣冠を用意して、解怨式を厳粛に行いました。彼らが過去の悲しみと怒りを振り払い、澄み透った霊魂として、平穏な安息の場で幸せに暮らせるよう、祈ったのです。

記念館を建てることも重要ですし、歴史的な事実を学問的に究明することも必要ですが、無念な霊魂に刻まれた怨恨と怒りを解くことが先決です。七十年以上の歳月が流れる間、誰もしなかった解怨式を私たちが行うことで、三十万人の霊魂が安息の場にたどり着いたのです。

世界を回るたびに、初めて会う人たちが私の元に駆け寄り、両手をぎゅっとつかんで放そうとしません。その切ない気持ちは、私の心に深く刻み込まれています。多くの人々が私に一目会いたいと思い、慕ってくれるのは、そして私がしばしの滞在を終えて去る時に彼らが名残を惜しんでくれるのは、天が結んでくださった絆《きずな》があるからです。六千年前に神様の元を離れた人類が真の人生を生きるには、神様と人間を結ぶ天の仲保者として、独り子、独り娘がいなければなりません。その独り娘にまさに出会ったので、その場が涙の海となるのです。

しかし、より根本的なものは神様の愛です。私はその神様の愛を伝えるために、数十年の間、毎回数百、数千キロを移動しました。その旅の苦労は筆舌に尽くし難いものがありましたが、私はいつも幸福でした。私が残した言葉と足跡が消えることは、永遠にありません。それは日ごと、年ごとに大きくなり、やがては世界を覆い尽くすことでしょう。

世界の人々の心を震わせた「You Are My Sunshine」

「ベルベディアとはどういう意味なのですか？」

「イタリア語で『美しい景観、展望』という意味です」

アメリカ・ニューヨークのハドソン川の近くに公館を建てた際、その名前を「ベルベディア(Belvedere)」としました。美しい自然の中で神様の愛を感得できるようにと、付けた名前です。巨木が鬱蒼《うっそう》と茂るその場所で、一九七〇年代以降、信徒たちが「原理」のみ言《ことば》を中心とした修練を受けました。私たち夫婦に会うために世界中から訪れる人々で、公館はいつも混雑していました。

私は、ベルベディアとイーストガーデンに黄色いスイセンをたくさん植えました。スイセンは寒い冬が過ぎると、凍りついた地面を真っ先に突き破って新たな季節の到来を知らせてくれる、春の伝令です。まだ雪の残る凍った地面をかき分け出てくる新芽の強靭《きょうじん》さ、そして自然の摂理を前にして、私はいつも驚きを禁じ得ませんでした。春や真夏に咲くバラやユリも美しいのですが、私は寒い冬に打ち勝って咲くスイセンの力強さが大好きです。真の父母の道、独り娘、真の母の道を歩みながら、私はこの花を本当に愛しました。

二〇一六年の夏、思い出の多いこのベルベディアで、「ニューヨーク・ヤンキースタジアム大会四十周年記念式」が行われました。四十年前の一九七六年に開かれた大会は、統一教会と文鮮明《ムンソンミョン》、韓鶴子《ハンハクチャ》を全世界に知らせる記念碑的な大会となりました。同時に、それは混沌《こんとん》と淪《りん》落《らく》の道に陥っていたアメリカを覚醒させた、重要な日でもありました。

当時、私と文総裁は東洋から来た新興宗教の創始者として、ほんのひと握りの人だけが知る存在でしたが、半世紀近くが経《た》った今では、全世界が文鮮明を「独り子、メシヤ」として、韓鶴子を「独り娘、宇宙の母、平和の母」として仰いでいます。

私たちは四十周年の大会を、「神様が祝福したアメリカの家庭祝祭」と名付けました。アメリカやカナダに住む約三千人の信徒および関係者が、このイベントに参加するためにベルベディアに集まりました。夢にも忘れることのできない歌、「You Are My Sunshine（あなたは私の太陽）」が流れてくると、みな粛然とし、涙ぐみながら当時の感動を思い起こしました。私は、感動にとどまるのではなく、それを越え、まだ残っている多くのことに取り組むよう、信徒に伝えました。

神様に侍《はべ》り、信仰の自由を求めて立ち上がった清教徒の精神が、アメリカを誕生させました。しかし時間が経つにつれ、アメリカは神様のみ旨に従って世界を抱くのではなく、利己主義と退廃的な文化が蔓延《まんえん》する国となってしまいました。神様の夢は、七十七億の人類が平和で幸福な世界を築き、新しい心情文化革命を起こして、神様の愛に感謝する生活を送るようになることです。

私たちはアメリカの建国精神を呼び起こし、世界を神様の元に導くという真の使命に目覚めさせるために、渾身《こんしん》の力で青年や指導者を教育し、多くの大会を開いてきました。しかしそれでも、アメリカは天から少しずつ遠ざかっていくばかりでした。

私は今でも、一九七六年六月一日のヤンキースタジアム大会を昨日のことのように覚えています。アメリカ各地からはもちろん、全世界から人々が押し寄せ、ヤンキースタジアムは立錐《りっすい》の余地もないほどの超満員でした。集まった人は五万人以上。しかし、天候は私たちの味方をしてくれませんでした。雨風が激しく吹きつける大荒れの天気となったのです。また、私たちを非難する人々がスタジアムの外で大会反対のデモを行い、大騒ぎしていました。今にも、暴動が起きるかのような雰囲気でした。

この大会のために、二カ月前から全世界の信徒が祈祷を捧げていました。世界中からアメリカに駆けつけた信徒は、一日も休まずに方々を回り、大会の開催を一生懸命伝えました。その六十日間は、眠っているアメリカを呼び覚ます期間であり、共産勢力の拡大を阻止し、民主世界を復活させる重要な時期でした。私たちが青少年の倫理的破綻を食い止める防波堤となれるか否かを決する分水嶺《ぶんすいれい》でした。

しかし、このような歴史的な意義とは裏腹に、大会の直前には激しい雨風に見舞われました。

垂れ幕は裂け、ポスターはびしょびしょに濡《ぬ》れてはがれ落ち、舞台上の小物まで飛び散って、会場内はまさに大混乱となっていたのです。集まった信徒たちも雨に濡れ、惨めな姿で呆然《ぼうぜん》と立ち尽くしていました。

スタジアムの外では反対する数千人が集まって、あらゆる揶揄《やゆ》と非難の声を上げています。

神様は本当に私たちと共にいらっしゃるのか、と疑いを抱いてもおかしくない状況でした。

しかし、激しい雨と非難の声は、かえって私たちを強くしてくれました。アメリカに渡る前に受けた苦難と弾圧に比べれば、反対する者たちの雄叫びは、むしろ応援歌のように聞こえました。私たちは雨でずぶ濡れになっても、避難しようとは思いませんでした。

その時、誰かが歌い出したのです。

You are my sunshine, my only sunshine.
You make me happy when skies are gray.

それを合図に、みなで心を合わせて、「You Are My Sunshine」（作詞作曲：ジミー・デイビス、チャールズ・ミッチェル）を歌いました。一人の歌声からすぐに壮大な合唱となり、スタジアムいっぱいに響き渡りました。皆の顔に、雨と混じって喜びの涙が流れていました。

するとほどなくして、神様が私たちの元に訪ねてくださったのです。天地を覆っていた暗闇が消え去り、雲の隙間から一筋の日の光が差し込むと、会場が徐々に明るくなっていきます。そして到底、開催不可能としか思えなかった大会が、太陽が顔を出すとともに始まったのです。

文《ムン》総裁は祈祷を終えて演壇に上がる前、私の手をぎゅっと握りました。

「あなたの精誠と祈祷のおかげで、私はきょう、壇上に上がります」

雲間から差す日の光よりも温かな、満面の笑み。それはまさに、死の淵《ふち》とも言える暗闇を突き抜け、光り輝く天地に復活したかのようでした。私は顔に付いた冷たい雨の雫《しずく》をぬぐい、夫に熱い拍手を送りました。私たちは神様と世界の救いに対する確固たる信仰を持っており、「救世主が私と共にいらっしゃる」という事実に、決して勇気を失うことはありませんでした。

毅然《きぜん》と壇上に上がった文総裁は、目の前の聴衆だけでなく、すべてのアメリカ人、ひいては全世界の人々に向けて、警鐘を鳴らしました。

アメリカの建国二百周年を記念し、「アメリカに対する神様の希望」というテーマのもと、文総裁は「共産主義思想の蔓延《まんえん》と青少年の倫理的破綻を防がない限り、アメリカに希望はない」と声を張り上げました。文総裁が「私はアメリカに医師として、消防士として来た」と力説すると、聴衆は大きな拍手でそれに応えました。これまで誰もが口にすることを避けてきた恥ずべき傷を露《あら》わにし、アメリカが抱いている問題を真正面から突いたのです。

大会は大成功を収め、アメリカの歴史に新たな里程標を打ち立てました。統一教会の宣教史にはもちろん、すべての宗教史に偉大な足跡を残した大会でした。私たち夫婦は、アメリカ人が忘れていた神様の心情を伝えるために歩んできましたが、その信仰と統一運動は、アメリカを感動させ、新しい時代を切り開いたのです。

韓国の京畿《キョンギ》道《ド》加平郡《カピョングン》に天正宮《チョンヂョングン》博物館を建てる際、私はスイセンをかたどった様々な模様の彫刻を作り、庭にもスイセンをたくさん植えました。私は、力強く美しいスイセンが大好きです。今も残雪が解け切る前に飛び出てくる新芽を見ると、ヤンキースタジアムでの大会が思い出されます。北風や冷たい雪に打ち勝って新たに蘇《よみがえ》り、最初に春の訪れを知らせるスイセンは、私たちの平和統一運動にとって大きな意味を持つ象徴的な花として、私の心に宿っているのです。

青い芝生に降る夏の雨

アメリカのポップ歌手、ジェームス・テイラーが歌った「Line' Em Up」という歌は、一九七四年のニクソン大統領の辞任を描いた曲です。最後に、このようなフレーズが出てきます。

Yeah, big moon landing, people are standing up.

ここでいう「big moon」とは、ほかでもない夫の文総裁を指しています。

ヤンキースタジアム大会の五年前、私たちがアメリカに到着した一九七一年当時、世界はまるで羅針盤を失った難破船のような状態でした。共産主義の脅威がますます大きくなる反面、キリスト教は徐々に力を失っていました。青年たちは乱れに乱れた性によって、真なる人生の目的と目標を失い、さまようばかりでした。宗教の自由を求めて大西洋を渡ってきた清教徒たちが、血と汗を流して建国したアメリカは、もはやその使命を忘れ、退廃的な文化に染まり切っていたのです。

また、ウォーターゲート事件と呼ばれる一連の政治スキャンダルが起こり、アメリカ人の心はばらばらになって、進むべき方向性を見いだせなくなっていました。政治家たちはニクソン大統領の辞任を要求し、全世界がそれに付和雷同して大騒ぎしていましたが、私はそのような騒ぎが、結局は善良な人々を悲惨な目に遭わせることをよく分かっていたので、胸がとても痛みました。

私たち夫婦はアメリカの人々に向かって、「許せ、愛せ、団結せよ」と叫びました。それは、ニクソン大統領一人を許すことを呼びかけるためではなく、アメリカ人全員の覚醒を促すためのメッセージでした。日に日に迫ってくる共産勢力の赤化への野望を防ぐため、孤立無援の中、闘ったのです。それはアメリカ人の渇いた心霊に聖霊の火をつけ、神様の思想に目覚めさせるための叫びでした。

アメリカに到着してまだ間もない一九七二年二月、私たちはニューヨークで「神様と人間のための理想世界」というテーマで集会を開きました。当時の世界の現状を訴え、私たちが担うべき責任について話したのです。

「民主世界は共産主義の脅威によって危機に瀕《ひん》しています。この状況を打開するために、私たちは積極的に立ち上がらなければなりません」

私たち夫婦は、フィラデルフィアやボルティモア、ロサンゼルス、サンフランシスコなどで立て続けに講演を行いました。また、青年たちを集めて統一十字軍を結成し、炎のような情熱をもって世界を目覚めさせるよう、激励しました。

翌々年の一九七四年は、世界史的に非常に重要な一年でした。ニクソン大統領が「ぜひ会いたい」と連絡してきたため、文《ムン》総裁はホワイトハウスへ向かいました。そうして、ウォーターゲート事件の最中にあって焦りを感じている彼に神様のみ意《こころ》は何かを知らせ、アメリカが何をすべきか、毅然《きぜん》とした態度で伝えたのです。

続いて、全米三十二カ都市を巡回しながら講演を行いました。最初は困惑していたアメリカの人たちでしたが、次第に私たちの志を理解するようになり、日が経《た》つにつれ参加者が増えていきました。

巡回講演は、ニューヨークのマディソン・スクエア・ガーデン大会でハイライトを迎えました。それはアメリカで開かれた、統一教会の最初の大講演会であり、アメリカ史上でも驚くべき記録を打ち立てた大会となったのです。当日は、三万人が会場を埋め尽くしたにもかかわらず、二万人以上が入場できないまま帰途に就くほどの大盛況でした。

私たちは、大会のテーマを「キリスト教の新しい未来」に定めました。ニューヨークはアメリカの中心都市であり、マディソン・スクエア・ガーデンはそのニューヨークの中心部にあります。そこから燃え上がった信仰の炎はアメリカ全土に広がり、地球を照らす松明《たいまつ》となりました。私たちはアメリカに来てから三年にも満たない間に、マディソン・スクエア・ガーデンの大会を通して、万民を解放しようとなさる神様のみ旨を成し遂げるための狼煙《のろし》を上げたのです。

私たちは少しも休む暇なく、アメリカと全世界を驚かせる大会をさらに続けて行いました。それが、建国二百周年に合わせて開催したニューヨーク・ヤンキースタジアム大会とワシントン・モニュメント大会です。

既に述べたように、ヤンキースタジアム大会は一九七六年六月一日に行われ、大成功を収めました。それを追い風にしてさらに大きく開催したのが、ワシントン大会です。案の定、アメリカの宗教界が総攻撃を浴びせかけ、マスコミは中傷と非難に躍起になりました。

「あちこちで激しい反対が起こっています」

「あらゆる新聞が、私たちに対する中傷記事で埋め尽くされています」

ヤンキースタジアム大会の時は十二の団体が攻撃を仕掛けてきましたが、ワシントン大会では三十以上の反対派が一丸となって襲いかかってきました。共産主義者まで加担し、大会自体を中止させようと血眼になったのです。しかし、私たちは少しの恐れやためらいもなく、ただ神様の勝利のために、命懸けで大会を敢行しました。

千辛万苦の末、大会の四十日前になってようやく、開催の許可が下りました。それからの四十日は、心情的には四十年よりも長く、果てしなく感じた期間でした。私たちはどこで何をしていても、誰に会っていようとも、いつも大会のことばかり考えていました。そのことに集中しすぎて、朝と夜の区別もつかなくなるほどでした。

一九七六年九月十八日、ワシントン・モニュメントの広場で、ついにアメリカ建国二百周年を記念する大講演会が開かれました。三十万人以上が雲霞《うんか》のごとく詰めかけた光景は、実に奇跡的であり、壮観と言わざるを得ませんでした。

ワシントン大会は、統一教会を宣伝したり、文鮮明《ムンソンミョン》と韓鶴子《ハンハクチャ》の名を知らしめたりするために開かれた大会ではありません。むしろ、対内的には多くの犠牲を払いました。また、テロが起こるという声も耳に入りましたが、私たちは全く恐れませんでした。

当日、私たちは朝早く起きて深い祈祷を捧げ、死刑宣告を受けた人が刑場に向かう時以上に深刻な気持ちで会場に向かいました。

「全人類に感動をお与えください」

その祈りと精誠が、会場に集まった三十万人の聴衆はおろか、すべてのアメリカ人、そして地球上のすべての人々にとって、暗闇を照らす灯火となったのです。その間、アメリカのマスコミと多くの人々が統一教会に反対しましたが、私たちはそれをはねのけて大会を成功させ、「神様が私たちと共にいらっしゃる」ことを示したのです。

　私たち夫婦は異国の地であるアメリカに渡り、様々な苦労をしながら三度の大会を中心に、多くの大会を成功裏に終え、神様の願われる聖なるみ旨を成し遂げました。特に一九七四年のマディソン・スクエア・ガーデン大会と一九七六年のヤンキースタジアム大会、そしてワシントン大会を通して、真の勝利を収めました。その勝利の栄光は、私たちの教会のためではなく、地球の全人類のためのものでした。

　私たちが渡米後、短い期間でそれほど広く、大きな賛同を得ることができたのは、ほかでもありません。アメリカの人たちが宗教性を回復し、心の中に神様をお迎えしなければならないという訴えが深い共感を呼んだのです。家庭の大切さに気づかせ、青年たちが道徳性を取り戻して夢に向かって進めるように祈り、精誠を尽くしたことも、アメリカ人の心を動かしました。

　当初、彼らは東洋から来た私たち夫婦に対して、あまり好意を持っていませんでした。しかし、初めて聞く「統一原理」という言葉に戸惑いつつも、ほどなくそれが真理であることを悟って、信徒になっていったのです。

　初めはエリート層を中心に広がった「原理」のみ言《ことば》ですが、やがて人種や職業、年齢、学歴を問わず、多くの人々を引きつけて、彼らの人生の核心的な軸となりました。アメリカ全土を回りながら学校を建て、新聞社をつくり、ボランティア団体を立ち上げ、リトルエンジェルスの公演を行いました。その路程の所々に、宣教師たちの血と汗と涙が流されています。また、私たち夫婦の休むことなき祈祷の跡が残っています。

二〇一六年の夏に開かれた「ニューヨーク・ヤンキースタジアム大会四十周年記念式」は、その思いを再び胸に刻む日となりました。前日から降り続いた雨は朝方やみ、私のメッセージが終わる頃、再び降り始めました。私は、四十年前の偉大な勝利にただ満足して、その場にとどまっていてはならないことを知っています。青く茂る芝生の上で夏の雨を浴びながら、私は靴のひもを結び直し、平和の真の母として、希望と幸福の平和世界を築くという使命を心深くに刻みました。

ダンベリー刑務所に響き渡った勝利の歌

「統一教会は出ていけ！」

先頭の人が叫ぶと、後ろにいる人々も一斉に声を上げます。

「青年たちを洗脳する統一教会を糾弾する！」

こういった非難や反対の声は、私たち夫婦に、いつも影のようについて回りました。特に一九七〇年代、ワシントン大会がきっかけとなり、アメリカで「統一原理」が燎原《りょうげん》の火のごとく広がると、私たちに反発する組織的な動きが出てきました。

まず、下院のドナルド・フレーザー議員が先頭に立って国際機関小委員会を立ち上げ、聴聞会を開きました。統一教会を生贄《いけにえ》にして上院議員選挙に出馬しようとする政治的野心が、その動機の根底にありました。しかし最終的に、彼は自分で仕掛けた罠《わな》に自らはまる結果となってしまいました。

それでも、反対勢力はあきらめませんでした。ついに文《ムン》総裁は、脱税の容疑をかけられ、一九八一年十月以降、ニューヨーク連邦地方裁判所に何度も出頭することになります。そのたびに声明文を出して、「今回の件は、人種差別と宗教的偏見の結果である」と反論し、「私はアメリカと世界人類のために犠牲と奉仕の人生を歩んできた。そこにおいて少しも恥じることはない」と発表しましたが、アメリカのマスコミが、粗探しの手を緩めることはありませんでした。

非難の矢が容赦なく降り注ぎましたが、アメリカの、権力を笠《かさ》に着た攻撃と非難に屈服する私たち夫婦ではありません。ゴリアテと戦うダビデのように、私たちは決して恐れず、真正面から受け止めて対応しましたが、結局、苦難の十字架を避けることはできませんでした。

何の罪もない文総裁に対して、ニューヨーク連邦地方裁判所は一九八二年、十二人の陪審員団を立てました。以前から、私たちは陪審員による評決ではなく、判事による裁判を要求していましたが、裁判所はこれを受け入れなかったのです。アメリカ政府の筋書きどおり、一九八二年五月十八日、有罪の評決が下されました。罪状は、献金百六十万ドルの利子十一万二千ドルにかかる所得税、および五万ドルに相当する株式配当金にかかる税金として、一九七三年から三年間で七千三百ドルを払わなかったというものでした。

判決が言い渡されました。

「懲役十八カ月と罰金二万五千ドルを宣告する」

ところが、このように宣告されるや否や、かえってアメリカの宗教界と民間団体が、「これは宗教に対する明白な弾圧である」として、あちこちで一斉に立ち上がったのです。それまで統一運動に対して友好的ではなかった既成のキリスト教会も、支持声明を発表するなど、私たちを擁護する側に回りました。多くの人々や団体が文総裁の無罪を主張して請願書を提出し、宗教の自由を求め、判決内容に抗議する大会もほぼ毎日、開かれるようになりました。宗派を超えて、多くの良心的な人々が宗教弾圧を批判するデモを行ったのです。

しかし一九八四年五月、最高裁は上告を棄却し、刑がそのまま確定しました。こうして、文総裁は一九八四年七月二十日、コネチカット州にあるダンベリー連邦刑務所に収監されることになったのです。

この事件は、表面的には脱税が問題にされましたが、その裏には統一教会の驚異的な成長を食い止めようとする意図が隠されていました。政府の権力を利用した、巧妙な宗教迫害だったのです。七千三百ドルの脱税（もちろん言いがかりですが）に対する刑罰として、懲役十八カ月と罰金二万五千ドルを課すという判決は、多くの人々を公憤へと駆り立てました。そうして、アメリカ各地で数千人が抗議し、宗教の自由を守るため、一週間ずつ交替で文《ムン》総裁と一緒に監獄に入ることを決意したのです。

しかし文総裁は、アメリカを霊的な死から目覚めさせることができるなら、むしろ進んで監獄に行こうとしました。

「先生が監獄に入られたら、私たちはどうしたらよいのでしょうか？」

世界中の統一教会の信徒が心配し、毎晩、涙で祈祷を捧げていましたが、私たち夫婦は毅《き》然《ぜん》とした態度で信徒たちを慰めました。

「これから新しい世界が始まります。アメリカの人だけでなく、全人類が私たちと共にあり、世界のあらゆる所で希望の太鼓の音が響き渡るでしょう」

一九八四年七月二十日は、私の人生の中から永遠に消してしまいたい一日でした。それは文総裁が家を離れ、ダンベリー刑務所に収監される日でした。私たち夫婦は最後まで信徒たちを励まし、希望を与えると、数人の信徒と共に午後十時、イーストガーデンを出発し、ダンベリー刑務所に向かいました。私は既に強く決意していたので、動揺することはありませんでした。

怒りと悲しみを露《あら》わにする信徒に向かって、文総裁は念を押すように言われました。

「私のために泣かずに、アメリカのために祈りなさい」

刑務所に入る夫の背中が、暗闇に消えていきました。信徒たちは、文総裁がまた姿を見せられるのではないかという思いからか、刑務所の入り口にしばらく立っていました。私は彼らをなだめ、帰途に就きました。

夫が異国の地で無念の獄中生活を送ることになったわけですが、それでも私は、アメリカを許すべきだと思いました。

「怨讐《おんしゅう》までも愛しなさい。そして、ために生きなさい」

統一運動の最も根本的な教えは、「ために生きる」です。死の境地において自らを犠牲にし、たとえ不本意に濡《ぬ》れ衣を着せられたとしても、相手を許し、愛することができるというのが「ダンベリー精神」です。ダンベリー精神とは、すべてを奪われて失ってしまった立場でも、天のみ旨に従って犠牲となり、許しながら、より大きな価値のために生きることです。

ダンベリー刑務所からの帰り道、外は真っ暗でしたが、私は心まで暗くならないようにと、自らに言い聞かせました。アメリカに渡って十数年、私は数え切れないほど多くのことを経験しました。世界を揺り動かした三度の大会をはじめ、大陸を横断する巡回講演を何度も行いました。その路程は多くの困難を伴いましたが、文総裁の無念の収監は、その苦難の最たるものでした。私にとっても、夫の投獄は耐え難い、重い十字架でした。

私が何よりもつらかったのは、当時、文《ムン》総裁が既に六十歳を超えており、アメリカという異国の地で刑務所生活をするのは、容易でなかったということです。しかも、有色人種である上に新興宗教の指導者だという理由で迫害が加えられていたため、私の心はより一層、痛みました。また、末の子供である情進《チョンヂン》がまだ二歳を過ぎたばかりだったので、私は心身共に、非常につらい思いをしました。そのような中で、文総裁のいない空白を、私が代わりに埋めなければならなかったのです。

翌日の朝、文総裁は私に電話をかけてくれました。

「神様の召命に従い、キリスト教の信仰の炎を燃え上がらせよ。この言葉を信徒に伝えてほしい」

私はそのメッセージを信徒に伝え、私たちが今、何をすべきかについても話しました。

「今のこの時が、神様が私たちに下さった最後の機会です。これまでやってきたことはもちろん、今指示した内容まで、あらん限りの精誠と積極的な活動を通して、必ず成し遂げなければなりません。皆さんの精誠に、神様は感動し、サタンは降伏します。歴史は新しい時代を迎えるでしょう」

しかし、不幸が一挙に訪れるかのように、良くない出来事がまた起こりました。アメリカで私たち夫婦をサポートし、活動していた中心指導者が、行方不明になったのです。共産主義の影響を受けた者が彼を拉致し、ニューヨークのどこかの部屋に閉じ込めていたのです。

私たちは「ワシントン・タイムズ」を通して、共産主義の活動はもちろん、その理念に対してまで勝共思想をもって反論してきましたが、これに対する報復措置として、彼らは文総裁がいない隙を狙い、復讐《ふくしゅう》に出たのでした。また、彼らは統一教会がアメリカで引き続き共感を得て、信徒を増やしていることにも良くない感情を持っていました。このようなことから、彼らは何よりも、拉致した私たちのメンバーに危害を加えることしか考えていなかったのです。

文総裁が収監されている状況ですから、私が問題を解決しなければなりませんでした。私はまず、心を落ち着けて祈祷しました。拉致されたメンバーの耳に私の声が届くように、切実に祈りました。その上で、懇意にしていたオリン・ハッチ上院議員に電話をかけたのです。

「私たちのメンバーを拉致したのは、私的怨恨によるものではありません。これは共産主義の影響を受けた者の仕業であり、宗教差別に基づいた攻撃です」

「直ちにＦＢＩを通して捜査しましょう」

中には、ＦＢＩが捜査を始めると、追い詰められた犯人たちが拉致したメンバーを傷つける恐れがあるため、そのまま待機して交渉するほうが良いと言う人もいました。しかし私は、それは賢明な策ではないと思いました。私は切実な心情で、談判祈祷を行いました。

あとから聞いた話によると、誘拐犯は拉致したメンバーをひどく殴りつけ、電気ショックを与えて拷問したといいます。しかし、冷たい床に倒れ、意識を失いそうになる中で、彼は遠くから響いてくる声を耳にしたのです。

「時間がない。犯人たちは今夜までは、お前を害することはないだろう。今から十時間以内に、そこを何としてでも脱出すれば、生きて帰ってこられる」

彼は薄れゆく意識の中で、夢を通して、私の声を聞いたのです。意識を取り戻した彼は、脱出を試みながら、知恵を振り絞って誘拐犯との交渉を重ねました。その結果、何とか脱出に成功したのです。こうして翌日、彼は無事に戻ってきました。

生きて帰ってきた彼は、私に一部始終を聞かせてくれました。

「暗闇の中で聞こえてきた真のお母様の声は、まさに神様の声であり、啓示でした。私が力強く立ち上がり、彼らに対抗するための力と知恵を下さったのです」

拉致の知らせを聞いた時、もし私が手をこまねいて、犯人たちと交渉するためにただ待機していたならば、時を逃して、さらに大きな不幸が訪れていたことでしょう。また、誘拐犯たちは統一教会を屈服させたといって有頂天になり、世間に向かって騒ぎ立てていたことでしょう。

それは結局、サタンの手口にはまることであり、彼らに勝利をもたらすことでした。ですから、私は苦しい闘いを続けながらも、彼らとの交渉は断固として断ったのです。

同じように、文《ムン》総裁のダンベリー刑務所での獄苦は不幸なことでしたが、私たち夫婦はそれを勝利へと変えました。それまでで最もつらい期間でしたが、一方では最も感性が鋭敏になり、愛と慕わしい情が深まる日々でもありました。夫にとってもまた、切ない心情を分かち合う日々だったことでしょう。

夫は早朝五時に祈祷を終えると、刑務所の公衆電話で電話をかけてきました。そうして、私と挨拶を交わすのが、一日の日課の始まりでした。面会時間が近づくと、夫は私たちが到着する時間に合わせて、あらかじめ車から見える丘まで出てきて、待っていてくれました。

ある時、夫が刑務所内での床清掃や食堂の皿洗いを終わらせ、疲れ切った様子で面会室に入ってきたことがありました。その姿を見て、心を穏やかにしていられる妻がいるでしょうか。しかし、私は悲しみをこらえ、いつもどおり明るい笑顔で夫を迎えました。毎回、末娘の情進《チョンヂン》を連れて面会に行ったのですが、二歳の情進を抱きかかえながら、夫はとてもうれしそうにしていました。

短い面会が終わると、夫は面会室から出て、私たちを見送ってくれます。私は、オープンカーに乗って行き来していたのですが、刑務所に向かう時は慕わしさが先立ち、明るい笑顔で坂道を登っていくものの、帰る時は涙がこぼれそうで、真っすぐに夫を見つめることができず、ただ手を振ることしかできませんでした。夫も、私たちの姿が見えなくなるまで、手を振りながら立っていました。

その悲しみと悔しさを乗り越えて、私は文総裁が監獄に入れられていた十三カ月間、教会と摂理を率いました。全世界の信徒が安心し、揺らぐことなく信仰生活を続けられるように投入したのです。

文《ムン》総裁が監獄に入った当初、世界のマスコミがあざけりながら、果たして統一教会は存続できるのか、それとも消え去ってしまうのか、と騒ぎ立てました。いくつかのメディアは、まるで待っていたかのように、根拠のない話を吹聴しました。

「統一教会は自ら瓦解し、信徒たちは離れていくだろう」

しかし、そのようなことは決して起こりませんでした。むしろ、信徒の数がぐっと増えたのです。人類の救いと宗教の自由を懸けて献身する中で無念の獄中生活をすることになった文総裁の姿が、人々の心を動かしたのでした。

文総裁が収監されて一カ月ほど経《た》った時のことです。当時、私たちは「科学の統一に関する国際会議（ＩＣＵＳ《アイカス》）」を目前に控えていました。私たち夫婦が一九七二年に創設したこの会議は、世界中の科学者が集まり、科学と技術の未来について議論する大きな行事でした。創設者が収監された状態で果たして会議が開けるのか、心配する声も少なくありませんでした。「開けはしまい」と言ってあざ笑う人も大勢いました。

しかし、私はそのような状況に、一言で決着をつけました。

「会議は必ず開かなければなりません」

一九八四年九月二日から五日まで、第十三回ＩＣＵＳがワシントンＤＣで開かれ、世界四十数カ国から約二百五十人の科学者が参加しました。私は科学者たち一人一人と挨拶を交わした後、演壇に上がり、毅然《きぜん》とした態度で歓迎の辞を述べました。そうして、創設者不在の中、国際会議が成功裏に終わるや、科学者たちが私の元に来て、口々に感謝の気持ちを伝えてきたのです。信徒たちも、感服した様子でした。

国際会議は、それで終わりではありませんでした。一九八五年の夏には、「世界平和教授アカデミー（ＰＷＰＡ）」が世界大会を準備していました。ところが、やはり創立者が収監されている状況ですから、大会を行えるかどうか心配している、という知らせが入ったのです。私はきっぱりと、「予定どおり開催しなければならない」と言いました。大会の場所は、スイスのジュネーブに決まりました。

大会の議長を務めるシカゴ大学の政治学者、モートン・カプラン教授が、私たち夫婦に会うためダンベリー刑務所まで来ました。文総裁が、大会のテーマを「共産主義の終焉《しゅうえん》、ソビエト帝国の崩壊」にしなさいと告げると、カプラン教授はそれに真っ向から反対しました。当時、共産主義は依然として強大な勢力を誇っていたのです。

「社会科学者は、まだ起きていないことについては論じません」

しかし文総裁は、強い口調で彼に言いました。

「共産主義は滅び、ソビエト帝国は崩壊する！　この事実を、世界の学者、教授たちが集った場で宣布しなさい」

カプラン教授は少し躊躇《ちゅうちょ》した後、尋ねました。

「その言葉の前に、『Maybe（おそらく）』と付けるのはいかがでしょうか?」

「いけません。私の言ったとおりに話してください」

面会を終えて帰る道すがら、カプラン教授はとても苦悩していました。当時、彼は学者として世界的な名声を誇っていたので、根拠のないように聞こえることを語るなどできない立場だったのです。そのようなことを言うのは、彼にとってまさに恐怖でした。

彼は、「おそらく」という言葉を入れようと三回も繰り返しました。私はカプラン教授に向かって、何の心配もせず、文《ムン》総裁の言うとおりにするよう諭しましたが、教会の幹部たちも慎重になって、私に勧めてきました。

「『滅亡』や『崩壊』という言葉ではなく、もっと柔らかい表現にしたほうがよいのではないでしょうか?」

しかし、文総裁や私は、それを決して受け入れませんでした。数年以内に、ソビエト帝国が崩壊することを知っていたからです。

一九八五年八月十三日、ジュネーブで世界平和教授アカデミーの世界大会が開かれました。世界から著名な大学教授が数百人も集う歴史的な場で、「共産主義の終焉《しゅうえん》」が宣布されました。

「ソビエト帝国は崩壊する」

参加者はびっくりしました。まだ起きていないことを確信に満ちた口調で宣布したこと、また、会場から道を挟んだ向かい側にソ連の領事館が堂々と構えているにもかかわらず、ソビエト帝国の崩壊を断言したことに驚いたのです。しかし一九九一年十二月、私たちの予測どおり、ソ連の共産主義は幕を下ろしました。

大会当時、私たち夫婦は「当たらない予言者」として、からかいの対象となったことでしょう。事実、有名な社会科学者や教授たちが、私たちの宣布を強く批判しました。しかし実際にソ連が崩壊すると、彼らは私たちがした予測に対して、驚きと感嘆の念を隠すことができませんでした。このように、たとえ文総裁が獄中に身を置いていても、私たち夫婦は世界の将来のため、一日も休むことなく歩んだのです。

無念の獄中生活ではありましたが、文総裁は模範的な態度と勤勉さで、服役囚たちに深い感動を与えました。彼らは、初めのうちこそ「東洋から来た異端宗教の創始者」と言ってあざ笑い、文句をつけてきましたが、ほどなくして文総裁を真の師と仰ぐようになりました。文総裁は怨《うら》みと憎悪、争いが支配する刑務所を、愛のあふれる場所につくり変えたのです。服役囚たちは文総裁を「獄中の聖者」と呼ぶようになり、看守や刑務所の管理者たちまでも感服させるに至りました。こうして、文総裁は模範囚として一九八五年八月二十日、自由の身になったのです。

夫が監獄に入れられたのは、私自身が囚《とら》われたのと同じことでした。文総裁の獄中生活は、二千年前、イエス様がピラトの法廷に立ち、孤独な身で十字架に追いやられたのと何も変わることはありません。いつ文《ムン》総裁に危害を加えるか分からない勢力が、虎視眈々《こしたんたん》と機会を窺《うかが》っていました。

ソ連のKGBおよび北朝鮮の金日成《キムイルソン》主席にそそのかされた赤軍派が、検挙されるという事件もありました。服役囚の中には、そのような勢力に同調する人々もいたのです。彼らと共に生活しなければならない夫の安全は、誰も保障できませんでした。ダンベリー刑務所はまさに、イエス様を十字架につけた所と変わらない、現代のゴルゴタの丘だったのです。

しかし、私たち夫婦はそのような苦難を味わいながらも、決して挫折することはありませんでした。私はどこにいても、神様のみ旨のために愛を実践しようと、身も心も尽くしました。そのような苦しい人生行路を黙々と歩み、平和の母であり、宇宙の母、人類の仲保者、独り娘として、使命を果たしてきたのです。

孤児たちを誰が抱くのでしょうか

わたしはあなたがたを捨てて孤児とはしない。あなたがたのところに帰って来る。（ヨハネによる福音書一四章一八節）

私はこの聖句が、自らの歩んできた道を一言で表現している言葉の一つだと思います。神様を知らず、人生の行くべき道も分からずにさまよっている人は、たとえ生みの親がいたとしても、まるで孤児のように生きる人です。彼らを神様の元に導くため、私は長い歳月をかけて歩んできました。

一九九〇年代の初め、私が地方で大会や講演を行うと言うと、人々は首をかしげるばかりでした。特に、それが女性を対象にした講演ともなると、まともに取り合いませんでした。当時、韓国ではまだ女性の声があまり取り上げられず、男女平等といっても掛け声だけで、実際にはどこにも見いだすことができなかったのです。

私は女性が一人の人間として、社会の平等な構成員として、特に神様の娘として、与えられた役割を果たすためにはどのようにすべきか、長年苦心してきました。その結果、設立されたのが、「世界平和女性連合（ＷＦＷＰ）」です。

一九九二年四月、蚕室《チャムシル》オリンピック主競技場で行われた創設大会で総裁に就任した私は、五月から仁川《インチョン》を皮切りに全国二十一カ所を巡回し、六月からは四十の都市で次々に大会を行いました。その大会で私は、「理想世界の主役となる女性」というテーマで講演をしました。大会前、人々は「果たして何人来るだろうか？」と大いに心配していましたが、ふたを開けてみると、行く先々で会場に人があふれたのです。「女性」が大会のテーマであるにもかかわらず、男性もたくさん参加しました。まさに、私が提唱する「女性時代」の到来を予感させる大会となったのです。

韓国大会が終わると、私は次の講演先として日本を選びました。

「この話を、日本の女性たちにも聞かせてあげなければなりません」

「そうは言いましても……韓国語では、本来の意味がうまく伝わらないと思うのですが」

「日本語で話せばよいのですね」

「長い講演文ですし……日本語はあまり習われたことがない上、時間も迫っております」

私は休むことなく練習し、講演文をすべて日本語で語れるようにしました。

会場となった日本の東京ドームには、五万人以上が集まりました。日本の首都で、私が初めて日本語で講演すると言っても、人々は信じませんでした。それだけでなく、大会執行部はもしものときに備え、舞台袖に日本語を流暢《りゅうちょう》に話せる韓国人幹部を待機させておいたのです。

ところが、私が演壇に上がって口を開くと、日本人の聴衆はとても驚き、感嘆の声を上げました。感激のあまり、何度も立ち上がって拍手を送るほどでした。みな、最初は「どこかで間違うだろう、どこで間違うか？」と構えていましたが、私が一言一言、はっきりとした発音で講演する姿を見て、あちこちから驚嘆の声が上がったのです。

私は疲れることも忘れて日本の都市十カ所を回り、日本女性の心をつかみました。

通訳を使えばはるかに簡単だったでしょうが、私は日本語で書かれた講演文を、最初から最後まで、完璧に消化して伝えました。日本国民を孤児にしないため、徹底的に準備したのです。

神様を知らず、孤児になっているということを、日本語ではっきりと伝えたのです。

「次は、アメリカに行かなければなりません」

「大変ではないですか？　一日でもゆっくり休まれてはいかがでしょう」

「私を待っている人がたくさんいるのに、楽をしたいからといって休んではいけないでしょう」

私は太平洋を越えてアメリカの地に入り、八大都市を巡回しながら、「女性時代」が私たちの目の前に迫ってきていることを英語で訴えました。ワシントンに集まった人々は、私に深い感謝の意を表してくれました。私に対する認識が、韓国から来た「文鮮明《ムンソンミョン》牧師の夫人」から「女性代表としての韓鶴子《ハンハクチャ》」に変わり、ひいては「世界を救う女性指導者」として、私を仰ぐようになったのです。

忘れられないのが、フィリピン大会です。大会前日、マニラへ向かうために、飛行機に乗り込みました。すると、しばらく目を閉じている間に、赤ん坊にお乳を飲ませる夢を見たのです。顔立ちのすっきりしたかわいい赤ちゃんをじっと見つめながら、私は夢の中で独り言をつぶやきました。

「もう、赤ん坊を生む年齢ではないのだけれど……？」

マニラ空港に到着する頃には、その夢のことは忘れていましたが、ちょうどその日は、マリヤに関する祝日として、カトリックで記念している日でした。

その日、マニラ市内を歩いていたある女性が、黄色いチョゴリ姿の私のポスターを偶然目にしました。その瞬間、彼女は「この方はマリヤの使命を果たす方だ」という思いに駆られ、我知らず、大会の会場に入ってきたのです。彼女は私の講演を聴いて感服し、大声で叫びました。

「きょうのような聖なる日に、フィリピンの地に来られたあの方は、本物のマリヤだ！」

大きな困難とやり甲斐《がい》を両方感じたのは、最後の講演地である中国でした。開放政策がある程度進み、大会も問題なく開催できるだろうと予想していましたが、そうはいきませんでした。まず共産党が許可をせず、さらに軍部も許可を出しませんでした。政治大会ではないと言って説得すると、「それなら、まずは原稿を検閲する」と言うのです。そうして、党が原稿を検閲するのに、一週間もかかりました。

「このような内容は困ります」

彼らは何度も拒絶してきましたが、私は譲歩しませんでした。そして政治とは何の関係もなく、「女性」が大会のテーマであることを強く押し出した結果、ようやく許可が下りたのです。

鄧小平《ドンシャオピン》氏の息子で、自身も障がいのある鄧樸方《ドンプーファン》という方が会長を務める中国身体障害者連合会が、大会前日、私たちを招待し、歓迎会を開いてくれました。その場はまさに、体制や理念を超えて互いに励まし合う、和合の場となりました。

夜には、中華全国婦女連合会という組織が私たちを招待してくれました。最初はよく知らない間柄だったので、ぎこちなさもありましたが、すぐに打ち解け、楽しく歌を歌いながら、和動の時間を持つことができました。

しかし、歓迎会と講演は別物です。私は最初の原稿のまま、はばかることなく講演をしました。共産国家で「神様」という言葉が一度どころか、十数回も出てくるので、人々は驚きを隠せませんでした。私は堂々と、当然すべきことをするという態度で、講演をしました。北京《ペキン》の人民大会堂でそのような講演をしたこと自体が、まさに革命的な出来事でした。

このようにして、一九九二年に一年間かけて、世界百十三カ所で講演を行いました。韓国を発《た》つ時、それぞれの国や気候にふさわしい服を何着も準備して行ったのですが、帰ってきた時は、一着も残っていませんでした。ほぼ一年ぶりに家に帰ると、文《ムン》総裁が「御苦労様」と言いながら、ふと尋ねました。

「ところで、結婚指輪はどこへ行ったの？」

私は自分の手を見ました。日本に行く時は着けていたはずですが、いつの間にかなくなっていたことに、その時になって気づいたのです。

「指輪……ありませんね。誰かにあげたのでしょう」

「誰にあげたの？」

「誰かにあげたことはあげたのですが、思い出せません。受け取った人が大切に保管しているか、売って生活費の足しにすることでしょう」

「あげたのはいいとして、誰にあげたかも覚えていないの？」

私は、いつもそうしてきたので、たいしたことではないと思いました。

私たち夫婦は、聖婚式は挙げたものの、新婚旅行には行けませんでした。私はそれを気にしていませんでしたが、文《ムン》総裁はそれをずっとすまなく思っていたようです。世界巡回でオランダに立ち寄った際、それまで節約に節約を重ねて貯めたお金で、思い切って小さなダイヤの指輪を買ってくれたのです。そのような思い入れのある指輪を、私は誰かにあげてしまった上、そのことを覚えてすらいませんでした。

私は与えるのもためらいなく与えますが、与えると同時に、そのことを忘れてしまいます。自分が持っている物を与え、愛を与え、さらには命まで与えても忘れる人が、神様の一番近くに行くことができるのです。

私は足が腫れ上がるまで世界を回り、女性の真の価値と使命、神様の愛について伝えました。それは人々が神様を知らず、真の父母を知らずに、天涯の孤児になることを防ぐためでした。真の父母に侍《はべ》って生きるとき、すべてを失った孤児の立場から抜け出し、本当の幸せを手にする神様の息子、娘となるのです。

第五章
心情文化は天国の永遠のシンボルです

何よりも美しい韓国の花、リトルエンジェルス

「これは、ただの歌ではありません！　渇いた魂を潤してくれる、恵みと祝福の雨ですね」

誰かが思わず感嘆の声を漏らすと、隣の人も称賛を惜しみません。

「私には、天使が発する天の声に聞こえます」

「リトルエンジェルス芸術団」の歌を初めて聞くと、誰もが衝撃を覚えます。その衝撃はまさに、心情の奥底にまで届く愛と和合の美しいメッセージです。

私たちの統一文化の特色を一言で表現するならば、「孝情《ヒョヂョン》を根幹とする心情文化」です。「孝情」とは、天の父母である神様に向けた私たちの精誠と愛であり、「心情」とは、愛の根本、すなわち愛が湧き上がる泉です。心情文化こそ、時空を超えて永遠の美をつくり出す本質です。天の父母様（神様）のみ旨が成し遂げられた世界とは、一点の汚れもない清らかな心情文化が、水のように、風のように流れる世界なのです。

幼子のようでなければ、神の国に入ることはできません。すやすやと眠る子供の姿は、まさに平和そのものであり、子供の天真爛漫《てんしんらんまん》なほほ笑みは、幸福とは何かを如実に教えてくれます。彼らの声はたとえか弱くとも、人々の心の扉を開かせ、見知らぬ人同士を和合させることができ、幸福と平和の心情をあるがままに表現します。ですから私は、子供たちが歌う純粋な歌の

力を信じるのです。

今でこそ、リトルエンジェルスは世界中で有名になりましたが、創団当時、韓国は貧しさのゆえ、歌と踊りの力を信じること自体、難しい時代にありました。今、おなかを空《す》かせている人に向かって「歌を歌おう」と誘ったら、怒り出すかもしれません。一九六〇年代の韓国は、まさにそのような状況でした。常に困窮していて、食べていくのでやっとの時代だったのです。そのような時に文化や芸術について話しても、誰も耳を傾けようとせず、ただかぶりを振るばかりなのは、当然のことでした。

「きょう、明日の生活も大変なのに……文化なんて、贅沢《ぜいたく》ではありませんか?」

しかし、文化は決して贅沢なものではありません。韓民族は五千年前から文化を育み、生活の中でたしなんできた芸術民族です。韓民族はもともと、独特で美しい文化を持っていましたが、日本の統治と韓国動乱を経験して、それを失ってしまったのです。貧しい韓国人が、世界の人々の目に、未開の民族として映るのは無理からぬことでした。甚だしくは、韓国人には固有の文字がなく、中国や日本の文字を使っていると誤解されることもありました。そのような間違った認識に、私は胸を痛めていたのです。

また、韓国動乱中にあちらへこちらへと避難しながら、芸術家たちが貧しさから才能を発揮できずにいる姿を少なからず目にしました。私もまた、学生時代には絵をたくさん描きたいという希望がありましたが、それをかなえられなかったという思いも心の片隅にありました。ですから、韓民族は「未開の民族」、「文化を持たない民族」だという、誤った認識を正さなければならないと決意したのです。

　リトルエンジェルスは、その一つの結実でした。貧困と政治の混乱から国中が揺れていた一九六二年五月五日の「子供の日」、韓国舞踊と合唱を披露する「大韓児童舞踊団」（現、リトルエンジェルス芸術団）をつくろうとしたのですが、当時は教会内部からも激しい反対を受けました。

　反対する理由の第一は、経済的な問題、第二は、もしお金ができたとしても、まずは教会を建てるべきというもの、さらに第三は、どうせ合唱団をつくるなら、大人の合唱団のほうが良いのではないか、というものでした。それ以外にも反対する理由はたくさんあったでしょうが、私たち夫婦の意志をくじくことはできませんでした。

　やっとの思いで芸術団をつくったものの、今度は練習する場所がありません。何とかソウルの三清洞《サムチョンドン》にある古びた倉庫を一つ借り、ばたばたと修理をして練習室を造ったのですが、そこは雨が降ると水が漏れてくるような所でした。冬は練炭ストーブすら満足につけられず、子供たちはかじかむ手を息で温めながら練習をしました。

　統一教会に反対する人々は、そのような様子を見て、嘲笑するばかりでした。

「天から降りてきた天使じゃなく、天から降ってくる雨でびしょ濡《ぬ》れになった天使だ！」

　しかし、あきらめる人は一人もいませんでした。

「心が美しくあってこそ、踊りが美しい。心が美しくあってこそ、歌が美しい。心が美しくあってこそ、顔も美しい」

リトルエンジェルスはこの信念を胸に刻み、三年間、汗と涙の猛訓練を繰り返したのです。

訓練を終えたリトルエンジェルスは、一九六五年の秋、「太極旗を世界へ」という壮大なスローガンと共に、初公演に出発しました。リンカーンの演説で有名なアメリカのゲティスバーグで、アイゼンハワー元大統領のために行った特別公演を通して、韓国の美を披露する偉大な行進の第一歩を、ついに踏み出したのです。アイゼンハワー元大統領は公演を見て、韓国を訪れた時のことを思い出し、絶賛してくれました。

「天使たちが、天から地上に舞い降りてきたようです」

ベトナム戦争の真っ最中だったその時代、アメリカで大衆公演をするというのは、大きな冒険でした。アメリカ国内の地方都市で認められている歌手や公演団であっても、大都市で公演をするとひどく批判され、そもそも相手にすらされないということも多くありました。

しかし、私は少しも心配しませんでした。子供たちの歌声は純粋そのものであり、その純粋さが人々の心を一つに和合させ、平和をもたらすということを、体験を通じて知っていたからです。

リトルエンジェルスは、熱い拍手を浴びたゲティスバーグでの初公演に続き、アメリカ各地を回っていきました。「故郷の春」や「アリラン」を歌うと、最初はみな、不思議そうに目を丸くしているのですが、しばらくすると目を閉じて静かに耳を傾けるようになり、やがてその目から感動の涙が流れ落ちるのです。

子供たちが韓服を着て花婿と花嫁の踊りをかわいらしく踊ると、みなそれに合わせて肩を動かし、楽しそうに拍手を送りました。韓国の白い足袋を履いて足を宙に伸ばす姿は、西洋人の目にとても物珍しく映るようです。しかし、踊りが一つ終わる頃には、その足のラインが韓国の持つ優雅な曲線美であることに自然と気づくのです。

リトルエンジェルスは一言も話さずに、韓国の伝統と美を表現しました。世界を巡回しながら、公演を一つ終えるたびに、「韓国は美しい伝統と文化を持った民族である」という厳然たる事実を、世界の人々の胸中に刻んだのです。

心と心をつなぐ幼き天使の合唱

ある日、イギリスから一枚の招請状が届きました。

一九七〇年代の初め、韓国から一般の人がイギリスに行くのは極めて困難なことでした。ところが、イギリス王室がリトルエンジェルスを招請するという、驚くべきことが起こったのです。韓国どころか、東洋で初めての快挙でした。リトルエンジェルスの一行は急いで荷物を詰め、飛行機を何度も乗り継いでイギリスに向かいました。

一九七一年に女王エリザベス二世の前で行われた御前公演で、参加者は完全に大韓民国の子供たちの虜となりました。愛らしくもダイナミックで華やかな公演に、何度もスタンディングオベーションが起こり、翌日は新聞や放送局が、この公演を大きく報道しました。こうして韓国は、「貧しい国」ではなく、「文化と伝統が息づく国」として、イギリス人の心に新たに刻まれたのです。

リトルエンジェルスの歌が響き渡った国は、六十カ国を超えます。五大洋六大州を巡回しながら七千回近く公演を行い、テレビには六百回以上出演しました。謁見した大統領や総理は、百人以上に上ります。アメリカ独立二百周年公演、日本十大都市公演、韓中国交正常化十周年公演、南米巡回公演など、世界各地で行った公演は、常に賛辞と拍手喝采を浴びました。一九九〇年の春に行われたソ連のモスクワ公演では、共産主義者の凍りついた心を溶かし、一九九八年五月の北朝鮮・平壌《ピョンヤン》公演では、南北間を和解に導く牽引車《けんいんしゃ》の役割を果たしました。

リトルエンジェルスの最も意義深い公演の一つが、「韓国動乱参戦国巡回公演」です。私たちは韓国動乱勃発六十年を期して、二〇一〇年から、参戦国十六カ国の生存している参戦兵士たちの元にリトルエンジェルスを送って、慰問公演を行いました。「受けた恩は返す」という精神で、リトルエンジェルスは三年間かけて、医療支援国を含む二十二カ国を巡回し、参戦兵士を称《たた》える「報恩公演」を行ったのです。兵士たちはいまだ鮮明に韓国を覚えており、韓国を愛していました。

もう六十年も経《た》ったのに、今さら報恩公演をする意味があるのかと、懐疑的な人もいました。政府主導ではなく、民間の使節団だということで、なおさらそう思ったのでしょう。しかし、リトルエンジェルスが訪問すると、その国の参戦兵士たちは色あせた軍服に武功勲章を着け、誇らしげな表情で公演を見に来ました。

当時、アフリカから韓国に駆けつけたエチオピアの兵士たちは、その後、恵まれない環境に置かれていました。共産主義政権が発足し、参戦兵士たちはみな、首都アディスアベバ郊外の山の頂にある韓国動乱参戦兵士村に移住させられたのです。そこは実際、収容所と変わりありませんでした。参戦兵士の家族も共産主義政権から迫害を受け、貧困と飢えに苦しんでいました。勲章を一ドルで売って生計を維持したという、胸の痛むエピソードもありました。

彼らは、韓国から幼い天使が自分たちに会いに来たと聞いて、初めはびっくりするばかりでした。その昔、貧しくぼろをまとっていた分断国家が、今や堂々たる先進国として、恩を忘れず訪ねてきたのです。彼らは目に涙を溜《た》めながら、感謝の気持ちを表してくれました。リトルエンジェルスの公演をきっかけに、参戦兵士に対する待遇が変わったのは、予期していなかった成果の一つでした。

二〇一三年七月、韓国動乱停戦六十周年記念行事として開催され、バラク・オバマ大統領（当時）も参加したアメリカのワシントン公演では、「アリラン」と「ゴッド・ブレス・アメリカ」を歌うや否や、八十代の老兵たちの目から、あたかも申し合わせたかのように、一斉に涙が流れました。デンマークのコペンハーゲン公演では、ベネディクテ王女が元兵士約三百人と共に観覧しました。

二〇一六年、ネパールで開かれた「世界平和国会議員連合」の大会でも、リトルエンジェルスは輝きを放ちました。カトマンズ空港に着いた時から、ネパールの学生や市民の熱い歓迎を受けた子供たち。彼らは大統領府をはじめ、各会場で公演を行い、あどけない天使を一目見ようと集まった多くの人々から称賛を浴びました。

「リトルエンジェルスは、神様の使命を果たし、世界中に平和を広める天使たちです」

子供が一人でいれば、与える影響は小さいかもしれません。しかし、その子供たちが集まり、純粋な心で歌を歌えば、天の合唱になるのです。その歌声が大人たちの利己心を溶かし、戦争と葛藤を消し去ります。人々はよく、政治が世の中を動かすと思っていますが、そうではありません。世の中を動かすのは心情の文化であり、芸術です。人の心の奥底を震わせるのは、理性ではなく、感性です。物事を受け止める心が変われば、思想が変わり、制度が変わるのです。

半世紀前に始まったリトルエンジェルスの挑戦は今、世界中の人々を熱狂させるＫ-ＰＯＰや韓流としても、実を結んでいます。地球のどこに行っても、韓国文化に向けて拍手喝采が起こります。その感動の第一歩が、一九六五年に行われたリトルエンジェルスのゲティスバーグ公演でした。その日の清らかな歌声は、今も人々の胸に刻まれています。純粋な子供たちが、その踊りや歌を通して、私たちはみな芸術によって一つになれるという真理を、一つになれていない大人たちに教えてくれたのです。

芸天美地、天上の芸術によって世の中を美しく

私の夫は常々、このように語っていました。

「バレリーナがつま先でピンと立ち、頭を天に向けて持ち上げる姿は、それだけで神様に対する完璧な畏敬を表しています。それほど切実に見えるものはほかにありません。バレエは、神様に対して愛を表現する最高の芸術です」

一九八四年、リトルエンジェルス芸術学校（現、仙和《ソヌァ》芸術中・高等学校）の才能あふれる卒業生たちが、世界的に有名なモナコの王立バレエ学校、イギリスのロイヤルバレエ学校などへの留学を終えて、帰ってきました。そこで私たちは、その若い英才たちの教育を支援するだけにとどまらず、彼らが優れた才能を舞台の上で思う存分発揮できるよう、プロのバレエ団である「ユニバーサルバレエ団」を設立したのです。

ユニバーサルバレエ団の主軸として、リトルエンジェルスの団員として活動後、モナコの王

立バレエ学校を卒業し、ワシントンバレエ団で首席ダンサーとして活動していた文薫淑《ムンフンスク》を立て、初代芸術監督にはエイドリアン・デラス氏を抜擢《ばってき》しました。相変わらず世間では私たちに対する批判が渦巻いていましたが、彼らは骨身を削るような努力を積み重ね、一九八四年の夏、ついにバレエ「シンデレラ」を、創立公演としてリトルエンジェルス芸術会館（現、ユニバーサルアートセンター）で披露したのです。

その時代、韓国のバレエといえば、国立バレエ団しかありませんでした。競争相手もない中、国内での活動を行っているだけだったので、世界のバレエ界から見れば、韓国はまさに辺境でした。ですからユニバーサルバレエ団の創立は、後日、韓国バレエを世界に跳躍させる出発点となり、辺境から中心に進み出る橋頭堡《きょうとうほ》となったのです。

それからはや三十五年、ユニバーサルバレエ団は変わることなく歩み続けてきました。初公演となった「シンデレラ」をはじめ、二〇〇〇年代の初めまでは主にロシアのクラシックバレエを継承していましたが、その後はヨーロッパのドラマティックバレエから現代バレエまで、その幅を広げてきました。これまで二十一カ国、千八百回以上の巡回公演を行い、百本以上の作品を披露して、韓国を代表するバレエ団へと成長したのです。

ユニバーサルバレエ団は「芸天美地、天上の芸術によって世の中を美しく」というビジョンを掲げ、韓国的でありながらも世界に通用する公演を行うことで、独自色を出すことを追求しています。ジョン・クランコの傑作「オネーギン」を、東洋のバレエ団では二番目に、韓国のバレエ団としては初めて公演し、ヨーロッパのドラマティックバレエを紹介することに成功しました。また、イギリスのロイヤルバレエ団の名作であるケネス・マクミランの「ロミオとジュリエット」も韓国のバレエ団として初めて公演し、韓国バレエの地位を高めました。

韓国固有の伝統を基にした創作バレエも、多数つくりました。代表作が、一九八六年初演の「沈清《シムチョン》」です。これは十カ国以上、合計二百回を超えて上演され、世界中の人々の心の琴線に触れた作品です。二〇一二年にはバレエの本場であるモスクワとパリに招かれ、韓国の美を披露してきました。韓国の古典文学をバレエで表現した「春香《チュニャン》」や、子供用にリメイクした「バレエミュージカル沈清」も、大きな反響がありました。このような中、大韓民国文化芸術賞をはじめ、多くの賞を授与されたのです。

韓国の文化水準がまだそれほど高くないと思われていた時代、ユニバーサルバレエ団はまるで、孤独な一羽の鶴のように見られていたことでしょう。しかし、それはやがて数多くの困難を克服し、アジアだけでなく北米、ヨーロッパ、中東、アフリカなどを回りながら、世界の人々に、韓国のレベルの高い芸術性を知らしめるようになったのです。その歩みは、これからも神様の愛を受けながら、休むことなく続くでしょう。

言論は時代を照らす灯火にならなければなりません

新聞に掲載される言葉は、良い意味よりも悪い意味を持つもののほうが多くあります。「迫害」や「弾圧」も、新聞によく登場する否定的な単語の一つです。過去に比べて、世界の多くの国で民主主義が根を下ろし、暮らしが良くなったのは明らかですが、今この時間もなお、政治的な迫害を受け、宗教が違うという理由で追い立てられている人々が大勢います。

一九七〇年代は、様々な対立や葛藤、混沌《こんとん》に拍車がかかった時代です。特に一九七五年は、世界的に暗鬱なムードが影を落とした時期でした。人々は言い知れない恐怖に襲われ、尽きぬ心配をお互いに吐露しました。

「ベトナムがもうすぐ共産化されるそうだ」

「日本は共産党が堂々と活動している国だから、左翼がさらに勢いづきそうだね」

自由陣営の国々が心を一つにして戦っていましたが、ベトナムが共産化される日はじわじわと迫ってきていました。韓半島の北で生まれた私は、共産主義の残忍さと戦争の悲劇を直接体験したので、共産主義政権が立てば大虐殺が起こるであろうことは、よく分かりました。そうなれば、さらにその隣国にも共産主義が侵食していき、ドミノ倒しのように順番に崩されていくことは明らかでした。特に、既に共産党が合法となっている日本で共産主義が勢力を伸ばせば、アジアはもちろん、世界が塗炭の苦しみを味わう可能性がかなりの確率であったのです。

一九七〇年代、日本では統一教会の信徒が段々と増えてきていましたが、左翼勢力もまた猛威を振るい、全く予断を許さない状況でした。在日同胞も、在日本大韓民国民団と在日本朝鮮人総聯合《れんごう》会に分かれて激しく対立し、憎み合っていました。私たち夫婦はその様子を見ながら、日本を共産主義から守るため、新しい新聞を作ることにしたのです。

「世界日報」は一九七五年一月、多くの人々の期待を受け、東京で創刊されました。日本で新聞社を支えていくのは、簡単なことではありません。左翼団体からは事あるごとに攻撃されました。しかし、そうなればなるほど、「世界日報」は善良な市民や愛国的団体から大きな支持を受け、国を憂う日本国民に愛される新聞となりました。草創期の困難な時代から今に至るまで、「世界日報」は恐れることなく、真実のみを報道してきました。その姿勢が、日本を共産主義から守り抜く一助となったのです。

世界の歴史を動かしたもう一つの新聞は、アメリカで創刊した「ワシントン・タイムズ」です。

一九八一年の初め、ある人が私たち夫婦に話してくれました。

「そういえば、『ワシントン・スター』が看板を下ろすそうですよ」

その知らせを聞いて、誰もが驚かずにはいられませんでした。アメリカの首都、ワシントンDCには長い歴史を持つ二つの新聞がありました。一つは「ワシントン・スター」、もう一つが「ワシントン・ポスト」です。ところが、百三十年近く続いてきた「ワシントン・スター」が財政難により、廃刊を決めたというのです。

ワシントンには、信仰と自由、家庭の大切さを訴えて守っていく新たな新聞が必要でした。私たちが「ワシントン・スター」に代わる新しい新聞を作ると言うと、激しい反対に遭いました。周りの人々は、アメリカの首都で新聞を創刊するのがどれほど困難なことかを、一つ一つ聞かせてくれました。しかし、それまで私たちがしてきたことの中で、簡単なことなど一つもありませんでした。

一九八二年五月十七日、人々の心配をよそに、歴史に語り継がれる新聞となる「ワシントン・タイムズ」の創刊号が発行されました。私たちを嫌う人々が、「ワシントン・タイムズ」は統一教会の宣伝道具になるだろう、とわめき立てましたが、決してそのような意図で作ったものではありませんでした。

私たち夫婦は「ワシントン・タイムズ」の社訓を「自由、信頼、家庭、奉仕」に定めました。後日、この社訓は統一家のすべての機関と企業が目指す、「愛天、愛人、愛国」に変更することになります。

新聞社の経営は非常に難しく、毎年、赤字が山のように積もっていくばかりでした。しかし、もし「ワシントン・タイムズ」がなくなれば、それはアメリカの首都で発行される唯一の反共保守新聞が姿を消し、家庭と愛の大切さを説く新聞も消え去るということを意味します。

人々は、「果たしてどれぐらいで廃刊するだろうか」と、嘲笑混じりに見守っていました。しかし、そのあざけりがひどくなればなるほど、私たちの信念と記者たちの情熱は燃え上がりました。

民主主義と真正なる保守の立場を守りながら、家庭や道徳、女性の価値を掲げていく中で、やがて「ワシントン・タイムズ」は多くの市民の愛を受けるようになり、「ワシントン・ポスト」と共に、アメリカの首都における二大新聞となったのです。

創刊十五周年記念式には、世界の有名人たちからあふれんばかりの祝賀メッセージが届きました。レーガン元大統領は、「『ワシントン・タイムズ』は二十世紀で最も重要な十年を私と共に過ごしました。私たちが共に腕まくりして働いた結果、冷戦を終息させることができたのです」と述べ、「ワシントン・タイムズ」が共産主義に勝利するに当たって大きな役割を果たしたことを、世界の人々に知らせてくれました。

イギリスのマーガレット・サッチャー元首相も、「『ワシントン・タイムズ』が創刊された当時は、非常に困難な時代でした。それは今も変わりません。しかし、『ワシントン・タイムズ』が生き残り、栄えている限り、保守主義の価値は決して色あせないでしょう」と感謝の言葉を寄せてくれました。

「ワシントン・タイムズ」は、権力を振りかざす新聞ではありません。市井の人々の声を代弁し、彼らが毎日を正しく生きていけるよう、導いてくれる新聞です。激しい波風を乗り越え、今や言論の真なる地位を築いた「ワシントン・タイムズ」は、全世界の人々にとって、かけがえのない新聞になっているのです。

正義を貫き、不義は許さない

「確かにこの場所で合っているはずなのに……」

「歴史資料を見ると、この建物は裁判所のはずだ。でも、なぜか病院になっているな」

「それじゃあ、裁判所はいったいどこに行ったんだ？」

一九九〇年代、中国が自国の歴史を再定義し、韓民族の歴史を中国史の一部として取り込むための研究が激しい勢いで進められていた頃、韓国「セゲイルボ（世界日報）」の特派員が中国の大連と丹東の一帯を取材しました。彼はそこで、安重根《アンヂュングン》義士が裁判を受けた「大連法廷」を訪れたのですが、既に法廷はなく、個人病院の看板が掲げられているだけでした。中国政府は、その歴史的な建物を既に個人に売り渡していたのです。

特派員からの知らせを聞き、私たち夫婦は沈鬱な気持ちになりました。祖国光復のため、自らの命を捧げて献身した独立の英雄たちの足跡が、人知れず消えていくことに対し、韓民族の一人として胸が痛まないはずがありません。

「いくらかかったとしても、その建物を買い戻してください」

現代史において民族的受難の場である大連法廷は、お金には換算できない精神的遺産です。そのような場所が一個人の単なる所有物になっているというのは、韓民族にとって不名誉なことでもあります。結局、建物のオーナーと交渉して、大連法廷があった建物を買い取ることになりました。

すぐに専門家を招聘《しょうへい》して徹底的な考証を行い、安重根《アンヂュングン》義士が刑を言い渡された時の様子を再現しました。そして、より多くの人々に協力してもらうために寄付金を募り、一九九三年、セゲイルボ社を通して「旅順殉国先烈記念財団」を設立したのです。この財団は、安重根義士をはじめとする独立活動家たちの活動と偉大さを広く知らせ、共に東洋の平和を成し遂げられるよう、尽力しています。大連法廷は、今や中国や韓国の青少年が大連を訪問したときは必ず訪れる場所となりました。

歴史的に見るとき、東北アジアは隣国同士の複雑で微妙な関係が絡み合っている所で、そのもつれた糸を解きほぐす道を見つけられずにいます。かといって、手をこまねいているわけにはいきません。ですから、「セゲイルボ」が過去の痛みを客観的に見せ、韓民族の粘り強い国難克服の歩みと平和の大切さを直接体験できるよう、大連法廷を当時の姿そのままに復元したのです。

私たちが日本やアメリカ、南米、中東で創刊した新聞は大好評を博していましたが、いざ韓国となると、様々な制約により、新聞を作ることができずにいました。言論が自由化され、ようやく「セゲイルボ」を創刊できたのは一九八九年のことでした。統一教会が新聞を作るということで、世間でも話題になりましたが、やはり激しい反対が起こりました。アメリカと日本で新聞を作る際に浴びせられた非難の矢は、韓国でも当然のごとく向けられたのです。案の定、根拠のない憶測が飛び交いました。

「統一教会を宣伝する機関紙になるだろう」

「偏向に満ちた宗教記事が横行するだろう」

中には、「一年も経《た》たないうちに廃刊するだろう」と、こき下ろす人もいました。しかし、正しい言論に対する私たちの思いは一貫していました。「言論は真理の代弁者であり、良心でなければならない」という信念のもと、一九八九年二月一日、「セゲイルボ」創刊号を百二十万部印刷して、第一歩を踏み出したのです。その信念は三十年が過ぎた今に至るまで、少しも変わっていません。

政権を握っている政党の不正を報道したという理由で、統一教会の関連企業が税務査察を受けるかと思えば、会社自体を倒産させられるという報復も受けました。一九七〇年代から散弾空気銃などを生産していた統一産業や、農業機械を専門的に生産する東洋農機械など、多くの企業が税務査察の標的となったり、廃業に追いやられたりしたのです。挙げ句の果てには、新聞の編集責任者を海外に飛ばせという要求も受けました。

しかし、私たち夫婦はいかなる妨害工作や懐柔にも決して屈せず、社会的正義と道徳性の回復のために旗を掲げ続けました。そうして、最後には「『セゲイルボ』が正しかった」と認められるようになったのです。

「セゲイルボ」は激動の時代に産声を上げました。広野に立つ一本の松の木のように、この上なく寂しい環境にありはしましたが、正義を貫き、不義は許さない新聞となりました。特定の宗派や主義、思想のためには筆を執らず、政治的理念を超えて、国民と国家、世界のために苦労することを惜しみませんでした。「セゲイルボ」は名実共に、世界中の人々のための、世界的新聞となっているのです。

万物は神様が下さったプレゼント

私は、まともな財布というものを持ったことがありません。幼少の頃はお金の必要性が分かりませんでしたし、少し大きくなってからも、南北分断に巻き込まれて命を守ることに忙しく、手ぶらで故郷を離れたため、お金はありませんでした。また、祖母と母は信仰を優先していたため、お金とは縁の薄い生活を続けていました。聖婚後、教会の献金はすべて教会や社会のために使われたので、やはり財布があっても、何の役にも立ちませんでした。

聖婚から六十年経《た》った今もそれは同じです。そして、たまに値段の高い財布を見ると、ふと思ってしまうのです。

「あの中に入ったお金は、いつまでそこにあるのだろう？　何のために使われるのだろう？」

お金が財布の中にとどまることより大切なことは、どこへ、誰のために、どのように使われるかです。そのお金の行き先が、その人の人生を物語ってくれます。聖書の創世記では、神様がアダムとエバを創造し、生めよ、ふえよ、地に満ちよ、万物を主管せよとおっしゃっています。そのみ言《ことば》に従い、私たちには万物を主管し、生活を豊かにする責任があります。

統一運動の今日の基盤は、韓国動乱の時期、釜山《プサン》・凡一洞《ポミルドン》の土壁の家から出発しました。米軍の兵士を相手に肖像画を描く仕事から始め、ソウルに上京後は、切手を収集して販売したり、モノクロのブロマイドをカラーにして街頭で販売したりしてお金を集め、宣教資金として使ったのです。

本格的な経済活動の第一歩となったのは、一九六〇年代、日本式家屋で始めた統一産業でした。今でこそ、韓国は様々な製品を世界中に輸出していますが、六〇年代にはまだ、機械産業を興すなど想像もできないことでした。

ゴミ箱に入れられていた日本製の旋盤機械をわずかな金額で買い、倉庫に設置したのが統一産業の始まりです。その時、「世界一の工場を造ります」と天の前に祈祷して出発したのですが、これが鋭和《イエファ》散弾空気銃工場を経て、業界屈指の会社として成長し、防衛産業の一翼を担うようになったのです。韓国を代表する機械企業として、国を生かすために最高の技術を備え、さらには世界の様々な国に技術を普及させました。

また、「一和《イルファ》」という会社を設立して高麗人参製品を世界に輸出したのは、韓国が誇る最高級の高麗人参を広く知らせ、世界の人々が健康な生活を送れるようにするためでした。

その後も、パイオニア精神を持って様々な分野を開拓し、今日に至るまでの約六十年間、韓国と世界の経済発展の一翼を担ってきました。しかし、私たちは単にお金を稼ぐことにとどまらず、すべての国が等しく技術を備えて貧困から抜け出せるよう、「経済の平準化」を実践することに主眼を置きました。

そのすべての根底に、ために生きる精神が存在しています。私たちは、恵まれない立場にいる人を気にかけながら生きなければなりません。豊かになれたことに対して感謝することも知らず、さらにお金を集めることだけに関心を持つ人になってはいけません。国や民族に深く感謝し、他の人を助ける人が、より偉大で豊かな者になるのです。

万物は、神様が私たちに下さった貴いプレゼントです。人間は誰もが、その贈り物を等しく受け取ることができなければなりません。一個人が万物を独占しようとし、一国家が科学技術や富を独占して他国を従属させることは、神様のみ意《こころ》に反しています。先駆けて努力し、技術を開発するとしても、豊かになった後は、自分よりも恵まれない人に技術を教え、相手も豊かに暮らせるようにしなければなりません。これが真の経済の平準化です。

私たちが誇るべきは、高価な財布に入っている真っさらな紙幣ではありません。その紙幣を誰のために、どのように使うかを悩み、正しく使うところにおいてのみ、本当の誇りが生まれるのです。

科学は人類の夢をかなえるためのツール

「科学技術は人間がつくったものであって、神様がつくられたものではないですよね？」

時々、このように言う人がいます。自然は神様が創造されたものだけれど、科学は人間がつくったものであるという主張ですが、そうではありません。科学技術は、神様が人間に、万物を主管させるために下さった道具です。私たちは神様の心で自然を愛し、人類に役立つよう活用しなければなりません。その土台となるのが、科学技術です。

しかし残念なことに、科学技術は世界各地で、それぞればらばらに役割を果たしているだけでした。図書館に、一冊の論文として埋もれていることも多かったのです。私たちは、そのように散らばっていた科学技術を統一し、科学者たちが世界平和に寄与できる方法を長い間試行錯誤しました。そうして誕生したのが、「科学の統一に関する国際会議（ＩＣＵＳ《アイカス》）」です。

ＩＣＵＳは、産みの苦しみと言える紆《う》余曲折《よきょくせつ》を経て、一九七二年に第一回の会議がアメリカのニューヨークで開かれ、それ以降、名だたる世界の碩学《せきがく》が継続して参加し、大きな反響を呼びました。

「現代科学の道徳的方向性について」というテーマを掲げた第一回の会議で、私たち夫婦は創設者として、科学は人類のために何をすべきかについて強調しました。

「科学は、人類の夢を実現することに目的があります。科学文明は本質的に、人類全体のものでなければなりません」

第二回の会議は一九七三年、日本の東京で「現代科学と道徳的価値」をテーマに開かれました。第一回の会議に参加したのは、七カ国から来た三十二人にすぎませんでしたが、第二回の会議には、十八カ国から六十人以上が参加しました。まさに、一年で世界的な大会になったのです。特にノーベル賞の受賞者も参加したため、大きな注目を浴びました。

私たち夫婦が一九七〇年代の初めにアメリカに渡った時、アメリカ教会の年間予算は二万六千ドルでした。現在は言論、教育、社会奉仕などに数百万ドルを使っています。そのうちの一つが、科学技術発展のための支援なのです。

ＩＣＵＳ《アイカス》をスタートする際、一部の科学者は私たち夫婦に不信の眼差しを向けてきました。

しかし、それでも私たちは有名な学者を招聘《しょうへい》するために、多くの力を注ぎ続けました。

「教授、今度の科学者大会に参加してください」

私たちの信徒がある学者を訪ねて丁重に申し出たところ、こんな言葉が返ってきました。

「その大会の創設者は文鮮明《ムンソンミョン》牧師夫妻だと聞きました。私は彼らに反対しています」

しかし、その学者は数年後に会議に参加し、論文を発表しました。この会議の真の意味を理解したのです。

ＩＣＵＳは、二〇二〇年に第二十六回の会議を控えています（二月四～五日、ソウルで開催）。これまでの中でも、特に十年目を迎えた一九八一年、ソウルで開かれた会議には、百カ国以上から八百八人の学者が参加し、世界最高峰の国際会議となりました。その場で私たちは、かつて歴史に一度も実現できなかった、「技術の平準化」を掲げました。科学技術は神様が下さった人類共同の資産であり、特定の国が独占して他国を支配してはならないと強調したのです。

私たち夫婦が科学技術の平準化に関心を持って支援したのは、ほかでもありません。アフリカや南米、アジアの貧しい国々と技術を分かち合うためでした。先進国の科学技術を開発途上国に分け与えることで、科学技術の平準化を実現しようとしたのです。食糧の不足しているアフリカにソーセージ工場を建て、生産機械を無料で提供し、農業のやり方や家畜の飼育方法も教えました。

南米では牧畜が盛んですが、牛の排泄物《はいせつぶつ》の処理問題で、非常に深刻な状況にありました。そこで、牛を育てるだけではなく、自然をもっと豊かにするため、木をたくさん植えるようにしました。

また、ハワイのコナにはコーヒー農場を造りました。コーヒーの実を収穫するのは、非常に骨の折れる仕事です。害虫による大きな被害を受けたこともありました。コーヒーは実の中の生豆《きまめ》を焙煎《ばいせん》して作るのですが、農薬をかけた実を使うのは健康に良くありません。そこで、農薬を使わずに害虫を退治できる方法を開発し、今では世界で最良のコーヒーを生産しています。

中国と北朝鮮に自動車工場を建設するプロジェクトも推進しました。ドイツでは基幹産業となる自動車のライン生産やボーリング工場などを買収し、アフリカや南米では手作業中心の農家の負担を軽減させるため、農業機械工場を買収したり、農業機械を普及させたりしました。高い水準の航空技術と宇宙工学技術を開発するため、韓国タイムズ航空の設立も推進しました。

ICUS《アイカス》は諸事情から二〇〇〇年（第二十二回）で一旦中断することになり、世界中の科学者やエンジニア、発明家、学者たちを落胆させてしまいました。歴史始まって以来、これほど重要で意義深い会議を開いた人物は私たち夫婦しかいないといって、会議を再び開催してほしいという訴えが世界中から寄せられました。そのため、長いブランクをものともせず、二〇一七年に会議を再開したのです。特に、二〇一八年に開かれた第二十四回の会議は世界各国から科学者が参加し、再会を喜ぶとともに、新しい科学の道を探求する貴重な場となりました。

私は科学者たちに訴えました。

「宗教と科学の対立をはじめ、世界の様々な問題を解決するには、まず宇宙の根本である神様と真の父母を正しく知らなければなりません。そうしてこそ、解決策を見つけられるのです」

今、私たちに必要なのは、国家や理念、宗教を超えて世界中の科学者やエンジニア、発明家が集まり、目の前にある科学技術を点検して、より良い方法を模索していくことです。その苦労が、人類の未来に幸福と平和をもたらすのです。

第六章
平和の母、凍土を越えて世界の果てまで

地球が一つの村になるために

日本の九州には、唐津（佐賀県）という港湾都市があります。玄界灘《げんかいなだ》に面しているこの地域は、特に唐津焼が有名ですが、壬辰《イムジン》・丁酉《チョンユ》の乱（文禄《ぶんろく》・慶長の役）の時に日本に連れていかれた朝鮮の陶工たちの優れた技術によって発展したという、胸の痛い歴史を持っています。

私たちは一九八〇年代からここでプロジェクトを開始していましたが、二〇一六年の秋、私はこの地を訪れ、人類のための重要なミッションの一つを再スタートすることを決意しました。それは、韓国と日本をつなぐ海底トンネルを完成させることです。唐津はその海底トンネルの出発地であり、到着地なのです。

世界地図を見ると、ほとんどの大陸を一つにつなげられることが分かります。その日が来れば、地球は一つの村となり、全人類が隣人として仲睦まじく生きるようになるのです。

私たち夫婦はずっと前から、すべての大陸を一つに結ぶ平和の道を構想してきました。問題は、アメリカのアラスカとロシアを隔てるベーリング海峡と、韓国と日本の間に広がる玄界灘です。この二カ所に道を造ることができれば、人類は一つにつながっていきます。

もちろん、決して簡単なことではありません。もしかすると、人間の歴史が始まって以来の、最も困難なことかもしれません。しかし、それは私たちの時代に必ず成し遂げなければならない、最後の課題でもあるのです。

韓国と日本をつなげるに当たっては、両国の間にある暗い歴史が大きな障害物として横たわっており、世論の反対を覆すのは簡単ではありません。しかし、韓国の釜山《プサン》と日本の唐津を結ぶ海底トンネルが開通すれば、韓国は世界経済の中でさらに重要な位置を占めるようになります。日本からの物資をユーラシア大陸に運ぶとともに、数多くの旅行者を呼び込むことができます。さらに重要なのは、このトンネルがアジアに平和を根づかせる役割を果たすという点です。葛藤し、反目し合うことで互いに足を引っ張っていた両国が協力の道に進む、歴史的な和解のきっかけにもなるのです。

世界を一つにつなげる「国際ハイウェイ（世界平和高速道路）」構想については、既にはるか昔、一九八一年に発表していました。日韓トンネルは一九八六年に唐津で工事が始まりましたが、様々な事情により中断されていました。私はこのプロジェクトを放置してはならないということをよく分かっていたので、その現場を訪れたのです。

島国は大陸を慕います。私たち夫婦は、日本と韓国が一つになって日韓トンネルを造り、さらに南北が一つになれば、それがユーラシアを経て、全世界に広がっていく平和高速道路になるように祈りました。

現在、いくつかの強大国は、自国の利益だけを計算しているのが現実です。しかし、イギリスとフランスは百年戦争を起こしたにもかかわらず、互いに手を取り合い、ドーバー海峡にユーロトンネルを造りました。韓国と日本も真の許しと和解によって心を開けば、私たちの当代に海底トンネルを造ることができます。

私たちは三十年間、このプロジェクトを準備してきました。これからは、皆が心を大きく開き、未来を切り開いていかなければなりません。

国際ハイウェイの実現を妨げているもう一つの障壁は、ベーリング海峡です。ここには、日韓トンネルよりもさらに難しい課題が横たわっています。ベーリング海峡は、かつてアメリカとロシア（ソ連）の両国が力を競う中、民主主義陣営と共産主義陣営を分かつ海峡となっていました。ここをつなぐことが、世界を一日生活圏とし、人種、宗教、国家の垣根を崩して人類を大和合へと導く一歩となるのです。

このため、私たちは一九八〇年代から、海底トンネルプロジェクトを地道に遂行してきました。この計画が実現すれば、南アフリカの喜望峰から、アフリカ大陸、ユーラシア大陸を通って韓国までつながります。また、南米のチリのサンティアゴからは南北米大陸を通り、ベーリング海峡、アジアを通過して、韓国までつながります。韓国は、人類が待ちわびた真の父母が誕生した中心国家であるため、まさに世界で最も重要な地となるのです。

このようになれば、南アフリカの喜望峰からチリのサンティアゴまで、イギリスのロンドンからアメリカのニューヨークまで、誰でも自動車で、または自転車で旅行することができるようになります。愛する人と、あたかも故郷を訪ねるように、世界中を回ることができるのです。

このような途方もないことを、どうやって実現するのかと疑問に思う人は多くいます。しかし、私たちが成してきたことを振り返ってみれば、それはすべて、困難の中で実現されたものです。神様のみ意《こころ》があるところには、必ず道があります。現代の科学技術は、ベーリング海峡に十分トンネルや橋を通すことができます。その費用も問題にはなりません。世界が戦争に虚《むな》しくつぎ込んでいるお金を考えてみてください。各国が武器を買い入れるお金の半分でもあれば、ベーリング海峡に一本の道を通すことができるのです。

聖書のイザヤ書の教えのように、今や銃や刀を溶かして、すきとくわを作る時です。これ以上、戦争のための戦争に命を犠牲にし、天文学的なお金を費やす愚行を繰り返してはなりません。

唐津の海底トンネルはまだ工事中で、開通していません。しかし、決してあきらめたわけではありません。そこは世界を一つにつなぐ和合の門です。私はその門を大きく開け放ち、人種、宗教、国家の壁を崩して、神様が切に願ってこられた平和世界を成し遂げるでしょう。

凍土の王国を崩した勇気ある一歩

「いずれ冷戦という言葉は過去のものになるでしょうね」

「表向き、そう見えるだけですよ。ソ連はいまだに持ちこたえているし、共産主義はまだ多くの国で勢力を伸ばしているのに、平和がそれほど簡単に訪れるでしょうか？」

「簡単ではないでしょうが、誰かが必ず、平和をもたらしてくれると信じています」

一九九〇年になり、人々は今後、世界がどのように変化していくかについて、様々に意見を交わしました。確かに、表向きは和解の時代に入りましたが、水面下ではなおも冷戦の不気味な潮流がうごめいていました。また、世界の三分の二を支配していたソ連は、自由主義の国々を共産化しようとする野心を捨てていませんでした。

私たち夫婦は、世界をじわじわと締めつけ、苦しめている冷戦を、もう終わらせなければならないと決心しました。たとえ命を懸けることになったとしても、凍りついた大地、モスクワに入り、ゴルバチョフ大統領に会うことにしたのです。

その決断は、既に当時から遡って十四年前に下されていました。一九七六年、大成功で終わったワシントン・モニュメント大会の翌日である九月十九日に、私たち夫婦は重大な発表をしたのです。それは共産世界を解放するため、モスクワで大会を開くという宣言でした。モスクワのクレムリン宮殿を切り開いてこそ、神様と人類を解放することができるのです。しかし、人々の反応は冷ややかでした。ある人は、まさに無謀なドン・キホーテの虚言だとあざ笑いましたが、私たち夫婦は、「モスクワに行く」と言ったことを一度たりとも忘れませんでした。

共産主義との戦争は、政治体制や単純なスローガンの闘いではありませんでした。「神はいるのか、いないのか」という問題だったのです。その戦争の真の目的は、共産世界を解放して神様を迎えるようにすることでした。

冷戦時代、自由主義世界の人々が何も知らないうちに、もしくは知っていても知らないふりをし、恐怖に捕らわれて戸惑っている間に、共産主義世界では数え切れないほど多くの人々が、苦痛に満ちた生活を強いられていました。彼らを救うため、私たち夫婦はソ連を凌駕《りょうが》しなければならなかったのです。

しかしソ連は、決して与《くみ》しやすい国ではありませんでした。ゴルバチョフが改革を掲げていたとはいえ、クマが国を象徴する動物であることからも分かるように、依然共産主義圏のトップとして鉄のカーテンの奥に構える、冷血で屈強な国でした。

モスクワに行く少し前、私たち夫婦は統一教会の元老信徒たちに会って時間を共にしました。多くの信徒が、何とかして私たちを引き止めようとしました。

「なぜ危険な共産主義の本拠地に、あえて行こうとされるのですか？」

しかし何ものも、私たち夫婦の意志を曲げることはできませんでした。文《ムン》総裁は信徒の顔を一人一人眺めた後、思いがけない言葉を発しました。

「統一教会の第二教主を決定する時が来ました」

突然出てきた「第二教主」という言葉に、誰も、何も言えませんでした。文総裁はもう一度信徒を見回した後、ゆっくり口を開きました。

「私がいなくても、お母様がいればいいのです」

この瞬間、「統一教会の第二教主」としての、私の重大な使命が明確になったのです。人々は驚いていましたが、私は静かにその言葉を受け止めました。世を救う独り娘、平和の母としての使命は、既に三十年前から与えられたものでしたが、私は文《ムン》総裁が最前線で摂理を率いていけるよう、内助に最善を尽くしていました。その日、第二教主を発表したのは、モスクワで起こり得る不測の事態に備えながら、今後のことを念頭に置いた上での措置でした。

一九九〇年三月二十七日、統一教会の名節（記念日）の一つである「真の父母の日」を迎え、アメリカのニューヨークで行われた記念礼拝で「女性全体解放圏」が宣布されることで、私は統一教会の第二教主となりました。

その後、一九九四年十一月二十七日には、ニューヨークのベルベディアで第二教主としての私の公的使命が改めて公表され、その意義が強調されました。十六万人の日本人女性教育と各国での大会が終わり、私の役割がさらに重大になっていた頃のことです。その日、私は信徒たちの前で、「みな一つとなり、真の父母の伝統を立てる家庭になることを誓いましょう」と決意を促しました。

また、一九九一年六月には、カナダのクレアストーンの本館で日本の女性代表たちが参加する中、「顧命性宣誓宣布《ソンファ》」が行われました。「顧命」とは、「王の遺言」を意味する言葉です。文総裁は御自身が聖和した後も、私が神様の使命を引き継いで果たしていけるよう、日本の女性代表が責任を持って真の母を支えていくべきことを、顧命として宣布されたのです。この宣布には、日本が真の母と一つになり、世界を抱いていかなければならないという使命も含まれていました。このように文総裁は、幾度にもわたって、御自分が不在となる万一の場合に備えられたのです。

一九九〇年四月、モスクワで「世界言論人大会」が開かれました。ゴルバチョフは、大会に参加した世界の指導者たちをクレムリン宮殿に招待したのですが、その中で女性は私一人だけでした。ソ連の大統領執務室は出入りを厳しく制限していましたが、私は特別待遇を受けたのです。私たち夫婦は、ゴルバチョフに「中南米統合機構（ＡＵＬＡ）」が制定した「自由と統一のための大十字勲章」を授与した上で、彼の手を握り、祝祷しました。

「この大統領を神様が祝福してくださいませ」

無神論を主張する共産主義世界の宗主国、ソ連。そのソ連の大統領執務室で、神様の祝福を願う祈祷をするということ自体が、共産主義の体制上、異例のことでした。

祈祷を終えて談笑していると、ゴルバチョフが私に向かって言いました。

「韓服がよくお似合いですね、本当にお美しいです」

私もすぐに返しました。

「ライサ夫人こそ本当にお美しいです。世界中の女性が尊敬しています。明日、ライサ夫人にお会いできるのを楽しみにしております。夫も申し上げましたが、大統領は本当にハンサムでいらっしゃいますね」

お互いに賛美し合う中で、雰囲気が次第に和やかになっていきました。ゴルバチョフは気分が舞い上がったのか、豪快に笑いました。私はこれが祈祷の力であり、役事《やくじ》だと思いました。その後に行われた会談により、世界の歴史が変わりました。文《ムン》総裁はためらうことなく、ゴルバチョフに向かって忠告をしました。

「ソ連の成功は、神様を中心とするか否かにかかっています。無神論は自滅と災いを招くだけです」

「ソ連が生き残る道は、共産主義革命の父と呼ばれるレーニンの銅像を撤去し、宗教の自由を認めることだけである。さらに、共産主義を終わらせ、神主義を受け入れなさい、と堂々と語ったのです。ゴルバチョフの顔には困惑の色がありありと浮かびましたが、最後には私たち夫婦の言葉を受け入れました。それまで、クレムリン宮殿でそのような話をした人は一人もいませんでした。

世界が固唾《かたず》を飲んで見守った会談は、成功裏に終わりました。その時から、ソ連は急速に変わり始めたのです。それは単なる変化を超え、もはや革命とも言えるものでした。特に、私たち夫婦と統一教会に対する、ソ連およびゴルバチョフの信頼は、次第に大きくなっていきました。私たちは三千人を超えるソ連の青年や教授をアメリカに呼び、教育を受けさせました。

その後、ソ連にクーデターが起き、しばらく混乱が続きました。ゴルバチョフが改革と開放を勢いよく進める中、共産主義体制における保守派がクーデターを起こし、大統領をクリミア半島のフォロスに軟禁したのです。しかし、幸いにも彼は九死に一生を得て、帰ってくることができました。

また、開放政策を通してソ連が民主主義に向かう中で、私たちが教育した大学生や青年たちがクーデター派の指揮下にあった戦車に立ち向かい、身を挺《てい》して阻止するということもありました。彼らはゴルバチョフとエリツィンが再び手を取ってソ連を解体し、冷戦を終息させるに当たって、牽引車《けんいんしゃ》の役割を果たしたのです。文総裁と私がゴルバチョフの執務室で捧げた「この大統領を神様が祝福してください」という祝祷が、天運をもたらしたのです。

一方で、私たちは会談よりずっと前から、ヨーロッパの若者を中心に、ソ連と東ヨーロッパに地下宣教師を密《ひそ》かに派遣していました。青年メンバーがある日突然、姿を消すので、周りの人々は気掛かりに思ったことでしょう。彼らは東ヨーロッパの主要都市に入り、地道に活動を続けて、ソ連を崩壊させるとともに民主主義を定着させるに当たって、一翼を担ったのです。

ゴルバチョフとの会談から一年八カ月後、ソ連共産党が解体され、凍土の王国は歴史の表舞台から消え去りました。一九一七年の十月革命以来、七十数年の間、世界の三分の二を支配下に収め、数億に上る人々の血を流し、人類を恐怖に追いやった共産主義の宗主国、ソ連が、ついにその赤旗を下ろしたのです。これは、神様を否定する無神論の世界観が敗北したことを意味しました。さらに、葛藤と闘争、憎悪の哲学の限界を暴き出し、共産党の独裁体制の崩壊を宣言したことになったのです。

振り返れば、私たち夫婦のソ連入国、およびゴルバチョフとの会談は、薄氷を踏むような一世一代の冒険でした。しかし、それが共産主義の力を失わせ、世界の版図を変えるに当たって、決定的役割を果たしたのです。

ゴルバチョフとの会談後、私たちはこれから大きく変わりゆく世界において、実質的に平和をつくり上げていける団体が必要だと考えました。その頃、世界に暗い影を落としていたのは、宗教の衰退と道徳性の喪失、そして共産主義の浸透でした。

その中で共産主義は、私たち夫婦の三十年以上にわたる努力により、宗主国のソ連ですら解体され、力を失うという結末を迎えました。しかし宗教問題は、いまだ非常に深刻な状況にありました。宗教指導者たちが解くべき宿題とは、いかにして宗教紛争を防ぎ、疲弊していく宗教が再び人生の羅針盤となるようにするか、ということでした。その土台の上で、道徳性を回復していく必要があったのです。

私たちはこの使命を果たすために百二十カ国を巡回し、「天宙平和連合（ＵＰＦ）」を創設しました。真の平和世界をつくるために汗を流す人々と団体を一つに束ね、地球村の毛細血管のような役割を果たせるようにしたのです。

各界各層の名だたる人々が私たちの志に共感し、平和大使になりました。二〇〇一年に韓国の十二都市でスタートした平和大使活動は、すぐに世界各地へ広がっていきました。彼らの純粋さと、その意義深い活動に感銘を受け、今や百六十以上の国で百万人を超える平和大使が、真の平和を根づかせるため、それぞれの分野で様々な行動を起こしています。また、国連の経済社会理事会から総合諮問資格を得たＮＧＯにもなっています。

さらにそこから発展して、国連に加盟した国々が自国の権益だけを主張し合い、地球上で起こっている紛争をいまだに解決できていない現実において、真のビジョンを提示する「真の父母国連」をつくり、世界各地で奉仕活動を展開しています。

平和大使は、様々な専門分野の人々が参加し、世界の隅々まで訪ねていって平和を実践しています。紛争のある所、貧困によりまともに教育が受けられない人々がいる所、宗教的対立がある所、病気で苦しんでいても治療を受けられない人々がいる所を訪ねてその痛みを治癒し、より良い生活ができるように、献身的に活動しているのです。

命を預けて訪ねた場所

私は一九四八年、自由を求め、三十八度線を越えて韓国の地に来ました。一方、夫の文《ムン》総裁はその頃、興南《フンナム》監獄に囚《とら》われていましたが、一九五〇年十月に国連軍が監獄を爆撃する中で解放され、自由の身となりました。

興南《フンナム》監獄では、国連軍の爆撃が激しくなると服役期間の長い人からどこかに連れ出され、処刑が始まったといいます。そして、ちょうど文《ムン》総裁の番が回ってくるという中で、解放されたのです。天はこの切迫した状況をしっかりと目に留め、国連軍を通して、文総裁が南に下りていけるように導かれました。しかしその後、四十年以上経《た》って一九九一年になるまで、私と夫は一度も故郷のある北の地に行けなかったのです。

私たち夫婦は世界を隅々まで回り、神様のみ言《ことば》を伝えましたが、ほんの一時間で行ける北朝鮮には行けませんでした。北から南に下りてきた失郷民《シリャンミン》であれば、誰もがそうでしょうが、慕わしい故郷を目の前にしながらもそこに帰れないという切なさは、何をもってしても慰められません。しかし、私たち夫婦が北朝鮮に行こうとしていた理由は、単に「故郷が恋しいから」ではありませんでした。

韓半島は、私たちの思いとは全く関係なしに、二つに分かれてしまいました。それを嘆いてばかりいるわけにはいきません。私たちには分断を終わらせ、平和統一を成し遂げる責任があります。韓半島から対立と葛藤をなくすことが、世界平和を実現する第一歩です。ゴルバチョフ大統領との会談を終えて帰ってきた私たち夫婦は、一九九一年が終わる前に、北朝鮮の金日《キムイル》成《ソン》主席に会うことを決心しました。その決心は、普通の人から見れば現実的には不可能な、夢物語でした。

文総裁は第二次世界大戦が終わった直後、北に行って伝道をしていたところ、李承晩《イスンマン》のスパイだと疑われ、大同《テドン》保安署に収監されました。過酷な拷問を受け、死ぬ一歩手前で釈放されましたが、しばらくするとまた、社会秩序の紊乱《びんらん》というでたらめな罪状で逮捕され、興南監獄に服役しながら強制労働をさせられました。そこで自由の身となるまで二年八カ月の間、言い表せない苦難を味わったのです。

私の母と祖母もまた、ただ神様を信じているという理由から、共産主義統治下で監獄に入れられ、あらゆる苦難を経た末にようやく釈放されました。その後も、自由を求めてついには故郷を離れざるを得なくなり、家族とも別れなければなりませんでした。あの困難な脱出の旅を、私は忘れません。

また、一九七五年六月に百二十万を超える人々をソウルの汝矣島《ヨイド》広場に集めて開催した救国世界大会をはじめ、私たちは世界各地で勝共運動を展開してきましたが、その中で、金日成主席が私たちを暗殺しようとしているという情報が何度も入りました。

しかし私たち夫婦は、それら数え切れないほどの事情を、すべて胸に納めました。そして、ただ南北の和解のために休まず祈っていたところ、一九九一年に入って動きがあり、金日成主席が私たち夫婦を招請したのです。

しっかりと封がされた招請状を、私たちはアメリカで秘密裏に受け取りました。私は誰に何を言うこともなく、冬服をトランクに詰め、文総裁と共にハワイの修練所に向かいました。周りの人々は不思議に思うばかりでした。

「ハワイは年中、暖かいのに、なぜ冬服を持って行かれるのだろう？」

私たち夫婦は、冬服をたくさん詰めたトランクを修練所の隅に置いておき、祈祷に専念しました。

北朝鮮に行く前に、心の片隅に残っていたしこりをすべてほぐさなければならなかったのです。

四十年以上前から、私たちを迫害してきた金日成《キムイルソン》主席を許さなければなりませんでした。

自分を殺そうとした怨讐《おんしゅう》としてのみ相手を考えてしまえば、許すことはできないでしょう。

しかし、父母の立場、母の心情に立てば、許すことができるのです。刑場に出ていく息子を救うためなら、母親は国の法すら変えたいと思います。それが本然の父母の心です。私たちはそのような父母の愛をもって、怨讐を許そうと決意しました。北朝鮮から無事に帰ってこられるようにしてほしい、という祈りはしませんでした。

祈りに没頭する、重い時間が流れました。ヨシュアが堅固なエリコ城を崩すため、その周りを七周したように、私たち夫婦はハワイの島を行き来しながら精誠を尽くしました。そして、心の中に積もり積もっていたしこりがすべて消え去った後、ようやく何人かの信徒に、北朝鮮に行くことを伝えたのです。

「怨讐に会うため、そんな所にまで行くなんて……あまりに危険です」

「北朝鮮に行くというのは、モスクワに行くのとは全く訳が違います」

「金日成主席は絶対に入国を許可しないでしょう」

「たとえ入国できたとしても、北朝鮮から出国できるという保証はありません」

周りの人々は万が一のことを考え、あらゆる心配をしてくれました。

しかし、過ぎし日の私的な感情にとどまっているわけにはいきませんでした。聖書には、ヤコブが彼を殺そうとした兄エサウを、千辛万苦の末、知恵と真心によって感動させたと記されています。そのように、私たち夫婦は金日成主席を心から許し、愛で抱きかかえなければならないことが分かっていました。それは、真実なる父母の心情でなければ、不可能なことでした。

数日後、私たちは澄み切った心で中国の北京《ペキン》に向かいました。北京空港の待合室で待機していると、北朝鮮の代表が来て、公式の招請文書を手渡してくれました。招請状には平壌《ピョンヤン》の官印が鮮明に押されていました。そうして十一月三十日、私たち一行は金主席が送ってくれた朝鮮民航特別機ＪＳ２１５便に乗り込み、北に向かったのです。

飛行機は私たちのために、夫の故郷である定州《チョンヂュ》の上空を通過した後、平壌に向かいました。飛行機が平安道《ピョンアンド》を通る時、窓の外を見下ろすと清川江《チョンチョンガン》が見えました。青々とした水の流れが、まるで手でつかめるようでした。確かに私たちの山河ではあっても、南北に分かれ、訪れることのできなかった四十年余りの歳月に、心が痛んで仕方がありませんでした。

平壌の順安《スナン》空港に到着すると、冷たい木枯らしに吹かれながら、夫の家族と親族が待っていました。夫が「私の妻です」と言って、私を紹介してくれました。彼らはみなずいぶん年を取っており、私たちの手を握ったまま、ただ涙を流すばかりでした。しかし、私と夫は泣きませんでした。心の中では滝のように涙があふれていましたが、唇を嚙《か》み、ぐっとこらえたのです。牡丹峰《モランボン》迎賓館に到着後、夫は北朝鮮の人々を前にして演説を行いました。夫と私は平和と統一のためなら、命を差し出すことも辞さないという覚悟でした。

翌日の十二月一日、私たち夫婦は日頃の習慣どおり、明け方に起き、祈祷をしました。もし迎賓館に監視カメラがあったならば、韓半島の統一のために慟哭《どうこく》しながら祈る姿が、すべて録画されているでしょう。朝食を食べてからは、平壌《ピョンヤン》市内を見て回りました。

訪朝三日目となる十二月二日に万寿台《マンスデ》議事堂で行った演説は、今や伝説となっています。主体《チュチェ》思想の王国である北朝鮮の心臓部で、主体思想を批判し、「主体思想では南北を統一することはできない。統一教会が提示する神主義と頭翼思想によってのみ、南北が平和裏に統一され、全世界を主導する国になれる」と、誰にはばかることもなく、大声で語ったのです。さらに、彼らの常套句《じょうとうく》となっていた「韓国動乱は北への侵略である」という主張に対して、「南への侵略だ」と、正面から反駁《はんばく》しました。

誰もが驚かずにはいられませんでした。拳銃を腰に付けた北朝鮮の警護員が、すぐにでも銃を抜いて駆け寄ってきそうな雰囲気でした。同行していた信徒たちは、一様に冷や汗を流したことでしょう。これまで私は、夫と世界中を歴訪し、各国で多くの首脳に会いましたが、平壌では本当に悲壮な覚悟と深刻な決意を固めざるを得ませんでした。

訪朝六日目となる十二月五日には、ヘリコプター二台に分乗して、定州《チョンヂュ》に向かいました。金《キム》主席の指示で道路がよく整えられており、夫の両親の墓には芝が敷かれ、石碑も立てられていました。生家はペンキが塗られ、土間や庭には砂が敷き詰められるなど、しっかり補修されていました。夫は両親の墓を訪れ、献花しました。

私の故郷である安州《アンヂュ》の空が、彼方に望めました。温かく私を包んでくれた故郷の家はそのままあるだろうか、裏畑には今もトウモロコシが育っているのだろうか、祖父の墓はどこにあるのだろうか……。様々なことが気になりましたが、そんな素振りは見せないように努めました。

私たちが北朝鮮に来たのは、故郷に来たかったからでも、金剛山《クムガンサン》を見物したかったからでもありませんでした。金日成《キムイルソン》主席に会い、祖国の将来について談判するために来たのです。その歴史的な使命を前にして、個人的な感情を見せるわけにはいきませんでした。いつか、誰もが自由に故郷を訪れることのできる日が来るだろう。そう信じました。

訪朝七日目（十二月六日）になって、私たちはようやく金日成主席に会いました。咸鏡南道《ハムギョンナムド》の麻田《マヂョン》にある、白い石造りの主席公館に入ると、金主席が待っていました。どちらが先にということもなく、夫と金主席はうれしそうに抱き合いました。金主席は韓服を着た私に向かって、丁寧に挨拶をしました。

私たちは食事をしながら、狩猟や釣りなどの話を気兼ねなく交わしました。金主席は翌年に計画していた三万組国際合同結婚式を、ハマナスの花が美しく咲く元山《ウォンサン》の明沙十里《ミョンサシムニ》という所で行うように勧めました。また、元山《ウォンサン》港の開港も約束しました。それからは急に話すことが多くなり、会話が途切れることなく続きました。夫は四十年以上の時を経て北に入り、出会った怨讐《おんしゅう》を、深く包み込むような愛で抱いたのです。金《キム》主席もその真摯な姿に感服し、会談の間、終始明るい表情で私たちの話に耳を傾けていました。

当時、北朝鮮を訪ねることは、まさに命懸けの冒険でした。文《ムン》総裁は、共産主義者が最も嫌う宗教の偉大な指導者であるとともに、世界一の勝共指導者でした。そのような中、私たちはただ神様だけを頼りにして北朝鮮の地に入り、国の最高統治者に、天のみ旨を受け入れるべきであることを忠告したのです。

私たちの北朝鮮訪問の目的は、共同で投資をしたり、事業を興したりすることではありませんでした。ただ神様のみ旨に従って、真実にために生きる神様の心、真の愛を抱き、共産主義者たちの目を覚まさせて、真の統一の糸口をつかむために行ったのです。

北朝鮮に滞在している間、私たちは国賓待遇を受けましたが、一晩も安らかに眠ることはできませんでした。まだ統一の日を迎えておらず、離散家族がその日を待ち焦がれているのに、自分たちが平壌《ピョンヤン》に来たからといって、心安らかに体を伸ばして眠ることはできません。ですから、切実な祈祷を捧げることによって天運をつなげ、統一のための条件を神様の前に立てながら、夜を明かしたのです。

韓半島の統一は、政治交渉や経済交流だけでは実現しません。神様の真の愛によってのみ、南北統一が成し遂げられるのです。多くの峠を越えて実現した金日成《キムイルソン》主席との会談により、南北統一に向けた新たな一ページが刻まれました。

私たちが八日間の旅程を終えて平壌を発《た》つと、すぐに北朝鮮・政務院の延亨黙《ヨンヒョンムク》総理が代表団を率いてソウルを訪れ、「韓半島非核化共同宣言」に調印しました。

私たち夫婦は、共産主義の絶頂期に、命を懸けてモスクワに行き、平壌にも行きました。私たちを激しく迫害してきた怨讐を、喜んで抱きかかえたのです。そうして彼らの心を動かして和解をもたらし、統一と平和の礎を築いてきたのです。それは何かを得るためではなく、真の愛を与えようとして向かっていった結果でした。夫と私は、神様のためなら許せないことを許し、人類のためなら愛せない怨讐をも愛しました。

金日成主席に会った後、北朝鮮に平和自動車工場を建て、普通江《ポトンガン》ホテルと世界平和センターも建てました。それらはすべて、統一のための礎になるでしょう。韓国の大統領が北朝鮮を訪問し、統一の道を模索していくことになったのも、当時、私たち夫婦が蒔《ま》いた種が実った結果です。

密《ひそ》かに今、私たちの精誠を基に平和と統一の芽が育っています。その芽が伸びて大きな花を咲かせるとき、私たち夫婦が残した統一を願う祈りと行動は、永遠に記憶されることになるでしょう。

平和と統一のための第五国連事務局

私はひざまずくことを学ばなかった。私は屈服することを学ばなかった。

これは映画「安市城《アンシソン》」で、戦いに臨む主人公の気持ちを表現した台詞です。戦闘を前にして、必ずや城を守るという覚悟が込められた言葉です。映画の舞台となっているのは、かつて一世を風靡《ふうび》したものの、次第に国が傾き、下り坂に向かっていた時代の高句麗《コグリョ》です。安市城の城主、楊萬春《ヤンマンチュン》は、当時の権力者である淵蓋蘇文《ヨンゲソムン》を支持してはいませんでした。しかし、彼は城主として最善を尽くし、何より、城内の民と一つになって戦って、強大な唐の侵攻から城を守り抜いたのです。民も自分たちが犠牲になることを恐れず、城を死守するという決意に満ちていたので、戦いに勝利することができました。

これまで多くの外敵の侵入を受けながらも、私たちが美しい山河を守り続けられたのは、崇高な愛国精神と犠牲があったからです。真の父母が顕現した韓半島は、将来すべての文明が花を咲かせて結実する、希望の地であり、国です。しかし、過ぎしこの七十数年の間、父母と子女、兄弟たちが民主主義と共産主義という理念の壁に阻まれ、互いの生死さえ分からないまま生きざるを得ませんでした。この不幸な歴史が、今も続いています。

韓半島を南と北に分けた怨恨と痛哭《つうこく》の分断線は、表面的には地理的、血縁的な分断線ですが、実は神様が存在するかしないかをめぐって、有神論と無神論が熾烈《しれつ》に対峙《たいじ》してきた思想と価値観の分断線なのです。

これまで文《ムン》総裁と私は、分断の原因である冷戦を終わらせ、南北を一つにするために、人間の限界を超える精誠と努力を重ねてきました。

愛する祖国の統一を早めたいという一念で、「南北統一運動国民連合」と「国際勝共連合」を支援し続けました。大学、高校、中学を回りながら、勝共講演もたくさん行いましたが、新しい世代の子供たちは、韓国動乱がどのように起きたのか、分断された民族の統一がなぜ必要なのかをよく知らないという、心痛い状況にありました。ですから、私たちはさらに一生懸命、働いたのです。

特に、冷戦をこの地球から永遠に追放するための運動に、私たちは身を投じました。一九六八年から世界各地で勝共運動を始めて共産主義の正体を暴き、一九九〇年にゴルバチョフ大統領を説得して、ついには共産主義の帝国を崩壊させるに至りました。

一九九一年には金日成《キムイルソン》主席に会い、凍りついた南北関係の緊張を緩和させ、統一のための交流の糸口をつくりました。それにとどまらず、韓半島の統一に向けて国際社会が積極的に協力できるよう、百九十三カ国に平和団体をつくりました。「ワシントン・タイムズ」のような世界的な新聞社も設立し、北朝鮮の核問題の解決と韓半島の緊張緩和に大きく寄与しました。

このような基盤の上で、二〇一五年からは百二十一カ国が参加する「ピースロードプロジェクト」を推進し、全世界が韓半島の平和統一のために力を結集できるようにしたのです。言語や国、人種が違う数十万人の人々が韓半島の統一を願い、このプロジェクトに参加しました。臨津閣《イムヂンガク》に集まり、韓国語で共に「私たちの願いは統一」の歌を歌う光景は、とても感動的でした。この運動は、世界平和国会議員連合の創設とともに、各国の指導者や国民から熱烈な歓迎を受けました。

私たち夫婦は、国連と深い縁があります。一九五〇年六月二十五日未明、北朝鮮の人民軍は「暴風」という攻撃命令のもと、韓国を侵略しました。ソ連の支援を受け、韓国を赤化するという野心を持って起こした行動です。直ちに国連軍が結成され、十六カ国の兵士たちが民主主義を守るため、韓半島に駆けつけました。その時代、韓国はその名前すら知られていない、小さく貧しい国でした。国連軍は「コリア」がどこにあるのか、どのような国なのかも知らないまま、自由と平和を守るために駆けつけ、命を懸けて戦ったのです。

私の夫は、死の強制労働収容所と呼ばれていた興南《フンナム》監獄に収監され、重労働を強いられていましたが、国連軍の参戦により、自由の身になりました。国連軍が、韓半島にいる平和の父・独り子と平和の母・独り娘を生かすために、力を合わせたのです。私たち夫婦は、神様のみ意《こころ》によって生き延びることができました。

私は「愛国歌」の「神様の御加護がある我々の国万歳」という一節を折に触れて思い起こします。なぜ神様は、韓国、そして韓民族を、歴史的に困難な峠にぶつかるたびに保護してくださったのでしょうか? それは、神様のみ旨を成し遂げるための摂理があるからです。その摂理を完成させるため、六千年を経て初めて、神様の最初の愛を受ける独り娘をこの国に誕生させたのです。

しかしながら、幼い子供が摂理を率いることはできません。その独り娘が人類の救いに対して責任を果たすには成長期間が必要ですから、神様は時が来るまで待ってくださいました。そして、使命を担う独り娘が成長し、自分の意志で決定できる年齢になるまで、保護してくださったのです。

神様は、選民として立てた韓民族の中に人類のメシヤ、真の父母として来た独り子と独り娘を、守らなければならなかったということです。当時の国連軍の参戦は、天の決断によって実現したものなのです。ですから私たちは、韓国動乱を「天の歴史的な聖戦」と名付けています。

国連は第二次世界大戦の終結とともに設立され、それから既に七十年以上が経《た》ちました。ニューヨーク、ジュネーブ、ウィーン、ナイロビの四カ所に国連事務局があります。

ただ、世界情勢を見ると、地理的にも経済・政治的にも、その中心がだんだんとアジアへ移動していることが分かります。アジア・太平洋時代が到来しようとしているのです。

それにもかかわらず、アジアにはいまだ国連事務局がありません。ですから、私たち夫婦は統一に関する問題について、世界の、特にアジアの人々の関心を高めるため、韓国に第五国連事務局を誘致すべきであると何度も強調してきました。

アジアのあらゆる国が、自国に国連事務局が設置されることを願っています。しかし、世界平和国会議員連合の大会を通して韓国の状況が次々と伝わるにつれ、韓国に国連事務局が存在することの意義について、広く共感を得られるようになりました。そうして、アジアの国はもちろん、世界の多くの国が、韓国に国連事務局をぜひとも開設すべきという認識を持つようになったのです。韓国は真の父母が誕生した偉大な国であり、神様はこの国を通して、み旨を成し遂げなければならないからです。

しかし実際に誘致するまでには、様々な困難が待ち受けています。私はこのことがよく分かるので、天宙平和連合や南北統一運動国民連合をはじめ、多くの団体を後援して、七十年近く前に国連軍が平和のために血と汗を流したこの地に、第五国連事務局を誘致しようと積極的に動いているのです。

私たち夫婦は二〇〇〇年、ニューヨーク国連本部で講演を行い、非武装地帯を平和公園にする構想を発表しました。また、その上で二〇一五年五月、私はオーストリアのウィーンにある第三国連事務局において、非武装地帯に第五国連事務局を誘致することを提案しました。当時の韓国の大統領も、非武装地帯を平和公園にすることを国連と北朝鮮に提案したことがあります。南北両国の支持を受けて第五国連事務局が非武装地帯に誘致されれば、韓半島の平和と統一、ひいては全世界の平和に大きく寄与することでしょう。

愛は国境を超えます

「多文化家庭（国際結婚をした家庭）はますます増えているのに、生活はみな楽ではないようです」

すぐに、隣の人がさらに胸の痛む話をします。

「中には家庭の経済状況が厳しく、学校に通えない子供もいます」

「それだけではありません。韓国に嫁いできた外国人妻が、文化に馴染《なじ》めず、自分の国に帰ってしまうことも少なくないようです」

世の中の様子についてあれこれ話を交わしていると、しばしば多文化家庭の苦しみについて教えてくれる人がいます。深い事情を聞かなくても、私には彼らの痛みがよく分かります。一九七〇年代の初めにアメリカに渡り、宣教生活を送った私もまた、少数民族に対する差別とその悲しみを十分に体験しました。多民族国家であるアメリカでさえそうだったのに、長い間、単一民族国家であると自負してきた韓国では、言わずもがな、でしょう。

今や韓国の地方の農村はもちろん、都市でも多文化家庭が増えています。一般的に、多文化家庭は夫が韓国人、妻が発展途上国などからお嫁に来た女性、という構成になっています。はるか遠い異国の地から嫁いできた女性たちが、言語も生活習慣も違う見知らぬ土地に定着することは、容易ではありません。多文化家庭を見つめる視線には無意識のうちに差別が含まれていることもあり、彼らは言葉にできない悲しみを少なからず経験しています。

その苦しみと悲しみは、私が経験したこととあまり違いはないでしょう。ですから私は、韓国に定着した異国の女性たちがみな幸せな家庭を築いていけるよう、支援を惜しまなかったのです。その支援は、国境を超えた祝福結婚式が行われた一九六〇年代末から行われています。

韓国で多文化家庭が急激に増えたのは、オリンピックが開かれた一九八八年に行われた六千五百組の祝福結婚式の時で、多くの韓日・日韓国際家庭が誕生しました。

韓国では既にその時から、農村に住む男性と結婚しようという女性があまりおらず、社会問題になっていました。しかし、韓国内では民族感情が非常に高まり、排斥的になっていた時期だったので、日本人を嫁や婿として迎え入れるのは非常に困難なことでした。同様に日本でも、子供を経済的な発展が遅れている韓国の男性や女性と結婚させようとする親は、あまりいませんでした。

しかし、絶対信仰と絶対愛、絶対服従を信条とする統一教会の日本女性たちが大勢、韓国の農村の家に嫁ぎ、献身的に尽くしながら暮らしました。日本だけでなくフィリピンやベトナム、タイなど様々な国の女性信徒が韓国に来て、家庭を築いたのです。

彼女たちは義父母に真心で侍《はべ》り、子女をたくさん生んで、幸せな家庭を築きました。中には、苦しい生活をしながらも病気の老親に尽くし、孝婦賞をもらった者もいれば、障がいのある夫に付き添いながら、村の婦女会長や学校の父母会長を務めて農村を引っ張っている者もいます。今では韓国の農村、漁村になくてはならない、重要な役割を果たしているのです。

私たち夫婦は、韓国で生活をする国際家庭の婦人たちに韓国語を学ぶ場を提供しながら、すべきことが本当に多いことを知り、二〇一〇年、「多文化総合福祉センター」を設立しました。韓国社会への適応に苦労している異国の女性たちが、故郷にいるかのように心安らかに生活できるよう、サポートするためです。さらにもう一歩進んで、障がい者や一人親家庭も支援しています。また、様々な事情で学校に通えない青少年たちが夢を持って勉強できるよう、「真の愛平和学校」も運営しています。

時々、一部の芸能人や地位の高い人々の子息の軍入隊忌避に関するニュースを耳にしますが、一方で、二〇二五年には韓国軍が「多文化軍隊」になるだろうという見解が出ています。

これまでに、国際祝福結婚をした家庭の子女で、既に兵役義務を果たしたか、あるいは現在果たしている人の数が、いつの間にか四千人を超えました。多文化家庭の子女には二重国籍が与えられますから、他の国の国籍を選択すれば、軍隊に行かなくて済みます。しかし、祝福結婚をした多文化家庭の子女の場合、その多くが自ら入隊を選び、神聖な国防の義務を果たしているという事実は、非常に誇らしいことです。

このような状況で、私たちがまず何より優先すべきことは、多文化家庭に対する認識を変えることです。いずれは、「多文化家庭」という言葉すらもなくなるようにしなければなりません。その言葉には、既に差別的なニュアンスが含まれているのです。家庭はただ「家庭」であって、その前にどのような修飾語も付けてはいけません。国籍が違う男性と女性が結婚したからといって「多文化家庭」と呼ぶのは、人類の普遍的な価値観に合いませんし、神様のみ意《こころ》にもそぐわないことです。

早くから世界的な祝福結婚を主宰してきた文《ムン》総裁と私は、既に三十年前から本格的に、結婚を通した人種和合を推し進めてきました。韓国と日本の間で国際祝福を行い、国家間、民族間の壁を崩したのです。それはドイツとフランスの間でも同様です。

祝福結婚をした新郎新婦たちは世界のどのような所でも、神様のみ言《ことば》と共に幸せな生活を営んでいます。それらの家庭はすべて、それぞれが幸せな一つの家庭なのであり、国際結婚か、そうでないかは関係ありません。

宗教が目指すべき最後の目的地は、宗教の要らない世界です。人類がみな善良な人間になれば、宗教は自然と必要なくなります。同じように、「多文化家庭」という言葉が消え、「神様のもとの一家族」、「皆が兄弟」になるとき、真の平等世界、平和世界が築かれるのです。その平和世界の最も根底、礎にあるのが、真の家庭、真の愛なのです。

私が持てるものをすべて与えても

「ショーシャンクの空に」は、私が印象深く観た映画の一つです。無念にも殺人の濡《ぬ》れ衣を着せられ、獄中生活をしていた主人公が、千辛万苦の末に脱獄し、自由を手に入れるというストーリーです。文総裁も無念な獄中生活を六度も経験したので、監獄に入れられた主人公の苦しみに深く共感し、感銘を受けた映画でした。

その映画の最後に、手紙を読み上げるシーンが出てきます。

　希望は良いものだ。たぶん最高のものだ。良いものは決して滅びない。

希望、真の愛、真の友情などは、どんなに時間が経《た》っても変わらず、その価値は消えません。真の愛は最も絶望的な状況においても、希望と勇気を呼び起こします。しかし今日、人々は道徳心を失い、物質万能主義に陥って、苦しみあえいでいます。これらすべての痛みは、自分を捨て、他のために生きる真の愛によってのみ、治癒されるのです。

私は毎朝、目を覚ますと、祈祷と瞑想《めいそう》で一日を始め、きょうは誰のために何をするかをじっくり考え、実践します。宗教的な教えや政治・社会改革も重要ですが、それだけで幸せな世界を築くことは難しいのです。寒さに震える隣人に一足の靴下を真心込めて履かせ、さらには全く見知らぬ人のために自らを完全に犠牲にしながらも、代価を求めず、与えて忘れてしまうのが真の愛です。

家庭連合は今、世界宗教になっていますが、ほんの三十年ほど前までは、まともな建物一つありませんでした。信徒が献金をすれば、そのお金は社会と世界のために使われたのです。宣教師が海外に出るときも、古びたトランクを一つだけ持って行きました。彼らは任地で働き、自分で稼いだお金で何とか教会を切り盛りしていったのです。信徒たちの献金は様々な国に学校を設立し、病院を建て、奉仕活動をすることに使われました。これらの活動はこの六十年間、うまずたゆまず続けられました。

このような奉仕をさらに体系的に行う必要性を感じ、私たちは一九九四年、社会団体「愛苑《エウォン》銀行」を設立して、全信徒が本格的な奉仕活動に取り組めるようにしました。炊き出しから始め、愛苑芸術団の公演、国際救援活動などを続けることで、国からも大きく認められました。

これをさらに広げていくために設立したのが、HJ世界平和財団の「圓母《ウォンモ》平愛奨学苑」です。「圓母」とは、「円い母」という意味ですが、母親は、あらゆる人の中で最高の存在です。同じ家族だとしても、それぞれ性格の違う一人一人を愛で抱き、睦まじい家庭を築いていく人が、まさに母親です。「平愛」とは、疎外されている人のために尽くしながら、高いも低いもなく水平にして、全宇宙を真の愛で満たすことを意味します。真の愛の種をまず蒔《ま》いてこそ、のちのち真の愛の芽が生え、すくすく育つのです。

私は文《ムン》総裁が聖和《ソンファ》した際、世界中から届けられた弔慰金をすべて、圓母平愛奨学苑の基金としました。また、宣教用のヘリコプターを売却し、その基金をさらに増やしました。私が最も重点を置いているのが、青年の人材を育て、奉仕と分かち合いを通して、平和の夢を実現していくことです。奨学事業は、圓母平愛奨学苑の最優先課題です。教育が人をつくり、人が未来をつくるという真理は、決して変わりません。知恵と徳を兼ね備えた人材を育て上げるというのは、地球の明るい未来のために絶対に必要なことです。私は夢とビジョンを持った世界の青少年に毎年奨学金を支援し、彼らを未来の指導者として育てています。

このような事業をするには、自分自身のことを忘れてしまわなければなりません。自分ではなく、他の人のことをまず考えるようになるとき、真の人生が始まります。持てるものをすべて与えても惜しくないという心で、隣人のために献身的に尽くさなければなりません。そうするとき、真の喜びが訪れるのです。その喜びすら忘れてしまえたとき、神様が私たちの元に訪ねてこられるのです。

痛むおなかを優しくさする母の手

「お母さん、おなかが痛い！」

子供がぐずると、母親は何も言わずにその子を膝に乗せ、手でおなかをさすってやります。それがガサガサに荒れた手であっても、しばらくするとおなかの痛みは、洗い流したように治まってしまいます。理屈では説明のつかない、最も原始的な方法ですが、それは最も効果的な愛の医術でもあるのです。私たちは誰もが、温かい母の手の感触を覚えています。その手こそすなわち、宇宙の母、平和の母として、全世界と人類を抱く私の手なのです。

人は体の具合が悪いとき、特に悲しみを感じるものです。幸福について語るとき、最も重要なものの一つが健康です。私たちが願う「清福」とは、たとえ財産や権力がなくても、自足しながら幸せに暮らす生活を意味します。「財産を失えば少しを失うこと、名誉を失えば多くを失うこと、健康を失えばすべてを失うこと」という言葉を、私たちは胸に刻まなければなりません。

しかし、誰にとっても生涯、病気にかからず生きていくというのは簡単なことではありません。具合が悪いとき、切実に思い出されるのは、母親の温かい手です。しかしその母親が、常に自分のそばにいてくれるわけではありません。

私は日本統治下の貧しい時期に、栄養失調で苦しむ人々を数え切れないほど見てきました。韓国動乱の最中、怪我と病気によって生活に支障を抱えた無数の人々を目撃しました。聖ヨセフ看護学校に入学した際には、私がすべきことを見つけたという喜びと誇りを感じました。しかし、人類と宇宙の母、平和の母になる中で、その天職はしばしば後回しにするほかありませんでした。

世界各国を巡回しながら、あと少しだけでも早く治療していれば命を救えたであろう子供たちを、たくさん見てきました。治療のタイミングを逃したために失明したり、手足を切断しなければならなかったりする不幸にも多く遭遇しました。それらの光景は私の心深くにしこりとして残り、どうすれば人々が真に健康な状態で生きることができるだろうかと、長い間悩むことになりました。また、他の国に行けば、私自身が外国人であり、体調が悪くなってもそのことをうまく伝えることができずに、困ったことが一度や二度ではありませんでした。

普段の生活の中でも経験できますが、母親の耳にはとりわけ、子供の泣き声がよく聞こえます。母の目には、子供の痛みがよく映るのです。子供が泣き出すと母親は直ちに聞きつけ、全力で駆けつけます。なぜなら、母親の神経と関心のすべては、ただ子女に向けられているからです。子供を助けるためならば、火の中にでもためらうことなく飛び込んでいくのが母親です。

私は看護学校に通っていた時に抱いた夢を実現しなければならない、と思いました。それは具合が悪かったり、心が傷ついたりしている人をあまねく包む、母親になることでした。そこで、病気によって苦しむ人々や韓国を訪れた外国人が、故郷にいるように安らかな気持ちで、母親の手の温《ぬく》もりを感じられる国際病院の設立を推進したのです。

一九九九年に設立認可を受けた後、約四年間の準備を経て二〇〇三年、美しい山と湖が広がる京畿《キョンギ》道《ド》加平郡《カピョングン》の地に、「HJマグノリア国際病院（旧、清心《チョンシム》国際病院）」が開院しました。

HJマグノリア国際病院は、単に一つの新しい病院を建てるということで始まったのではありません。病気を治療することを超え、真の意味での健康を実現するために誕生したのです。

健康とは、体の丈夫さだけを意味するのではありません。本然の人間は、心と体が調和して統一を成した存在です。そのため現代医学は、統一医学の観点から、新しく進むべき道を見いださなければなりません。統一医学は、真の愛と「原理」のみ言《ことば》を基盤にしています。この新しい統一医学をどこよりも先駆けて開発し、実践しているのがHJマグノリア国際病院なのです。天の恵みである美しい自然に囲まれる中、様々な国から来た医師たちが父母の心情で、患者のケアを行っているのです。

私たちは、これまであまり問うてこなかった一つの疑問について、考えてみなければなりません。

「信仰は、果たして健康を増進させることができるのか？」

この疑問に答えるのは、難しくありません。健康になるためには、心と体の調和が何よりも大切です。その調和をもたらしてくれるのが信仰です。HJマグノリア国際病院は、世界最高レベルの医術を備えているだけでなく、霊性治癒を通して病気の予防、治療をする技術においてもトップレベルの病院として挙げられています。その土台には、それまで孤児であった人類を、霊肉共に救おうとする独り娘、真の母の切実な祈りがあるのです。

健康は、健康な時にこそ意識すべきなのですが、私たちはこのシンプルな心得を、いつも忘れて生きています。忙しい日常の中で、心身のことを顧みる機会は、そう多くありません。神様は私たち人間に、「ふえよ」という祝福を下さいました。「ふえよ」とは、必ずしも子孫や物質的な繁栄だけを意味するのではありません。精神的、肉体的な繁栄も私たちの使命であり、私たちが味わうべき喜びなのです。ＨＪマグノリア国際病院は、その喜びのために奉仕することに、大きなやり甲斐《がい》を感じています。

毎年、ＨＪマグノリア国際病院医療チームを主軸とし、これに賛同する各界各層の多くの奉仕団員が東南アジアやアフリカへ医療奉仕に行っています。一本の注射、一錠の薬で危機を脱することのできる状況であっても、それを手に入れることができず、絶望の底に落ちる人が多くいます。一本のワクチンがないため、貴い命が失われることもあるのです。

私は彼らの苦痛を少しでも和らげるために、「ＨＪマグノリアグローバル医療財団」を設立しました。それは単に医療事業や病院運営のためではなく、医療の恩恵を受けられずにいる発展途上国の貧しい人たちのためです。そうして、病気や苦痛にあえぐ彼らのために、病院を建てたり、設備を支援したりするなどの医療奉仕を行ってきたのです。

私たち夫婦が医療奉仕事業を始めてから、数十年が経《た》ちました。これまでカンボジアをはじめ、東南アジアの様々な国に保健所を建て、運営してきました。多くの政府から感謝の証《あかし》として、感謝牌《はい》が届いています。

人間は、足の指先の小さな怪我であっても、その痛みを全身の苦痛のように捉えるものです。

「唯一の神様のもとの人類一家族」である私たちにとって、地球の片隅で感じる苦痛は、地球全体の、全人類の苦痛となることを忘れてはなりません。

第七章
青春の苦労は明日の太陽です

胸躍る夢に向かって青春を捧げる

今日の若者は多くの傷を抱えています。他の人と比べて自分が劣っており、見せられるものがないと嘆くことが多くあります。そうして、自暴自棄になったり、あきらめてしまったり、他人のせいにしたり、さらには今の時代を恨んだりするのです。しかし、直面している状況が厳しく、困難であればあるほど、自らを省みなければなりません。

青春時代には誘惑も多く、悩みも多く、欲求も多くあります。それらに克《か》つ方法は、志を立てることです。青春時代に志を持つことは、非常に重要です。また、若さはいつまでも続かないということも、知らなければなりません。

胸躍る夢に向かい、自分の青春を何の未練もなく完全に捧げなければなりません。その際、どのような志を持ち、誰と共にその志を果たしていくかが大切です。一日一日、人生を開拓し、能動的に生活することができなければ、悲観と落胆の沼にはまって抜け出すことができません。

ある青年は、いつも不平不満をこぼしています。

「努力すればよい、と大人たちは言うけれど……。努力していない人なんていますか？　努力してもうまくいかないから、さっさとあきらめるんです」

「私は悪くありません。社会が間違っているんだと思います」

悲観的な青年たちの不平不満は、常に自分自身ではなく、他者に向かっています。しかし、社会のせいにする前に、自分は燃え尽きるほど努力したことがあるのか、謙虚に振り返ってみなければなりません。青年が歩むべき道は、不平不満の道ではありません。犠牲と奉仕、愛を実践する、純粋な道でなければなりません。

私は韓国の大学生や青年を正しい道に導くため、大学巡回講演を何度も行いました。特に一九九三年の秋、大学四十カ所を巡回して講演をしたのですが、その路程は非常に長く険しいものでした。いくつかの大学では、反対する学生たちによって校門で追い返されることもありました。しかし、最終的に四十カ所すべての大学で講演をして、青年時代の志をどのようにして成し遂げていくのかについて、大学生に話したのです。

また、モスクワ、北京《ペキン》、ワシントンDCなどで青年大学生セミナーを開いたり、韓国と北朝鮮の大学生および教授たちを参加させて互いを理解し、統一を模索する意義深い場を持ったりもしました。

私は何より、人材育成を大切に思っています。未来の指導者を育てるために全世界の情熱的な青年たちを集め、「グローバルトップガン」という名のもと、人類の救いと世界平和に貢献するよう教育しています。

私は聖書に出てくる人物の中で、ヨシュアとカレブが好きです。二人とも名家の出身であり、八十歳を超えても天の前に忠誠を尽くした人物です。特にカレブは、不自由なものなど何一つない恵まれた境遇にありましたが、ヨシュアに謙虚に侍《はべ》って一つとなり、国と民族のために忠誠を尽くしました。私は、グローバルトップガンの人材をヨシュアとカレブのように、天の前に精誠を尽くすことのできる人材となるよう育てています。

新羅《シルラ》は国の将来を見据えた上で、指導者を育てました。指導者層の子女たちで構成された「花郎徒《ファランド》」という団体を組織し、国のリーダーとなる人々を育てたのです。「花郎《ファラン》」という言葉には、「花のように美しい若さ」という意味が込められており、「忠節」、および「未来に向けた挑戦」を象徴しています。

花郎徒では、青少年に学問や武術はもちろん、自然の中に入って心を治める術《すべ》まで教えていました。彼らは階級間の葛藤を調整する役割を果たすとともに、戦に出れば絶対に退かず、最後まで戦い抜いたのです。このような潔く誇らしい花郎徒精神により、新羅は三国を統一することができました。

未来を担う人材を育成するためには、時を逃してはいけません。自分の両親よりもさらに大きく天の前に忠孝を尽くす人になるという覚悟のもと、勉強はもちろん、熱心に信仰生活に励むように導かなければなりません。そこで私は、「天宙平和統一国（天一国《てんいちこく》）」を建設する未来の人材を育成するため、花郎徒を凌駕《りょうが》する「孝情郎《ヒョヂョンナン》」という名で、特別教育を行っています。

未来の主人は、青少年です。どのような困難が迫ってきても、自分を磨いて必ず勝利し、自らの置かれた場所で心身の限りを尽くして、天の父母様と歴史に末永く記憶される孝子、孝女、忠臣となる青年を輩出しなければなりません。今、経験している苦労は、明日の揺るぎない礎石になるということを、しっかりと伝えなければならないのです。

青年の情熱は燃えたぎる松明《たいまつ》

サミュエル・ウルマンの「青春」は、私の好きな詩の一つです。中でも、「青春とは人生のある時期を意味するのではなく、心の姿勢を意味する」という句が好きです。青春とは、必ずしも若い時代だけを意味するのではありません。胸躍る思いさえあれば、年齢を問わず、誰でも青春のように若々しく生きることができるのです。

一九八四年に「世界大学原理研究会（W－CARP）」の会長となった長男の文孝進《ムンヒョヂン》は、一九八七年、第四回総会を西ドイツの西ベルリンで開催しました。会場の外には共産主義者が集まり、激しく騒ぎ立てながら反対デモを行っていました。総会の最後に、孝進は勇敢に宣言しました。

「これから、ベルリンの壁に向かって行進します！」

反対する者たちの脅しや妨害を押し切り、二時間、行進をしてベルリンの壁に到着した彼らは、もみ合いの末、あとをついてきた共産主義者たちをみな追いやりました。孝進は涙ながらの演説を行って聴衆に感動を与え、二千人以上の若者がベルリンの壁を前にして切実な祈りを捧げて、力強い声で「私たちの願いは統一」の歌を一斉に歌いました。その祈りと歌が種となり、数年後、ベルリンの壁が崩れたのです。

その日、孝進《ヒョヂン》が青年たちと共に歌った歌は、世界の歴史を大きく変える出発点となりました。青年の情熱は国境を超え、障壁も崩します。しかし、最近の一部の青年たちは、チャレンジ精神が衰えているように見えます。チャレンジ精神を持った人こそ、真の青年なのです。

昔、韓国の知恵深い先祖たちが花郎徒《ファランド》をつくり、青少年を修練の場に送って心身を鍛錬させたことは既に述べました。そのような伝統を、過去の遺物だといってなおざりにするのではなく、新たに蘇《よみがえ》らせてその真の価値を見いだし、心を浄化する修練の道場としなければなりません。

私たち夫婦は、青年が現実の暗鬱さに埋没し、夢をあきらめたり、目標も持たずにさまよったりする姿を見て、非常に心を痛めました。また、正しい目標を持っていながらも、一人では手に負えずに苦労している姿を見て、彼らを助けようと心に決めました。こうして、世界の青年を一つに束ねる「世界平和青年連合（ＹＦＷＰ）」を創設したのです。

一九九四年、アメリカのワシントンＤＣに「愛天、愛人、愛国」の精神で正しい価値観を確立し、真の家庭を実現できる人間となるために、活気あふれる青年たちが集いました。このワシントンでの創設大会を皮切りに、世界に広がった世界平和青年連合は、一年も経《た》たないうちに百六十カ国で支部を結成しました。短期間でそれほどまでに発展したのを見れば、青年の情熱がどれほど燃えたぎっているかがよく分かります。

これまで世界平和青年連合は、国際交流、倫理道徳の確立、真の家庭の実現に力を注いできました。また、韓国と北朝鮮の青年、世界の青年が共に集い、民族の願いであり世界平和の近道となる南北統一を成し遂げるため、誰よりも先頭に立っています。

二〇一七年二月には、「世界平和青年学生連合（ＹＳＰ）」という名称で、新たな青年運動を出発しました。

心と体を磨くのは、一生をかけて行うべきことですが、特に青年期にそれを行うことは、非常に重要です。岐路に立たされたとき、利己的な欲望の道に足を踏み入れるのか、善なる夢に向かって進むのか、その方向性を決定する時期が青年期です。第二の人生が開かれるその時期に、光り輝く勇気と夢を持って、「美しい青春」を過ごさなければなりません。

青い海に未来の清々しい夢があります

私の故郷、平安南道《ピョンアンナムド》の安州《アンヂュ》の村には、小川が流れていました。あらゆるものが凍りつく真冬を除けば、いつもせせらぎが聞こえてきました。私はその小川の水と友達になり、様々な真理を学びました。

水は常に上から下に流れます。また、水は周りに合わせて自分の姿を変えながら、すべてを包容します。さらに、水は二重性を持っています。穏やかなときは安らぎとロマンを抱かせてくれますが、怒り狂うと、あっという間にすべてを呑《の》み込んでしまいます。ですから、その水が集まってできた海は、まさに恐ろしい存在でもあるのです。しかし私は、その海を心から愛しています。海には神様の深い意《こころ》があり、人類の将来があるからです。

私が水を愛したように、夫も水を非常に好んでいました。私たち夫婦は忙しいスケジュールの合間を縫って、川や海に出掛けました。それは単に素晴らしい風景を楽しんだり、のんびりと釣りを楽しんだりするためではありません。世界の人々に、人類の未来は川と海にあると気づかせるためでした。

私たちは特に、南米のアマゾン川とパラグアイ川、アメリカのアラスカとハワイを海洋摂理の中心として定め、青年たちを訓練しながら、川や海の開拓に誠心誠意、取り組みました。食糧問題を解決する方法の一つとして、魚類やオキアミを利用した高タンパク食糧である魚粉（フィッシュパウダー）を生産し、貧しい国で飢餓に苦しむ人々を助けました。

二〇〇〇年代の初めからは、青く澄んだ海を擁する地、麗水《ヨス》を開発し、世界中の人に韓国の美しさを見てもらえるようにしました。麗水の蘇湖洞《ソホドン》に「ジ・オーシャン・リゾート」を建て、韓国を海洋レジャー産業先進国にしていく土台も築きました。麗水から入ってきて大陸に広がっていく経済の流れは、韓半島の統一と世界平和の基盤となるでしょう。

アメリカのグロスター港の近隣海域は、マグロ漁で有名な所です。荒々しいその海で、私たちは明け方から船に乗り込み、大人の背丈よりも大きなマグロと格闘しました。遠海に出てマグロを一匹釣ろうとすれば、一日中、波にもまれなければなりません。その波に身を任せ、朝から晩まで海の上に浮かんでいるのは、途方もない苦行です。

しかし、私たち夫婦はその苦行を生涯かけて行いながら、人類の救いと世界平和の道を探し求め、精誠を尽くしてきました。そのたびに、海は私に包容力を養わせ、平等に対する悟りへと導いてくれました。

また、私たちは信徒にも魚釣りの訓練をたくさんさせました。厳しい海釣りを通して、将来世界のどこに行っても活動できる指導者に育てるためでした。

アラスカのコディアク島に滞在していた時、私たち夫婦の教えを聞こうと、世界の様々な所から青年たちが訪ねてきました。私は彼らに説教や演説はせず、すぐにこう言いました。

「海に出てください。海に神様のみ言《ことば》があります」

青年たちは夜も明け切らないうちに起き出すと、膝まである大きな長靴を履き、氷のように冷たい冬の風に吹かれながら、遠海へ出ていきました。そうして、どこを見回しても何もない海の真ん中で、サケやハリバットを獲《と》るために死闘を繰り広げたのです。

ハリバットは「オヒョウ」とも言うのですが、主に、海底に体を伏せて生息している魚です。

私はコディアクで、九十キロを超えるハリバットを釣り上げたことがあります。そこまで大きな魚になると、船に引き上げた時、甲板をものすごい力で打ちつけるのです。まっすぐ吊《つ》り下げると、女性が三人後ろにまるまる隠れ、見えなくなるほどです。鳴き声も、どれほどけたたましいか分かりません。

夜が更けてようやく釣りから帰ってきた青年たちは、体こそ疲れてくたくたになっていましたが、心は喜悦に満ちていました。たとえ魚が一匹も釣れていなかったとしても、忍耐心、激しい波に対して挑戦し克服する姿勢、自然の道理を学んだからです。私たち夫婦はそれを「アラスカ精神」と呼びました。

青年が度胸をつけたければ、海に出ればよいのです。陸地では道に沿って進んでいれば安心ですが、海はそうではありません。昨日までは穏やかな湖のようだった海が、今朝には凶暴な波が荒れ狂う海に変わるのです。その波の上で自らを厳しく訓練する青年であってこそ、遠大な夢を成し遂げることができます。

西洋に、「一匹の魚を与えれば一食食べられるが、魚の獲《と》り方を教えれば一生食べられる」ということわざがあります。釣りさえできれば、飢え死にすることはありません。飢えに苦しむアフリカにも川や湖があります。ですから、魚の獲り方を教え、養殖する方法を教えてあげればよいのです。私たち夫婦は、そのような仕事にずっと前から取り組んできました。

私が海を愛する理由は、それが強靱《きょうじん》な心と体を育ててくれるからだけではなく、人類の未来がまさに海にあるからです。海は陸地よりもはるかに広大です。深い海の底には、私たちがいまだ知らない宝物が眠っています。海を開拓する人が、世界を導く人になるのです。

海は青いです。青春も青いです。この二つが出合えば、未来が変わります。私がそうだったように、青年は腕をまくって海に飛び込む、勇猛な人にならなければなりません。

天と人と国を愛して

私は日本統治時代の終わり頃に生まれ、抑圧のもとで育ちました。解放を迎えた後は、共産党からの宗教弾圧を受けながらも神様に侍《はべ》って生活し、自由を求め、命懸けで南に下りてきました。また、戦争が始まるとソウル、大邱《テグ》、戦争が終わってからも済州《チェヂュ》、春川《チュンチョン》などの学校を転々としながら、浮き草のような生活を送りました。ですから、学びに対する渇望は、誰よりも強くあったのです。

韓国動乱後の混乱期、私は困難な中で、ソウルの聖貞《ソンヂョン》女子中学校を卒業しました。この私の母校は、まさに一生忘れられない人生の揺籃《ようらん》でした。青少年時代に過ごす学校は、人生においてそれほど重要な意味を持つのです。

三十数年後、母校を訪ねてみると、校名は「善正《ソンヂョン》」に変わっていましたが、私を教えてくれた先生方が数名、変わらず勤めていらっしゃいました。先生方は私のことを覚えていらっしゃり、私もまた、先生方を忘れることはありませんでした。私たちは喜びにあふれ、昔の大変だった時代のことをしばし語り合ったものです。

善正《ソンヂョン》中学校は今や、統一家の一員となりました。私の母校として、真の教えを実践し、教育の模範を示しています。

私たち夫婦は苦学生を見ると、自分たちが苦労した頃が思い出されるので、彼らが空腹に困らずに勉強に専念できるよう、援助しました。さらに、すべての青少年が自分の夢を成し遂げられるよう、韓国はもちろん、六大陸に幼稚園から大学院まで、様々な学校を建てました。アメリカには中学、高校、神学校、四年制の総合大学があり、韓方医学も教えています。南米やアフリカには農業、医学を教える専門技術学校をはじめ、世の中に必要とされる学校を設立しました。

それらすべての学校では、「愛天、愛人、愛国」の建学精神に則《のっと》り、世界のために献身する人材を育てています。「愛天」とは、神様を愛するということです。真の愛と真理の本体であり、人格の原型であられる神様を正しく知り、そのみ旨に従って生きていくことです。「愛人」とは、ために生きる生活を実践し、共に生きる市民精神を育むことです。「愛国」とは、祖国を愛し、自分に与えられた才能を伸ばして、神の国をつくり上げていくことです。

一九七四年、私たちは韓国に、リトルエンジェルス芸術学校を設立しました。それに先立つ一九六二年、苦労に苦労を重ね、リトルエンジェルス芸術団をつくったのですが、リトルエンジェルスは瞬く間に、世界を巡回するまでに成長し、行く先々で韓国の美しさと伝統文化を披露して、多くの人から拍手喝采を浴びることになりました。その天使たちをさらに育てるため、リトルエンジェルス芸術学校を設立したのです。

今やそれが仙和《ソヌア》芸術中・高等学校へと発展し、芸術分野のグローバル人材を育成する学校に成長しました。その校門に入ると、「Gateway to the World（この門は世界に通じる）」という言葉が、真っ先に出迎えてくれます。この学校出身の世界的な声楽家やバレリーナなどが、今この時間にも、地球のあちらこちらを飛び回りながら活動しています。

リトルエンジェルス芸術学校の設立から数年後には、景福《キョンボク》小学校を引き継ぎ、その後も善正中学校と善正高校、善正国際観光高校が、統一家の誇る学校となっています。

景福小学校は一九六五年に開校した、歴史と伝統のある学校です。

善正中学校と善正高校は、知識教育を超え、人格教育と心情教育を行うためにあらゆる努力を傾けています。さらに、世界的な人材を育成するという目標のもと、様々な国から来た留学生が一緒に学んでいます。

善正国際観光高校は、「観光産業をリードする人材の育成」に目標を置く特別な学校です。この学校では毎年五月十五日の「師匠の日」に、脱北した教師を招請して「南北の教師が共に迎える師匠の日」という行事を開催し、迫りつつある統一に備えています。

清心《チョンシム》国際中・高等学校は、青々とした水をたたえる清平《チョンピョン》湖のほとりにある、私立としては韓国初の国際中・高等学校です。世界的指導者として活躍する人材を育てるため、長い間、精誠を尽くして最高の学校を設立しました。二〇〇九年に送り出した最初の卒業生をはじめ、多くの卒業生が国内の優秀大学はもちろん、アメリカのアイビーリーグや日本の名門大学など、世界的な大学に進学しています。将来、清心が育てたグローバル人材が世界平和に寄与すれば、それが清心にとって大きな功績となり、誇りとなるでしょう。清心の卒業生たちが世界の舞台で活躍する日がすぐそこまで近づいています。その時、韓国は教育先進国としてその名を轟《とどろ》かせることでしょう。

私たちは何よりもまず、教育に心を尽くし、精誠を込めなければなりません。人材は、自然にでき上がるものではないし、テストの点を取るための勉強をさせれば育つというものでもありません。そのため、私は青少年向けの人格教育の教材を開発し、世界的に普及させるということもしました。

私たちは彼らが、強靱《きょうじん》な体力と優れた人格と共に、知識と知恵を兼ね備えられるよう、導いてあげなければなりません。そのような真の人材を育てる責任が、私たちみなにあるのです。

世の中を新たにする天地開闢《かいびゃく》鮮文《ソンムン》学堂

一九八九年十一月三日は、私にとって忘れることのできない一日です。その日、韓国・忠清《チュンチョン》南道《ナムド》天安《チョナン》市の成和《ソンファ》大学で開かれる昇格および本館竣工《しゅんこう》記念式に参加するため、私は信徒たちと共に現地に来ていました。するとそこに、ソウルから電話がかかってきたのです。

「洪順愛《ホンスネ》お母さまが危篤状態です。もうあまり時間が残されていません」

私は記念式が終わった後、急いでソウルに戻りました。意識が次第に薄れていく母を囲んで、信徒たちが聖歌を歌っていました。私が抱きかかえると、母は少しの間、目を開いて私をじっと見つめ、また目を閉じました。それが私と母の、この世での別れでした。

母が聖和《ソンファ》した時、同じ氏族として訪ねてきたのが、私がのちに鮮鶴《ソナク》平和賞の委員長を委嘱した洪一植《ホンイルシク》博士です。彼は生涯を大学教育に捧げてきた人で、孝の思想に造詣が深い大家です。洪博士から見て、母はおばのような立場に当たるため、彼は母の聖和式に来て、礼を尽くしたのです。

洪博士は一九七〇年代に『中韓辞典』を作ろうとしていたのですが、当時は韓国社会が中国語の必要性を認識できておらず、政府や大学でプロジェクトを支援しようとする人はいませんでした。そのことを知り、文《ムン》総裁と私は彼の仕事を快く手伝ったのです。それがきっかけで、彼は統一運動に積極的に協力してくれるようになりました。

母は成和大学が正式に大学として昇格し、本館が竣工することをとても喜んでいました。その記念式が行われる日まで、意識が途絶えないようにしていたのです。

　その後、成和《ソンファ》大学は鮮文《ソンムン》大学として新たに生まれ変わり、今や世界の名門私立大学として成長しています。その始まりは、一九七二年まで遡ります。その年、京畿道九里《キョンギドクリ》市にあった中央修練院に統一神学校を開校し、将来大学へと発展できるよう、礎を築いたのです。「成和大学」という名称を経て、約二十年後の一九九四年、「鮮文大学」という新しい名を持つようになったこの学校は、今や韓国を代表するグローバル大学となりました。私たちは「天地開闢《かいびゃく》鮮文学堂」という揮毫《きごう》を掲げて、鮮文大学の設立精神としました。この言葉には、天地間のすべての原理と道理を人々に教育することによって、新たに変化を起こす、という根本哲学が含まれています。

　しかし、大学教育を始めた当初は、様々な困難にぶつかりました。統一教会が運営する大学、という先入観を持たれていたためです。私たち夫婦は学問が発展することを願って、全面的な支援をしました。海外の有名な博士を招き、講演をしてもらうということも頻繁にありました。たった一時間の講演のために、数千万ウォン（数百万円）を払ったこともあります。学校の隣に飛行機が離着陸できる場所を造り、専門分野を担う海外の学者が直に大学を訪問できるようにするという計画まで立てたほどでした。

　文《ムン》総裁は教授陣を非常に尊重しましたが、与えられたミッションを彼らが疎《おろそ》かにすることは決して許さず、教授を評価するのは設立者や他の教授ではなく学生であることを強調しました。そのように精誠を込めて投入する中で、徐々に優秀な学生やその父母たちに支持される大学へと変貌を遂げていったのです。また、外国人留学生が韓国内で最も多い大学となりました。最近では様々な評価で最優秀ランクに認められるとともに、政府が主管する教育事業に何度も選定され、実績を築いています。

　鮮文大学は伝統を重んじつつ、時代を変革していく大学です。学生を教えるに当たって模範となるため、そして世界の知識人たちと学問の交流を図ることができるように研鑽《けんさん》を積むため、夜でも研究室の明かりが煌々《こうこう》と輝いています。その光は、明け方になっても消えることはありません。深く根を張るほど木がよく育つように、深く学問を研究し、深く教えるほど、大学が成長するのです。

　鮮文大学は、企業と社会が求めるカスタマイズ型の教育カリキュラムを実施して社会で活躍できる人材を育成するとともに、学問を発展させるために海外交流を積極的に支援することで、世界の名門大学へと生まれ変わりつつあります。鮮文大学を設立した目的は、韓国だけのためではなく、世界のためなのです。

　世の中の勉強をすることも大切です。良い大学に行き、良い職場に勤めることも大切です。しかし、それは地上での生活のためにすることにすぎません。私たちには、永遠なる天上世界があることを知らなければなりません。

　二世圏の若者たちは、ダイヤモンドの原石です。磨けばどこに行ってもキラキラと輝く、最も価値ある宝石になるのです。私は鮮文大学を世界的に優秀な大学、世界最高の大学にし、卒業生が世界に出て、「鮮文《ソンムン》大学出身です」と自信を持って言えるようにします。

鮮文大学は今後も、グローバル人材を育成していきます。中でも神学科は、誰もが行きたいと思うような士官学校として、世界的な指導者を育成する役割を担うことでしょう。

生涯をかけて私たちが設立してきた学校は、幼稚園から大学院に至るまで、世界各地に非常に多くあります。それは、より多くの人材が、神様の心情を抱き、平和世界を築くことに献身できるようにするためです。子女が神様のみ旨の中で純潔を守り、美しく成長できるよう、父母として、情熱を持って汗を流さなければなりません。息子、娘を自分の子女としてではなく、建学理念を通して神様の子女として誇らしく育てることが、私たちの真の願いなのです。

青年学生連合は私たちの未来であり、希望

「文《ムン》総裁の使用されていたヘリコプターをお売りになるらしいですよ」

「歴史的に貴重なものなので、博物館に展示して保管すべきではないでしょうか?」

文総裁の聖和《ソンファ》後、私が最初に取り組んだのが、未来を担う人材を育成するために「圓母《ウォンモ》平愛奨学苑」を設立することでした。伝道をし、伝統を相続することも大切ですが、後代を育成できるようにしっかりとした基盤を準備することも重要だったからです。そのため、文総裁が使用していたヘリコプターを売却して元手とし、様々な事業の収益金を合わせて、毎年百億ウォ

ン（約十億円）以上のお金を奨学金として使えるようにしたのです。

これを通して、韓国はもちろん、日本、東南アジア、アフリカなど、世界中の優秀な学生に奨学金を支給し、彼らが勉強に打ち込めるように支援しました。周りからは、文総裁が使用していたヘリコプターを処分することに対して残念に思うという声も多く寄せられていましたが、私は未来を担う人材を育てるため、決断しなければならなかったのです。

私はこれまで、地の果てまでみ言《ことば》を伝え、多くの人々が祝福結婚式に参加できるように心血を注いできました。しかし、それに劣らず大きな比重を置いていたのが、未来を担う人材を育成することなのです。

子供たちがコマを回すとき、最初は大変ですが、一度回り始めれば、力を加え続けなくても回るようになっています。奨学財団も同じで、最初に設立する時は大変ですが、一度設立すれば回っていくようになり、後進を育てるに当たって大きな役割を果たすことができるのです。

教育には時間がかかります。特に青少年教育は、なおさらそうです。彼らが美しく、正しく成長できるように垣根をつくって風を防ぎ、二十四時間、見守らなければなりません。人が誕生するまでには、母親のおなかの中で十カ月という期間を過ごす必要があります。そのように長い準備期間を経て誕生したとしても、その赤ん坊がすぐに歩き出すことはできません。成長期間がさらに必要なのです。

一九九四年、文《ムン》総裁と私がアメリカのワシントンＤＣで創設した「世界平和青年連合（ＹＦＷＰ）」は、韓国では一九九五年に社会団体として登録されました。青年連合は左翼と右翼の理念の壁を超え、和解とために生きる生活を通して、真の愛を実践する共同体を目指しています。中国の北京《ペキン》で韓国と北朝鮮の大学生が参加する中、平和セミナーを開催するなど、南北の青年交流にも大きく寄与しました。また、世界各国に支部を置き、青少年純潔キャンペーン、エイズ予防教育など、様々な活動を展開してきました。

二〇一七年二月には、「世界平和青年学生連合（ＹＳＰ）」という新たな名称を掲げ、京畿《キョンギ》道《ド》加平郡《カピョングン》にある孝情《ヒョジョン》国際文和財団の大講堂で総会および出征式を行いました。私は参加者に、「天一国《てんいちこく》建設のための精鋭部隊になってほしい」と呼びかけました。同年六月、タイのバンコクで一万二千人の青年が参加して行われた「ＹＳＰアジア・太平洋圏創設大会」では、「孝情の心情文化の主役となり、世を照らす灯火になろう」と訴えました。

二〇一九年九月、アフリカのサントメ・プリンシペという国で、アフリカサミットと祝福行事が行われました。そして、祝福結婚式の翌日には青年や学生が四万人集まり、「青年学生平和祝祭」が開かれたのです。

美しい海を望む広場全体が若者たちで埋めつくされる中、「孝情文和苑」という組織の主管のもと、「ＹＳＰ青年学生歌謡祭」や多彩な孝情文化公演、アーティストによる特別公演が行われました。これはサントメ・プリンシペにおいて、若者による最も大きな祝祭、国のすべての青年や学生が参加した国家レベルの祝祭となったのです。首相夫人をはじめ、大臣がみな出席し、この青年学生祝祭を祝いました。

私は集まった青年たちに、希望と励ましのメッセージを惜しみなく伝えました。

「サントメ・プリンシペの希望は皆さんです。ピュアウォーターである皆さんによって、この国に天の父母様の願われる地上天国ができるのです」

十八世紀、フランス革命が起きた当時、ルイ十六世は自国の民を信じることができず、スイス人の傭兵《ようへい》に頼りました。こうして、スイス人の傭兵が、フランスの王宮を守るために戦うことになったのです。彼らは最後まで一人も逃げ出さず、責任を果たしました。現在、バチカンを守っているのもスイス人の傭兵です。

今、真の父母を迎え、神様の夢を成し遂げるための天一国の役事《やくじ》が起こっています。天一国時代、真の父母に侍《はべ》る青年学生連合は、まさにスイス人の傭兵のように、いかなる困難に遭っても決して退かない、不屈の精神を持たなければなりません。青年学生連合の一人一人が、真の父母を誇り、み旨をかなえる孝子、孝女、天一国の忠臣の位置に立っているのです。

第八章

家庭は最も貴い宝石です

自らの命までも捧げる家族愛

「愛している」

これは最も甘い言葉であり、あらゆる命が宿る時になくてはならない言葉でもあります。しかし一方で、原理を外れると、これは無責任な言葉にもなるのです。愛は人間にだけあるのではありません。神様は動物にも、愛と繁殖の権利をお与えになりました。ですから動物もつがいとなり、子供を産んで育てるのです。しかし動物には、オスとメスの間における責任はありません。一方、人間においては、愛の自由と共に、必ず責任が伴うのです。

夫婦が愛の神聖さを信じ、責任を果たすとき、幸せが宿る家庭が築かれます。人はみな、真の愛によって真なる夫婦となり、子女を生んで真なる父母にならなければなりません。「家和《いえわして》万事成《ばんじなる》」という言葉は、昔も今も、変わることのない価値を教えてくれます。幸せな家庭を築く上で最も重要な要素が、真の愛です。それは、愛せないものまでも愛し、時に、自らの命までも喜んでなげうつことができる愛なのです。

二〇一九年の初め、中米のベリーズで、非常に心痛い事件が起こりました。一九八八年に祝福を受け、み言《ことば》を伝えるため、九六年に夫人がベリーズに赴いた後、家族で現地に移住していた家庭があったのですが、ある晩、彼らの家に強盗が銃を持って押し入ったのです。当時十九歳だった息子が、先に襲われた父親をかばって代わりに銃弾を浴びて亡くなり、父親も重傷を負いました。

私はその報告を受け、しばらくの間、目を閉じたまま、何も言葉にできませんでした。皆が常に平坦《へいたん》な道を歩むということはできませんが、このような事件は、本当に胸が痛みます。私は誰よりも、家族と別れる苦しみ、それも今生の別れとして家族を送り出す苦しみを知っています。私もまた、子女を四人も先に送り出しました。

ベリーズの事件で子供が親をかばったように、親もまた、子供が危険にさらされたときは水火も辞せず、助けようとするものです。家族愛は、神様が本来願われていた愛であり、中でも親子間の愛は神様の愛をそのまま表す、最も献身的な愛です。

このように外から突然降りかかる不幸もありますが、一方で、家庭内のことが原因となって起こる不幸もあります。私たちが生きるこの世界がいまだ平和でない主な原因の一つが、夫と妻の不和です。地球には七十七億の人が住んでいますが、突き詰めれば、それは二人に集約されます。男性と女性、すなわち夫と妻の二人です。

無数の人間が共に暮らし、様々な関係を結ぶ中で、毎日複雑な問題が起きているように見えますが、実のところ、あらゆる問題が、男性と女性の二人の間で起きたことが発端になっているのです。その二人がお互いを信じ、愛し、責任を果たせば、誰もが夢見る、幸せな世の中になるのです。

幸福は、自分が暮らす家庭で平和を実現することにより得られます。真なる父母と真なる夫婦、そして真なる子女が平和な家庭を築くなら、幸福は自然に訪れます。仲睦まじい家庭を築くには、父母と子女、孫が心を一つにしなければなりません。

その家にいくら難しい出来事が起こったとしても、父母が子女を愛する心、祖父母が孫を愛する心は変わってはいけません。孫は祖父母を尊敬し、愛さなければなりません。このようにして、三代が一つ屋根の下で共に暮らす家庭が、一番幸せなのです。

父母が子女のためにしたのと同じように、子女が親にすることができれば、その子供は本物の孝子です。忠臣になる前にまず孝子となり、兄弟姉妹も愛さなければなりません。

また、男性も女性も、結婚するまでは真なる孝子、孝女にはなれません。結婚して夫婦となり、親に自分の子供を見せてあげてこそ、真の孝子、孝女と言えるのです。

家庭は、世の中で一番大切で、幸福な場所です。父母がいるからうれしく、兄弟姉妹がいるから温《ぬく》もりを感じるところです。

人は誰しも、故郷を慕いながら生きています。異郷の地に住んでいたとしても、心の底から慕わしくなるのが故郷であり、本郷の地です。中でも、その切ない郷愁を最も強く感じるのが、家庭なのです。

犠牲という一輪の花を捧げる

「この結婚には、絶対反対だ！」

「すぐに取り消せ。こんな結婚式が世の中のどこにあるっていうんだ！」

「私の娘を連れていった上に、こんな結婚をさせるなんて……ああ、悔しい」

建物の中では新郎新婦たちが花束を持って厳粛に立っているのと対照的に、外ではその親たちが群がってわめき立て、暴れています。挙げ句の果てには、練炭の灰を投げつけ、それが中にいた新婦にかかるということもありました。

一九六〇年代、統一教会の合同結婚式が行われるようになった時、世間は非常に驚きました。そして、本来祝われるべき神聖な結婚式の場が、反対する親たちによって、修羅場になったのです。その時に受けた迫害と非難は、筆舌に尽くし難いものでした。しかし痛みと反対を乗り越え、合同結婚式はこれまで半世紀以上の間、世界各地で行われてきています。

昔も今も、家庭連合の合同結婚式は、愛と犠牲の象徴となっています。本来、愛には犠牲が伴うものです。「愛とは、自分を捨てる痛み」と詠《うた》った詩人もいます。自分を捨てなければ、真の愛を実らせることはできません。

男性は女性のために、女性は男性のために生まれました。ですから愛する人のために、自分自身を喜んで犠牲にし、奉仕するのです。

「あなたは良い大学を卒業し、良い職場にも勤めています。しかし、あなたの相手となる女性は、学校をまともに出ていないし、家も貧しいです。それでも結婚しますか？」

　こう聞けば、ほとんどの人が首を横に振るでしょう。しかし、家庭連合の信徒たちは大きな声でこう答えるのです。

「はい、ありがとうございます」

　結婚とは、互いに不足な部分を補い合いながら、相手のために一生懸命、生きていくことです。家庭連合の新郎新婦はその真理を感謝して受け入れるのですが、親たちは必死になって反対するのです。中でも最も苦労したのが、韓国と日本のカップルでした。

「私が日帝時代に受けた苦しみを考えると、今でも虫唾《むしず》が走る。なのに、その怨讐《おんしゅう》の国の娘と結婚するとは……。うちの家系に日本の嫁を入れることは絶対にできない！　絶対ダメだ！」

　イエス様は、「怨讐を愛しなさい」と語られました。怨讐を愛してこそ、平和な世界を築くことができるのです。しかし、それを普通の人が実践するのは、簡単ではありません。親に認められない悔しさを抱いたまま、唇を噛《か》んで合同結婚式を挙げた新郎新婦たちは、結婚後も茨の道を歩みましたが、中途で投げ出すことはしませんでした。彼らは子女を生み、幸せに暮らしています。

　二〇一八年の秋、希望前進大会が京畿《キョンギ》道《ド》加平郡《カピョングン》の清心《チョンシム》平和ワールドセンターで開催されました。

「孝情《ヒョヂョン》スピーチ」という時間に、全羅南道《チョルラナムド》の長城《チャンソン》教会に所属する女性が舞台に上がり、証《あか》しをしました。

彼女は日本で公務員として、不自由のない生活をしていましたが、祝福結婚をして、一九九八年に韓国に嫁いできます。甘い新婚生活を期待していた彼女でしたが、実際にはそのような平凡な幸せすら、訪れることはありませんでした。

てんかんの持病があった夫は、普段は落ち着いていても、ストレスを受けると発作を起こしました。そのうち、薬の副作用からか、次第に無気力となり、どんなことにも関心を持たず、感動を覚えることもなくなっていったのです。彼女は、夫と離婚して日本に帰ろうという思いで頭がいっぱいになったといいます。

そこで、ＨＪ天宙天寶《てんぽう》修錬苑に行って解決を願う祈りを捧げたら、少しは気持ちが楽になるだろうと思い、修錬苑で神様にすがって祈ったのです。

すると数日後、突然、天から声が聞こえてきました。

「愛する我が娘よ！　私がお前を愛するほどに、私はお前の夫のことも愛している。体が弱く、寂しい思いで暮らしているかわいそうな息子だ。お前が私の代わりに、面倒を見てくれないだろうか？」

彼女はその場で心から悔い改め、痛哭《つうこく》しながら赦《ゆる》しを乞いました。

その後、心を開いて夫を愛していく中で、神様は彼女に、かわいらしい男の子を授けてくだいました。すると夫にも、変化が現れたのです。体が健康になり、働き口も見つけられて、家庭が安定しました。今は五人の子女を育てながら、幸せに暮らしています。

大会が終わって少ししてから、在韓の日本人宣教師の集会を持ったのですが、韓国全土から四千人を超える日本人婦人が集まりました。ちょうどその日が誕生日だった数人の婦人にささやかなプレゼントを渡しながら、私は彼女たちに、今まで夫から誕生日プレゼントをもらったことがあるかと尋ねてみました。するとほとんどの人が、生活に追われるばかりで、誕生日も忘れて過ごしていたというのです。しかし、それに不満を持っている人は一人もいませんでした。

彼女たちはこれまで、長い人で三十年間、韓国で生活しながら、困難にぶつかるたびに神様のみ旨と真の父母を思い、乗り越えてきました。さらには、日本の過去の過ちを代わりに蕩《とう》減《げん》するという覚悟で、犠牲を払って歩んできたのです。どれほど貴いことでしょうか。柳寛《ユグァン》順《スン》烈士の精神を胸に刻んで、韓日和合のための活動もしています。

幸福は、あらゆるものがそろっている状態で訪れるとは限りません。不足なものがある中でも感謝の思いを持てば、知らず知らずのうちに訪れてくるものなのです。自分よりもはるかに恵まれない人、さらには自分の怨讐《おんしゅう》の国や民族、家系の人と結婚するときこそ、まさに神様の役事《やくじ》が起こり、天運が宿る幸福が訪れるのです。財産や職業を問うてはならないし、容姿に心を惑わされてもいけません。本物の人格を備えた、温かい心の持ち主となることが、最高の配偶者になる道なのです。そのようにして、自らの愛をすべて捧げるとき、価値ある人生となるのです。

韓国、そして世界各地で開催されてきた家庭連合の合同結婚式は、人類歴史上、最も神聖で貴重な行事です。これまでに祝福結婚をした新郎新婦は、数億組に上ります。今や世界のどの国に行っても、祝福家庭が必ずいます。韓国人の夫と日本人の妻、アメリカ人の夫とドイツ人の妻など、国際家庭が幸せに暮らしています。言語の違いや生活習慣の違いなどはいずれ克服できます。大切なことは、夫婦が互いに愛し合い、神様のみ旨を実践しながら生きていくことなのです。

一本のあばら骨が意味すること

西洋には「偉大な男性の背後には、必ず偉大な女性がいる」という格言があります。このように、男性がより完全になるようにサポートする存在が、女性です。妻がいなければ、夫は完全にはなれません。また、女性が沈黙せざるを得ない社会では、平和と正義を実現することはできません。

さらに、女性は母の使命を全うしなければなりません。その使命とは、子女を生み、人格を備えた正しい人間として育て上げることです。それは女性だけが持つ権限であり、責任でもあります。

私は、女性たちが夫や子女から、あるいは社会から認められていない現実を、いつも残念に思ってきました。

女性はそれぞれの時代において、苦難を前にして大きな役割を果たしてきました。特に家庭連合の女性たちは、真の父母のみ言《ことば》に従い、神様に侍《はべ》る真なる娘、真なる妻、真なる母の責任を果たすため、世界各地で汗を流してきました。それは簡単なことではありませんでしたが、彼女たちは決して弱音を吐かず、活動に取り組んできたのです。

これまで多くの女性たちがしてきたように、世の中の風潮に従って男性の真似をしたり、その中で女性の地位だけを高めようとしたりしてはいけません。聖書には、「神は人から取ったあばら骨でひとりの女を造り」（創世記二章二二節）とあります。男性と女性は、対立する関係ではありません。真の愛によって自分のものを相手に与え、相手を完成させて、一つになることで、互いを共有する関係なのです。女性は、単なる男性の補助者や保護対象ではなく、神様のもう一つの性を代表した立場であり、男性を完全にもする、独立した人格体なのです。

今こそ女性は、天の法度に従い、真の父母に侍って、新しい心情文化世界を築く主人公にならなければなりません。堕落性を脱ぎ捨てて、新たにつくり上げる本然の文化、人類が切に探し求める愛と善の文化を花咲かせなければなりません。家庭の中でも真の愛の化身として、夫を抱き、真の父母の心情をもって子女を育てなければなりません。

神様の祝福が根を下ろし、本然の愛があふれる家庭を築く主役は、女性です。真なる娘の道と共に、真なる妻の道、真なる母の道を歩まなければなりません。

今後訪れるのは、女性の母性と愛、異なるものを一つに結ぶ力に基づいた、和解と平和の世界です。女性の力が世を救う時代が到来したのです。

女性は時代をそのまま映す鏡

「大会の許可は出せません」

「え……、どうしてですか？　これは政治集会ではなく、女性大会です。ですから、大会を開催させてください」

「女性だろうと何だろうと……とにかく、絶対に許可できません」

一九九三年の秋、モスクワで世界平和女性連合の大会を開くことにしました。二カ月ほど前から準備して、すべてのスケジュールが決まっていたのですが、突然ロシア当局が動いて、大会を開催できないようにしたのです。

当時、ボリス・エリツィン大統領が開放政策を通して改革を推し進めていましたが、その一方で、彼らは国内で行われるあらゆる集会に神経を尖《とが》らせていました。政治と関係のない女性大会であると説得しても、取り付く島もなかったのです。その後、厳戒態勢の中ではありましたが、無事大会を開くことができたのは、奇跡でした。

ソビエト連邦が解体されてからまだ間もなかった当時、ウクライナなど、周辺国に住む信徒は、私がモスクワに来るという知らせを聞いて大いに喜びました。その信徒たちがモスクワに行こうとすれば、お金を払ってビザを取得し、何日も列車に乗らなければならないため、費用がとてもかさみます。しかし、そうやって数カ月分の収入に匹敵するお金をかけて遠い道のりを来た彼らに対し、ロシアの役人たちは、大会とは別に私と会合を持つことを、許可しませんでした。

私は宿泊先で、ロシアが真の民主主義国家に生まれ変わるよう祈りました。そうしてベランダに出てみると、眼下に、信徒たちが集まっているのが見えました。彼らは顔を上げて私を見つめていました。私も、彼らをじっと見つめました。私たちは言葉を交わすことすらできませんでしたが、お互いの切実な思いは、ひしひしと感じることができました。

「今は互いに抱擁もできず、手を握って挨拶を交わすこともできないが、いつかきっと熱い涙で会うことができるだろう」

そう固く信じました。彼らの頬を伝う涙を、私は今も鮮明に覚えています。

それから二十三年が経過した二〇一六年、韓国・慶尚北道《キョンサンブクト》の慶州《キョンジュ》で国連主管のもと、国際会議が開かれました。国連事務総長をはじめ、NGOの代表など百カ国から集まった四千人以上の参加者が、どうすればもっと明るい世の中をつくっていけるか、真剣に議論を交わしたのです。

世界平和女性連合はその場で、これまでの公正で幅広い活動が認められ、主要NGOとして選ばれました。モスクワで、当局の反対により集会を開けなかったのがつい昨日のことのようですが、世界平和女性連合は今や、国連が積極的に後援する重要な団体になりました。地球の至る所で献身的に歩んできた女性連合の平和精神と奉仕の実践が、光り輝いた瞬間でした。

その出発は、一九九一年に遡ります。同年九月、日本で東京大会を開き、首相夫人など約七千人の女性代表が出席する中、「アジア平和女性連合」を創設したのです。私は創設者として、「アジアと世界を救う真の愛運動」というテーマで講演をしました。

翌九二年の四月、七十カ国以上から十六万人の女性がソウルに集まりました。参加者たちの乗る四千台近いバスが蚕室《チャムシル》総合運動場に向かったため、ソウル市内の交通網が麻痺《まひ》してしまうほどでした。女性時代が宣布される現場を目撃したいと願う人たちが、それほどたくさんいたということです。

こうして、その日誕生した世界平和女性連合は、決して世の中のありふれた女性団体の一つではなく、新しい時代を映す鏡になることを示したのです。

同年九月には、日本の東京ドームで「世界平和女性連合創立記念日本大会」を行い、五万人の聴衆に向かって講演を行いました。準備期間はわずかでしたが、沸き立つ情熱をすべてぶつけ、深い共感を呼びました。

私の講演は、これまで男性が主導してきた戦争や暴力、葛藤を終わらせ、愛と平和のあふれる理想世界に向かって進むための羅針盤となるものでした。その後、私は世界を巡回しながら女性指導者たちを激励し、皆が共感する真の女性運動を展開していきました。その中でモスクワにも赴き、数多くの女性や信徒たちと喜びの邂逅《かいこう》を果たして、大会を成功裏に終えました。

女性はこれまで、女性の持つ真の価値を知らない男性たちから、正当な待遇を受けられずにいました。それを打破するために女権拡張運動や女性解放運動にも身を投じてきたわけですが、それらは主に男性を相手にした闘争的で政治的な運動でした。

しかし、私は世界平和女性連合を通して、皆が女性の真の価値に目覚め、女性自身はもちろん、男性までも包容して発展していく運動を展開したのです。

女性が時代をそのまま映す鏡となるためには、まず自分自身が清く純粋でなければならず、自らを従えることのできる強い内面の力を持たなければなりません。孝行心を持って親に侍《はべ》る真なる娘となり、貞節と献身をもって夫を支える真なる妻になるべきです。また、愛と精誠によって子女を育てる、真なる母とならなければなりません。そうして、神様に侍る真の愛の家庭を築き、平和世界を実現する先頭に立つ、真の女性指導者にならなければならないのです。

砂漠の真ん中で針を探す

砂嵐がびゅうびゅう吹き荒れると、目を開けることもできません。砂は目の中や服の隙間に、容赦なく入り込んできます。太陽も、ぎらぎらと照りつけてきます。

砂漠では、たった一歩を踏み出すことさえ、非常に骨が折れることです。旅行客はせいぜい数日過ごすだけですが、そこで暮らす人々は、日々苦労が絶えないのではないかと、不憫《ふびん》にも思えます。しかし、実際にそこの人々は、砂嵐や熱い日差しを友のように考えていることでしょう。本当の意味で生活を苦しいものにする原因は、ほかにあるのです。

古代文明の発祥地であるナイル川の周辺。そこにそびえるピラミッドは、四千五百年前に建設されたものです。あのように途方もない重さの巨石を運び込み、建設することは、今日の科学技術をもってしても簡単ではありません。

さらに根本的な疑問は、彼らがなぜそのような建築物を建てたのか、ということです。それは、肉身がある時の生活よりも、永遠の世界での生活を追い求めたからです。人類は本心の作用により、神様の元に帰りたいと願っています。彼らは地上生活よりも、永遠の世界、霊界での生活をより重視して生きていたのです。

一九六九年の世界巡回の際、私たち夫婦は中東のイスラエルに立ち寄りました。私たちが到着したのは、とりわけ暑さの厳しい日でした。イスラエルは、面積が韓国の五分の一しかない小さな国です。聖書に出てくる場所を訪ねて一周したのですが、わずか四時間で回り切ってしまいました。私たちは巡礼をしながら、普段はこのように平和な所なのに、どうして絶えず紛争と葛藤、そしてテロが起こるのだろうかと、疑問に思いました。

中東は二千年前にイエス様が誕生した、神聖な地です。もともと、優れた文明によって世界の文化をリードしてきた優秀な民族の居住地でした。しかし今日、そこは宗教間の葛藤が絶えず起き、痛みを抱え続ける場所となっています。「世界の火薬庫」という不名誉な名前が付けられても相変わらず、一日も途切れることなくどこかでテロが起きて、善良な人々の命を奪っているのです。

私たちは、爆弾やテロ、様々な衝突が繰り返される中東の真ん中で、危険を顧みず、和解と愛によって平和を実践する活動に早くから取り掛かりました。六〇年代の末から、ヨーロッパの宣教師たちが次々とヨルダン、イラン、レバノンに向かいました。その中には女性信徒も大勢いました。

彼女たちは他のどの大陸の宣教師よりも、多くの苦難に遭いました。試練や迫害は日常茶飯事で、追放されることもしばしばあったのです。いくつかのイスラーム国家では、宣教そのものが厳しく禁止されていたため、ややもすれば命を落とす可能性すらありました。それでも彼女たちの献身により、人々は少しずつ心の扉を開き始め、教育と奉仕に参加することを通して、理解を深めていったのです。

私たちはムスリムの指導者を、少ない時は数十人、多い時は数百人ずつニューヨークに招待し、新しいみ言《ことば》、「統一原理」を伝えました。そうして、その内容に感服したムスリムの人々が祝福結婚式に参加するようになったのです。これは歴史上初めての、偉大な宗教和合の瞬間でした。

私はこれにとどまらず、また中東に渡って、トルコで「真の父母と成約時代」というテーマで講演を行いました。ところが、その講演でイスラームについても、ムハンマドについても言及しなかったところ、聴衆の半分が退場してしまうということがありました。

イスラエルのエルサレムで講演を行うことを決めた時は、大きな議論が巻き起こりました。

「そこは今、戦争の本場のような所なのに、なぜ行かれるのですか?」

「テロが収まった頃に行かれるほうが良いと思いますが……」

しかし、私は銃刀や砲煙を意に介さず、エルサレムに行きました。ユダヤ教の人たちによる反対で講演会場の予約が急遽《きゅうきょ》キャンセルとなり、急いで場所を移さなければならなくなったり、大会で多くの人々が、自分の考える内容とは違うといって、途中で席を立ってしまったりもしました。しかしそれでも、私は屈したり落胆したりせず、最後まで講演を行ったのです。人類救済のために出発した私を、何ものも遮ることはできませんでした。

信徒たちは、中東へ行くこと自体が極めて危険であり、そこの人々の意に沿わない講演をすれば、激しい反対や嘲笑を受けるだろうと心配して、私を引き止めました。しかし、私はそれ以上に危険な所を何度も越えてきていたので、少しも躊躇《ちゅうちょ》しませんでした。私を待っている人が一人でもいるならば、地球の果てまでも訪ねていって救いの門を開くのが、独り娘の使命なのです。

二〇〇〇年代に入ってからは、それまでとは異なる次元で中東平和運動を行いました。その一つが、ユダヤ教徒とキリスト教徒を和解させることです。教会から十字架を降ろす活動では、十字架を担いでエルサレムの街を行進し、イスカリオテのユダがイエス様を売り渡して得た銀貨三十枚を使って購入したという「血の畑」に、十字架を埋めました。その場にいた一人のユダヤ人女性は、ユダヤ人の二千年の怨恨が解かれていくのを感じたと証言しました。両宗教の和合のために、「エルサレム宣言」も発表しました。

また、万王の王として人類を訪ねてこられたにもかかわらず、十字架にかけられ、み旨を成し遂げることができなかったイエス様の心情を解放するために、イエス様の戴冠式を行いました。その場には、イエス様に反対したユダヤ教の人々も参加し、式典をさらに意義深いものにしました。宗教指導者をはじめ、七十カ国以上から来た三千人を含む、総勢三万人以上の人々が集ったこの戴冠式には、イスラエルとパレスチナの人々も大勢参加していましたが、彼らがみな、そこで熱い抱擁を交わしたのです。

これらすべての中東平和運動の根底には、私たち夫婦の志に従った女性信徒たちの献身があります。彼女たちは見知らぬ土地、過酷な自然、砂嵐が吹き荒《すさ》ぶ砂漠を舞台に、十年以上の間、自分の家庭のこと以上に投入し、献身的に活動してきたのです。

私たち夫婦が中東を初めて訪れたのは、もう五十年も前のことです。熱風の吹く砂漠に最初に足を踏み入れた時のときめきと憂いは、今も鮮明に覚えています。その時、中東の様々な国を巡回しながら、すべての国が一丸となって平和を実現できるよう、切に祈りました。まさに砂漠の真ん中に立ち、一人で小さな針を探すような心情でした。しかし私は、平和な世界をつくるまでは、決して背を向けないと決意しました。

独り娘が共にいるのに、いまだそのことを知らずにいる人々によってテロが行われているのは、悲しいことです。しかし、この悲劇の悪循環にもようやく終わりが見え始めました。中東の地にも、人類を救うための独り娘のみ言《ことば》を受け入れる人々が少しずつ増え、真の平和が根を下ろしつつあるのです。

第九章
神の国は私たちの中にあります

一番大事な教えとは何でしょうか

世の中にはたくさんの教えがあります。家庭では父母が子供たちに言い聞かせる教えがあり、学校では先生からの指導があります。物事の理《ことわり》を究明する科学や、貧困から抜け出せるように導く経済学もあります。また、社会に出れば、先輩が職場生活における正しい姿勢を教えてくれます。それらの教えはどれも重要であり、人生をより明るく、知恵深いものにしてくれます。知識と知恵は、私たちがいつまでも追い求めるべき大切な価値です。

それでは、あらゆる教えの中で、一番大事な教えとは何でしょうか？

それは宗教が説く教えです。宗教の「宗」の字は、「おおもと」、「中心」を意味します。すなわち宗教の教えとは、あらゆる教育と真理の中で、一番の教えだということです。

孔子、釈迦《しゃか》、イエス、ムハンマドをはじめとする多くの開祖たちの教えは、時代を超えて人間の良心を守り、文明を導く原動力となりました。したがってすべての宗教は、罪悪世界を清算して神様と人間が願う理想世界をつくる、人生のパートナーなのです。

今日まで、利己主義が一般的なものになっているのは、胸の痛い現実です。科学技術の発展により、生活水準は上がっていますが、人々は日増しに利己主義になり、自分の国や社会、ひいては家庭に対しても責任を持とうとしません。

離婚率が日々上昇しているというのは、夫婦がお互い結婚に対して責任を持とうとしていない証拠です。父母が子女に対して相応の責任を果たそうとせず、子女は父母を見捨て、ひたすら自分の欲望と欲心のみを満たそうとしているのです。御自身の子女として創造した人間のこのような姿を御覧になりながら、神様はどれほど胸を痛めていらっしゃるでしょうか。

今日まで、世界中で多くの宗教が登場してきました。果たしてこれらの宗教は、私たちに何を教えてきたのでしょうか。すべての宗教は、まず神様について、正しく教えなければなりません。その際、神様の存在を知らせるのも大切ですが、神様と人類との関係を明らかにすることが何よりも重要です。神様がいらっしゃるとすればどのような方なのか、神様の愛はどのようなものなのかを一つ一つ教えてくれる宗教が、真の宗教です。

私は五大洋六大州を巡り、数百キロ、数千キロを移動しながら、地の果てでみ言《ことば》を伝えるために尽力しています。そうして行く先々で、神様が準備された義人に出会っています。神様はどれほど困難な状況にあっても、義人を探し求めてこられました。

聖書に出てくるソドムとゴモラは、倫理が失われた、淫乱の都市でした。神様は最初、そこに正しい者が五十人いたら滅ぼさないと言われました。それに対してアブラハムが、少しずつ人数を少なくしながらお願いし、最後に「十人いたら滅ぼさない」という言葉を引き出したのです。しかし結局、神様のみ意《こころ》にかなう義人がいなかったため、ソドムとゴモラは天から下った炎で焼かれてしまったのです。生き残ったのは、ロトとその娘たちだけでした。

神様は、私が行く先々で、多くの義人を準備してくださっていました。国と民族を超え、どこに行こうと、義人が待っていたのです。ですから私は、信徒に対しても、天が準備した義人を探しなさいと話しています。

二〇一八年十一月、私は黒人と白人の人種差別問題で凄絶な痛みを経験した南アフリカ共和国に行きました。その国は、二十数年前に私の入国を許可しなかったことがあるのですが、今や国を挙げて歓迎してくれるようになったのです。私はその苦しみの大地で、アフリカサミットと三千組の祝福結婚式を主宰しました。六十カ国以上から約一千人のＶＩＰが参加したアフリカサミットでは、アフリカに平和を定着させ、より豊かにしていくために、私の提示した案を推進することを決議しました。

このサミットには、南アフリカで初の黒人大統領となったネルソン・マンデラ元大統領の誕生百周年を記念して、彼が残した民主主義の遺産を心に刻みつけるという趣旨もありました。国会議員であり、ネルソン・マンデラの孫に当たるマンドラ・マンデラ氏は、心から湧き出るような雄弁を通して私を証《あか》しし、聴衆から大きな拍手を浴びました。

「神《しん》アフリカプロジェクトを通して新しい希望とビジョンを下さった韓鶴子《ハンハクチャ》総裁は、私の祖父のように、この時代における平和のアイコンです。韓鶴子総裁と共に、マンデラ大統領の遺業を引き継ぐアフリカにならなければなりません」

続いて開かれた祝福結婚式には、二十カ国以上から約三千組が参加し、私を真の母、人類を救う独り娘として受け入れました。「あとの者は先になる」（マタイによる福音書一九章三〇節）という聖句のように、南アフリカやジンバブエ、セネガル、そしてアジアのネパールは、これまで恵まれない、曲折の多い痛みの歴史を経てきた国々ですが、独り娘を信じることによって、今や輝かしい光を発しているのです。

インドの詩聖タゴールは、韓国を称《たた》える美しい詩を書きました。当時の韓国は、日本の統治下で苦しみの日々を過ごしており、地球のどこにあるのかさえ、あまり知られていない国でした。それにもかかわらず、タゴールは「コリア、その灯火が再び明かりを照らす日に、あなたは東方の明るい光となるだろう」と予言したのです。光とは、真のみ言《ことば》、新たな真理のみ言を意味しています。彼は、韓国で真のみ言が登場し、人類の灯火になって世界を照らすだろうと予言したのです。

私はその真理の灯火である新しいみ言、「統一原理」で全世界を照らすために、東奔西走しています。土を耕して畑とした今、あとは種を蒔《ま》き、深く根を下ろす作業が残っています。その大切な仕事を果たすため、私たち皆が先頭に立たなければなりません。

今や全人類が、真の父母を待ち望んでいます。誰もが、真の父母の愛と生命、血統を受け継いだ、真の息子、娘にならなければなりません。そうしてこそ、真の幸福と永生の門が開かれるのです。

真の愛の人とは「自分がない人」です

夫は私のことを、「自分がない人」だと言いました。「タンスが空っぽになるまで分け与える」と言われることもありました。私はどんなものでも、ただ後生大事に保管し、取っておくということができません。み旨のために昼夜なく苦労している信徒を見ると、いつもいたたまれない気持ちになり、何もかも与えてしまわずにはいられないのです。

青坡洞《チョンパドン》教会や漢南洞《ハンナムドン》の公館にいた時も、京畿道《キョンギド》加平郡《カピョングン》にいる今でも、宣教師や客人が訪ねてくると、タンスを開けて服や靴をあげてしまいます。夫の服やネクタイもみな、新しい持ち主となる人の元に行きました。苦労している信徒を見れば、小さなものでも渡して送り出すことで、気が休まるのです。

アフリカや南米の貧しい町に行ったときは、いくら忙しくても、孤児院や貧困で苦しむ人々を訪ねるようにしていました。スケジュールがあまりにも押していて立ち寄ることができないときは、心からにじみ出てくる真の愛の表現として、「国際救護親善財団」や奉仕団体を通じた支援、多くの奨学金支援などを行ってきました。困難な状況を目にすれば、決してそのまま通り過ぎることができなかったのです。

「生命が先でしょうか、愛が先でしょうか？」

こう尋ねれば、ほとんどの人は「生命が先だ」と答えます。「生命があってこそ愛することもできますから」というのです。

しかし、本当は愛が先です。あらゆる存在の出発点は、生命です。しかしその生命は、愛によって宿ったものです。ですから、生命よりも愛が先なのです。私たちの心と体は、父母から出てきました。父親と母親の愛がなかったならば、私たちはこの世に存在していません。ですから、命を捨てることはあったとしても、愛を捨ててはならないのです。

人間は愛によって生まれ、愛の道を歩み、愛のために死ななければなりません。しかし、瞬間的な愛、条件的な愛に溺れてはいけません。永遠で純粋な愛を持たなければなりません。

私たちに必要な愛とは、絶対的な愛であり、真の愛です。真の愛とは、ために生きる愛、すなわち仕えてもらうことを願うのではなく、他者に仕える愛です。

また、真の愛は絶えず許す愛です。イエス様は、「七たびを七十倍するまで」（マタイによる福音書一八章二二節）許しなさいと言い、十字架上で自分に槍《やり》を向けるローマ兵士を前にしても、「彼らをおゆるしください。彼らは何をしているのか、わからずにいるのです」（ルカによる福音書二三章三四節）と祈られたのです。

夫の文《ムン》総裁も、日本統治時代に京畿道警察部で刑事からひどい拷問を受けたことがあるにもかかわらず、日本人刑事の命を助けました。一九四五年に韓国が解放を迎えた後、刑事たちはすぐに日本に撤退できずに隠れていたのですが、韓国人に捕まれば、殺されるしかない立場に置かれていました。そのような刑事たちを、夫は夜のうちに密航船に乗せ、逃がしたのです。怨讐《おんしゅう》と言える相手を許し、逃がすというのは、簡単にできることではありません。既に心からすべてを許し、怨讐の顔を見ながら、そこに神様の顔を見いだそうという努力をしていない限り、実行できないことです。怨讐を怨讐として考えず、むしろその人のために祈り、許すこと。これは、「自分がない生活」をしていてこそ、可能なことなのです。

悪とは、自分が利益を得ることを目的にして与えることであり、善とは、与えて忘れてしまうことです。真の愛は、与えて、それを忘れてしまうとき、花咲きます。愛は与えれば与えるほど、減るのではなく、永遠に枯れることなく湧き続ける泉の水のように、さらに豊かになっていきます。愛の道では、本当に良いものを与えたとしても、不足さを感じるものです。良いものを与えても、それを誇りに思うのではなく、もっと良いものをあげることができなかったといって申し訳なさを感じるのが、真の愛です。

愛が円形に回るようになれば、終わることがありません。終わりを感じるような愛は、愛ではないのです。真の愛は永遠であり、不変です。いくら時代が変わり、環境が変わっても、真の愛は変わりません。真の愛は、誰もが願います。千年、万年経《た》っても、真の愛は嫌になりません。真の愛は永遠の愛なので、春も真の愛、夏も真の愛、秋も真の愛、冬も真の愛を願います。幼少の頃も真の愛、大人になっても真の愛、年老いても真の愛を願うのです。

愛する人に出会えば、永遠に花を咲かせたいと思います。特に男女の愛には、男性と女性を一つにする力があります。お互いが完全に愛し合うということは、相手が自分の中におり、自分が相手の中にいるということです。人間が求めるものの中で、最も貴いのが愛です。人はみな、貴い物、貴い人、貴い愛を求めて生きていくのです。真の愛を抱けば、いかなる悲しみと苦痛も、喜びに昇華します。

他のものはすべて、与えればなくなってしまいますが、愛は与えれば与えるほど、より多く返ってきます。愛を受けようとする思いが、愛を与えようとする思いに変わるとき、平和な世界が訪れるのです。

天に対する孝情《ヒョジョン》、世の光に

私は時々、江原道平昌郡《カンウォンドピョンチャングン》にある発旺山《パルアンサン》に登ります。標高千四百五十八メートルの山の麓には、リゾート地としてよく知られている「龍平《ヨンピョン》リゾート」があります。国民的ドラマとして人気を博した「冬のソナタ」のロケ地にもなった所です。

山頂に登ると、世界に一つしかない珍しい生え方をした木があります。全く別の二種類の木が一体となり、まるで一本の木のように生えているのです。樹齢数百年にもなるエゾノコリンゴの木が母親で、それに抱かれるようにして育ったナナカマドの木は息子です。お互い支え合いながら仲良く生きるこの母子の木を、私は「マユモク」（「世界で唯一のナナカマド」の意）と名付けました。

この連理木《れんりぎ》は、古木となったエゾノコリンゴの木の中が空洞になり、そこに鳥が落としていったナナカマドの種が発芽し、根を張ってできたものです。エゾノコリンゴの木は、まるで赤ん坊を育てるようにナナカマドの木に栄養分を与え、自らの懐で少しずつ育てていきました。

ナナカマドの木は次第に大きくなりながら深く根を下ろし、まるで母親を養うように、エゾノコリンゴの木を支えて共生しています。空洞部分では、二種類の木がそれぞれ花を咲かせ、実を結ぶようになりました。植物ではありますが、まるで母子の間で交わされる美しい愛と思いやり、深い情が表現されているようで、これ以上ない孝情《ヒョヂョン》のモデルとなっています。

「孝情」という言葉に初めて接する人は、ほとんどが首をかしげます。何となく分かりそうであっても、その意味を正確に述べることは容易ではないからです。

「真心を込めて親孝行するという意味でしょうか？　それとも親孝行の気持ちという意味ですか？」

ある人は、こう尋ねたりもします。

「もしかして、このヒョヂョンというのは、効情《ヒョヂョン》のことですか？」

「効情」とは、韓国の言葉で「真の情を尽くす」という意味なので、それほど間違った解釈ではありません。しかし、私が初めて使った「孝情」という言葉は、それよりもさらに深くて広い意味を持っています。

「孝」は、東洋にだけある言葉です。強いて英語で言うならば、「フィリアルデューティ（filial duty）」です。しかし、これでは「父母に対して果たすべき子供の義務」という意味になるので、孝の深い意味を表現していることにはなりません。孝を義務としてのみ感じるのならば、心からにじみ出る思いで父母を敬うことはできないし、愛することもできません。孝は韓国の美しい伝統であり、生きていく上での根幹です。これほど重要で価値のある孝が近年、徐々に色あせてきているのは、誰にとっても心痛いことに違いありません。

孝情を考えるとき、私はいつも、胸の奥深くに宿っている長男の孝進《ヒョヂン》と次男の興進《フンヂン》のことを思います。

先に霊界に旅立ったのは興進でした。冷戦真っただ中の時代に、父親を守るため、まだ幼いながらも勇敢に先頭に立った息子でした。私たち夫婦が韓国全土を回りながら勝共決起大会をしていた頃、共産主義の信奉者たちが殺害予告をして脅してくるということがあったのですが、そんな時は、興進がいつも腕をまくりながら言うのです。

「父さんは僕が守ります」

韓国で行った全国勝共決起大会の最終日、光州《クァンヂュ》で文《ムン》総裁が講演をするために演壇に上がろうとした時、着けていたはずのネクタイピンがなくなっていることに気がつきました。私は不思議に思いました。

「どこに行ったのだろう？　いつなくなったのだろう？」

その時、太平洋を越え、アメリカのニューヨークにいた興進《フンヂン》が交通事故に遭ったのです。ちょうど、文《ムン》総裁が光州《クァンヂュ》で壇上に上がり、講演を行っていた時刻でした。興進の運転する車の前方から、大型トレーラーが横滑りしながら迫ってきたのです。衝突の刹那まで、興進はハンドルを回し続けましたが、トレーラーを避け切ることはできませんでした。

ところで、普通は左ハンドルの車で右車線を走っていて、前からトレーラーが道を塞いで迫ってくれば、反射的にハンドルを左に切り、自分の座っている側が正面衝突するのを避けるはずです。しかし、事故後に地面に残ったタイヤの跡を調べてみたところ、興進の車はハンドルを右に切っていたことが分かりました。彼は助手席に座っていた後輩を助けるために、あえてハンドルを右に切り、天の国に昇っていったのです。

あとで明らかになったことですが、文総裁に危害を加えようとする人々が、聴衆を装って光州の会場に入ってきていました。しかし、舞台のある前方に向かおうとした彼らは、立錐《りっすい》の余地もなく詰めかけた観衆の中に入っていけず、計画が水泡に帰していたのです。

文総裁を標的としていたサタンは、その期待が外れるや否や、代わりに興進を狙いました。興進は、「父さんは僕が守ります」と言った約束のとおり、犠牲の供えものとなったのです。

興進が生まれた時、彼が生後三日目になるまでなかなか目を開けなかったため、とても心配したのですが、「最後、父母に最も大きな孝行をして逝ったのだ」と私は思いました。その深い孝情《ヒョヂョン》を、家庭連合の信徒たちは余すことなく胸に刻んでいます。

長男の孝進《ヒョヂン》は音楽が好きでした。今日、家庭連合の信徒の中に音楽をたしなむ青年たちが多いのは、孝進の影響が少なくありません。

長男らしく、彼は子供の頃から口癖のように言っていました。

「孝子という言葉は、僕のものだ！」

しかし、母親に対して心穏やかでなかったこともあるでしょう。友達の母親に比べて、持っているものが乏しくて質素に見え、なおかつ、いつも忙しくしていたからです。それでも彼は、そんな母親である私を慰めようと、大声で宣言していました。

「母さん！　僕が大きくなったら、母さんに何でもしてあげるよ！」

一九七〇年代の初め、私たち夫婦がアメリカで活動を始めた頃は、どこに行っても東洋人は無視されていました。韓国人も日本人も関係なく、一様に「チャイニーズ」と呼ばれていた時です。文総裁はその時代に五十州を巡回し、講演をしました。私たちに共感する人もたくさんいましたが、嘲笑する人も多くいました。

孝進は父母の後をついて回りながら、その一部始終を見ていました。共産主義者などが父親の講演する先々に現れては脅してくる姿を見て、わずか十二歳であったにもかかわらず、「父さんを守るために、僕があいつらと闘う」と言って向かっていこうとするのでした。

そのような中で、世の人々がみ言《ことば》を受け入れられるように導くには、努力と時間が必要であることに気づいた彼は、「旋風を巻き起こして、効果的に伝える方法はないだろうか？」と考え続けました。

「まさにこれだ！」

彼が見つけて膝をたたいたのが、ロックでした。そうして、音楽によって人の心を変え、教会に導かなければならないと決心した孝進《ヒョヂン》は、三年間で一万曲を作ったのです。一日に十曲近く創作するというのは、普通の人にとってみれば不可能に近いことです。それを三年間、絶えず継続するというのは、さらに難しいことです。

孝進は自分の体を顧みず、日夜、創作に没頭しました。それが父母を喜ばせることのできる孝情《ヒョヂョン》の精神であり、世の中のために自分が果たすべき使命だと感じたのです。その多くの歌の中で、信徒たちに最も愛されたのは「汽笛」です。

あなたの願われる自分を見つけよう
高鳴るこの胸は、あなたのために走る汽笛なのさ

歌に感銘を受ける人が増え、信徒も増えていくにつれ、サタンの焦りも大きくなったことで

しょう。

孝進は音楽に没頭し、昼夜を問わず作詞作曲をして、歌を歌うことに明け暮れましたが、二〇〇七年に韓国や日本で行ったコンサートが、生前最後の公演となりました。公演や連日の創作活動による過労で、二〇〇八年、天の国に向かったのです。

家庭連合の信徒たちは、音楽によって人々を神様の元に導こうとした孝進に、いつも感謝しています。孝進の火花を散らすような熱い音楽は、父と母のための孝情の表れでした。その孝情の精神を受け継ぐため、毎年秋、文《ムン》総裁を追慕する聖和《ソンファ》祝祭が開かれる時に合わせて、孝進を偲《しの》ぶ「孝情ミュージックフェスティバル」も一緒に開催されています。

父母のために自分は何をするか悩み抜き、その道を勇敢に進んでいく人が孝子です。そのような孝子は、常に侍《はべ》る精神を持って人々に接するので、どこに行っても歓迎を受け、必ずや志を果たします。自分ではなく、他のすべての人に侍る「孝情」は、だから偉大なのです。

私は文総裁の聖和四周年の時、孝情の美しい種を世に蒔《ま》きました。韓国の伝統的な侍墓《シミョ》精誠の期間である三年が過ぎ、文総裁の追慕祭はそれまでとは違う形で開かれるようになりました。悲しみを乗り越え、新たな希望と平和を切り開く祝祭の場となったのです。二〇一六年八月、「天に対する孝情、世の光に」をテーマとして宣布し、掲げた追慕祭は、地球の至る所に愛の手を伸ばしていく喜びの場となりました。

追慕祭では、真の父母の足跡を振り返る一方で、多彩な文化公演も行われました。「御飯は愛である」をモットーに、「和合統一ビビンパ分かち合い大祝祭」の時間も持ちました。大きな釜に御飯と選りすぐりの食材をたっぷり入れてビビンパを作り、信徒たちで和気あいあいと分け合って食べるのです。私も大きなしゃもじを持って一緒に御飯を混ぜながら、世界人類が一家族として和合することを念願しました。

また、エンターテインメントだけでなく、様々なプログラムも行われました。一カ月以上にわたって講演やセミナー、各種行事が国内外で開かれ、私たちの進むべき方向性を模索する貴重な時間を持ったのです。

夫が聖和《ソンファ》した日、「草創期の教会に返り、神霊と真理によって教会を復興させます」と約束したことを、私は今も胸深く刻みつけています。妻として夫を慕う思いが決して消えないのと同じように、私の胸には孝進《ヒョジン》と興進《フンジン》の孝情《ヒョジョン》が息づいています。その孝情が人々に伝わり、皆が他のために生き、侍《はべ》りながら生活していくならば、そこが真の天国になるのです。

孝は、人間にとって何よりも重要な実践徳目であり、人生における永遠の柱です。親孝行は、父母が生きている時にしなければなりません。父母が旅立ってしまった後に、いくら親孝行するといってあがいても、遅いのです。今この瞬間がどれほど貴く、誇らしいかを知らなければなりません。このように崇高な価値を新たに発現させた孝情の光は、韓国から出発してアジアを越え、世界を照らす光として輝いています。

母の時間、御飯は愛である

聖婚直後、夫と向かい合って食べた初めての食膳、「水刺床《スラサン》」（韓国語で「王と王妃の平常時の食膳」の意）が、銀色に光るススキ野原のように、ほのかに思い出されます。ぼたん雪のような大粒の涙が、今にもこぼれそうになっている夫の瞳。そこには、神様のあふれる心情がそのままたたえられていました。

人類のために生きる真の父母の道を歩みながら、私たち夫婦は数多くの食膳を共にしましたが、その食事の目的はいつも同じでした。神様の前に孝情の道理を果たし、人類の救いと平和世界を成し遂げるためです。ですから、切迫した雰囲気の中で信徒と共に歩んだ三年の開拓伝道の間、ずっと麦だけで炊いた御飯を食べて過ごした時も、一日に二カ国以上をせわしなく巡回しながら、一口の水で喉を潤すだけで過ごした時も、夫と私は何の心配もせず、すべてを感謝と喜びで受け止めました。

毎年、私たちの誕生日を記念して祝福家庭をはじめ、多くの人を迎え、「水刺床（孝情宴《ヒョヂョンヨン》）分かち合い祝祭」を開催するのは、どれほどうれしく、楽しいことか分かりません。祝福家庭は、真の父母が熱い涙を流す中、懐で生み変えた、天の血統を持つ真の子女です。天が立てた選民です。ですから、私は彼らを、「選民祝福家庭」と呼ぶのです。天上の夫、そして私は、永遠にこの選民祝福家庭を愛するでしょう。何より、み旨のために孤軍奮闘してきた多くの子女の熱い涙と汗を、一時も忘れることはありません。

この祝祭では、参加者にお弁当を配り、共に食事を楽しむのですが、実のところ、私はこのイベントに関して、非常に残念な思いもあるのです。本来なら、愛する子女一人一人に、ゆらゆらと湯気の立つ温かい御飯を直接与えたいという切なる思いを禁じ得ないからです。

二〇一九年十二月、私は「大陸復帰」宣布の礎となる南アフリカでの二十万人の祝福式（祝福結婚式）を行うため、ヨハネスブルグに向かいました。

ＦＮＢスタジアムで開催されるアフリカ大陸レベルの祝福式（十二月七日）は、国家の復帰を宣布する段階を越え、大陸の復帰を宣布する驚くべき時代を開く歴史的行事でした。

降りしきる雨をかき分けて飛行機が滑走路に着陸します。空港に降り立ち、ラウンジに入ると、とても会いたかった人物が笑顔で立っていました。私の息子となったサミュエル・ハデベ預言者が、明るい笑みを浮かべながら、真っ赤な花束を持って迎えてくれたのです。

彼は私を見ると、まるで生き別れた母に出会えたかのように、「お母様！　お会いしたかったです。お母様の家、南アフリカに来られたことを歓迎します」と挨拶して、真心を込めて準備した花束を手渡してくれました。

ハデベ預言者と共に、彼の南アフリカ黙示録教会（神の啓示教会）の青年学生たちが南アフリカの伝統衣装を身にまとい、尊敬と謙遜の意を表して頭を下げながら、歓迎してくれました。

続いて、ラウンジで華やかな歓迎公演が行われました。青年学生による公演チームは、「南アフリカを祝福するため、アフリカ全土を祝福するために、きょう、真のお母様が来られました」という意味の歌詞を付けた素敵な歌をアカペラで歌い、特別なパフォーマンスを披露してくれました。


「雨が降り続く中、到着しましたが、南アフリカやアフリカ大陸において、雨はとても貴い祝福であると聞きました」


私が挨拶すると、ハデベ預言者をはじめ、リーダーや信徒たちの大きな歓声が起こりました。

その後、私はハデベ預言者と共に昼食を取りながら、会話を交わしました。これまでハデベ預言者が、霊的な啓示を受けたり、深刻に精誠を捧げたりするとき、いつも一人で籠もっていた山があるといいます。私が到着した十二月五日は、彼自身にとって霊的に非常に重要な日であるため、毎年この時期になると山に登り、精誠を捧げているとのことでした。

十二月五日というのは、南アフリカはもちろん、アフリカ全土で最も尊敬される人物の一人であるネルソン・マンデラ元大統領が逝去した日なのですが、ハデベ預言者がマンデラ元大統領の逝去を公に預言していたため、周囲を驚かせた日でもあるのです。

また、霊に憑《つ》かれたある少年が、天から来た異言を通して、「南アフリカを解放する指導者はハデベである」と証《あか》しをし、獅子《しし》の牙を体内から吐き出して彼に贈呈した歴史的な日だそうです。この霊的なエピソードは、南アフリカで伝説のように伝えられている、非常に有名な話です。そのため、ハデベ預言者は毎年この日になると、自分に与えられた天の召命について感謝するとともに、山に登って決意を固め、誓いを捧げてきたそうです。

このような日に真の母が訪れたので非常に縁起が良いといって、彼は本来、山にいるべきところを、私に侍《はべ》るためにしばしの間、山から下りてきたのです。昼食後、彼は再び山に登り、十二月七日に行われる行事のために、死生決断の精誠を捧げるとのことでした。

そのような彼に、私は温かい韓国の麺料理、チャンチグクスを昼食として用意しました。御飯は愛です。天倫によって結ばれた母子間の愛を、私はチャンチグクスを通して伝えたのです。

その年の夏、文《ムン》総裁の聖和《ソンファ》七周年記念行事に参加するためにハデベ預言者が韓国を訪れた際、発旺山《パルアンサン》の頂上で、行事のための特別精誠を捧げたことがありました。その時、私が彼と義兄弟として結んであげた家庭連合世界本部の尹煐鎬《ユンヨンホ》事務総長が、箸の使い方を教えたのですが、彼はもう箸を使って、チャンチグクスを上手に食べられるようになっていました。韓国文化に対するハデベ預言者のこのような姿勢は、独り娘、真の母に対する愛と尊敬の、もう一つの表現でした。

摂理の春、私と共にいる時が黄金期

深い森の中に、小道があります。人一人が何とか通れるくらいの道です。最初にここを通った人は、手で木の枝を払いのけ、手に擦り傷を作りながら、額に汗を浮かべて通ったことでしょう。そういう人のおかげで徐々に道ができ、後ろの人たちは楽に行くことができるのです。私たちはその最初の人の苦労に深く感謝しながら、道をより広く、平坦《へいたん》にしていかなければなりません。

しかし、森に小道を造るよりも、人と人との間に道をつくるほうが、さらに難しいことです。木やとげの生えた藪《やぶ》とは違い、人には自身の意思があります。その意思に反していることには、心を開こうとしないのです。

私は生涯、人々が互いに心を開き、一家族になるようにするため、汗と涙を流しました。誰も行かない道を開拓し、最も険しい所に立って、世界の人々を抱きました。誰もが逃げ出したいと思うような状況の中で、人類の救いと世界平和のために、黙々と真の愛を実践してきたのです。私を非難した怨讐《おんしゅう》までも許し、包み込んで、感動の涙を流させました。

今や、私たちは摂理の春を迎えています。一年の始まりとなる春は、農家にとって最も忙しい季節です。未来の豊かな収穫のために、最善を尽くさなければならないからです。摂理の春を迎えた天一国《てんいちこく》の民は、本来神様が実現しようとされた本然の世界を建設するため、責任を果たさなければなりません。自分の氏族に責任を持ち、国家的な基盤においてメシヤの責任を果たさなければなりません。そのような天命があるのです。

困難でつらくても、摂理を終結させ、真実を明らかにしなければなりません。ひまわりのように真っすぐな姿勢で、私たちに与えられた責任を果たすならば、神様の夢、人類の願いは必ず成し遂げられます。問題は、真の母である私が地上にいる間に、その結果を神様に奉献できるかどうかです。それができてこそ、後孫に向かって、未来の人類に向かって、誇れる自分になるのです。このような時というのは、いつでも訪れるわけではありません。一人の人間にとって、独り娘である私と共に生きるこの時間は、その年齢を問わず、黄金期なのです。黄金期を逃してはいけません。

また、同じ時代に生きながら、真の父母が来たことも知らず、天の祝福と恩賜があることも知らないまま生きる人がいないようにしなければなりません。世界万民が、真の父母と共にこの時代を生きていることに感謝し、天に侍《はべ》る立場で生きるように導かなければなりません。

私たちは、地上天国で生活してこそ、天上天国に行くことができます。したがって、私たちの目標も、私たちの行く先も一つです。それは、神様の前に誇らしい息子、娘として進み出る道です。神様が、「御苦労だった。我が息子、娘よ！」と言って抱き締めることのできる生活をしなければなりません。私と共に地上生活をしている今この時が、まさに黄金期であるという事実を、心から悟らなければなりません。

私の生活哲学は、「ために生きる」です。どこに行くにしても、他のために生きようとして行くのです。世間一般の父母の愛よりも、兄弟の友愛よりも、さらに大きな愛を与えるため、茨の道を歩いてきました。

人間は、良いものがあれば自分のものとし、他の人にはそれよりも劣ったものを与えがちです。挙げ句の果てには、自分の父母に対しても、同じようにするのです。自分の利益だけを追求すれば、欲望の縄目に掛かってしまいます。他の人を前に立て、ために生きる生活をすれば、それが永遠の祝福と自由を得る近道となるのです。

私は困窮している人を見ると、自分が持っているものを与えずにはいられません。結婚指輪すら、手元にはもうありません。皆が良いものを他の人に与えることができれば、喜びの世界となります。これが私の生活哲学です。自分のためだけに生きる人は、すぐ壁にぶつかります。ですから、他の人のために与え、愛を持って生きなければなりません。

世の中の多くの人は、家庭連合が金持ちであると早合点しています。文《ムン》総裁と私に対しても、お金がたくさんあるだろうと思っているのです。しかし私たち夫婦は、自分名義の家を持ったことすらありません。すべて、世のために使いました。私たち夫婦ほど、自身に対して徹底的にケチな人はいないでしょう。雨が降れば、異国の地で軒下に身を寄せて夜を明かしている宣教師たちのことが思われるのに、どうして私たちがおいしい御飯を食べ、安らかに眠ることができるでしょうか。

信徒たちの献金はすべて、学校を建てるなど、貧しい人々のために使いました。様々な企業をつくったのも国を豊かにし、人々の働き口をつくるためであって、そのお金を所有しようという考えは、元からありませんでした。いくらおなかが空《す》いていても、私以上におなかを空かしている人々がいるのだから、その人たちのことを思って我慢してきました。み旨の道を歩みながらも、所有欲を持っている人は、父母の肉をえぐり、父母の骨を削って生きる者です。私たちは天の前に負債を負ってはいけません。

私はいつも、愛を生活の中心に据えました。人生は、いつ終わるか分からないマラソンを走るようなものです。それを走り切るための力は、お金でもなく、名誉や権力でもありません。偉大な愛の力です。赤ん坊が泣けば、母親はどんなに疲れていても無条件にお乳を与えますが、そんな無私の愛こそ、最も偉大な愛です。人はなぜ生まれ、なぜ生き、どこへ行くべきかという問題も、すべて愛を中心として、考えなければなりません。

神様の心情を考えれば、自分が受ける試練や苦痛は、あまりにも軽いと思うことができなければなりません。神様の前で自分のことを弁明する資格などありません。困難にぶつかればぶつかるほど、絶対信仰、絶対愛、絶対服従をしなければなりません。生まれたのも、自分の意志で生まれたわけではないのです。神様のみ意《こころ》によって与えられた人生を、価値あるものとして、忠実に、美しく生きなければなりません。子女や家族のため、妻や夫のため、全人類のため、全世界のために生きている、という思いを持ってこそ、自分自身が幸福になれるのです。

私たちにとって最も近い師は、自分の心（良心）です。困難にぶつかったり、困惑するようなことが起こったら、心に尋ねてみればよいのです。その心の中には、私たちを愛してくださる神様がいらっしゃいます。その本当の声を聞くことができなければなりません。心の中にいらっしゃる神様の声を聞くことができなければならないのです。自分を磨き続け、心がささやく声、神様が聞かせてくださる声を聞くことができる位置まで、進まなければなりません。

心は永遠なる、私の主人です。心からの祈りは、神様とつながる確かな道なのです。真の祈りを捧げれば、最も困難な状況においても、天の父母様と真の父母の恩寵《おんちょう》を受けられます。その恩寵のみ手に従って、天の国に向かって自由に、幸福な気持ちで上がることができるのです。

新しい生命と許し、母の両輪として

人はみな、海を恋しく思うものです。普段の生活の中でも、ふと海に向かって走っていきたい衝動に駆られることがあります。また、青い海に思い切り飛び込みたいという気持ちになることもあるでしょう。海は母なるもの、母性の象徴です。海は母の懐のように、深く広がっているからです。

また、北米にあるナイアガラの滝や、南米にあるイグアスの滝の前に立つと、感嘆せずにはいられません。その雄大な景色に圧倒され、時には言葉すら出なくなります。

それらの滝は、大小様々な水流を集め、壮大な景色をつくり出しています。数多くの水流が、大きな水流に向かっていくのは、極めて自然なことです。それぞれ出発地は違えども、河川はみな等しく、大海を目指すのです。大きな水流に向かうのは嫌だといってぐずぐずしたり、停止したりすれば、その水は腐るしかありません。

よどんだ水が腐らざるを得ないように、様々ある宗教が自分たちの教理を絶対視してそれに執着していれば、流れが滞って変質したり腐ったりして、広い海に到達することができません。今や、神様の本性《ほんせい》について正しく説明できる宗教団体が現れなければならないのです。神様が人間を創造された根本目的は、人類の父母になることでした。その父母の前では、私たちはみな子女です。しかし今日、人類が神様の前に進み出ることがなぜ閉ざされているのかを、祈りながら研究してみなければなりません。

イエス様が誕生するまで、天は四千年という長い年月の間、人類を救うために歩んでこられました。四百年ではありません。四千年という歳月をかけて摂理される中でイスラエル民族を立て、ようやく「私の息子である」と言える独り子を送られたのです。

しかし、イエス様を迎えた家庭とイスラエル民族が責任を果たせなかったことにより、イエス様は十字架に追いやられました。十字架を背負って歩かれるイエス様をあとにして、家族はもちろん、弟子たちさえも裏切って逃げ出しました。支えてくれる人は、周りに誰もいませんでした。十字架上で、ただ右の強盗だけが、イエス様が正しい人であることを証《あか》したのです。これまで、この惨憺《さんたん》たる歴史について、キリスト教はもちろん、地上の誰一人気づきませんでした。

イエス様は真の父母として、堕落した人類を重生、復活させ、神様の真なる子女として歩むことができるように導くべき仲保者でした。まさしく、私たちの父母となる方だったのです。しかし結果は、全く違うものとなってしまいました。責任を果たせなかったイスラエル民族がどのような蕩減《とうげん》を払うことになったか、歴史は如実に示しています。イスラエル民族は二千年間、国のない民としてさまようことになりました。これが歴史の真実であり、天の摂理です。

イエス様は再臨し、「小羊の婚宴」をすると約束されました。再臨の時を迎えたら、キリスト教文化圏は最後に来る独り娘を迎えなければなりません。この重大な内容に関して、天は一度責任を果たせなかったイスラエル民族を、再び用いることはされませんでした。独り娘を誕生させる国と民族を、新たに選ばれたのです。

天は、紀元前には東夷《とうい》民族と呼ばれていた韓民族を選ばれました。農耕文化を築いた韓民族は、天を崇拝し、平和を愛する民族でした。この韓民族のキリスト教文化圏から、独り娘が生まれることになったのです。

一七八四年、韓半島にキリスト教が伝わり、一九四三年、独り娘である私が誕生しました。韓半島は一九四五年に解放を迎えましたが、すぐに南北に分かれ、北は共産化されてしまいました。当時、私は北にいましたが、共産主義による統治下では無事に成長することができないことを天はご存じだったので、私が南下するよう、導いてくださったのです。

そして一九五〇年、韓国動乱が起きました。当時、韓国は北朝鮮の侵略を防ぐ準備が全く整っていなかったのですが、天は私を保護するため、国連の十六カ国が参戦するという奇跡のような出来事を起こされました。その時、ソ連は国連の常任理事国になっていましたから、韓国動乱への介入にソ連が反対していれば、国連軍は参戦できなかったはずです。しかし、ソ連がその時会議に参加しなかったため、参戦が可能となったのです。

私は一九六〇年に真の父母の位置に進み出ました。その後、夫と私は生涯をかけて、全世界に多くの祝福家庭を生み出しました。今では多くの宗教団体のリーダーが真の父母の願いを受け、世界各地で祝福行事を行っています。

二〇一八年の年初に、私はムスリムの国であるセネガルでアフリカサミットを開きました。そしてその場で、アフリカが天のみ旨に従うというなら、私と共に歩まなければならないと語りました。すると参加した各国の首脳や族長、宗教団体のリーダーたちが、私の提案に対して全面的な支持を表明したのです。

ヨーロッパでは、仏教のリーダーが自分の団体の人々を祝福に導いています。ムスリムも独り娘である私の志に歩調を合わせ、全面的に従うと決意しています。アメリカのキリスト教の人々も同様です。

人類歴史はもうこれ以上、先延ばしにできない終着点に到達しました。今こそ、新しい天一国《てんいちこく》時代を切り開いていく時です。新しい時代には、それに合う新しい服に着替えなければなりません。天一国の民として、神様の子女となり、孝子、孝女、忠臣の中心人物になることができる時です。私は歴史の真実を話さなければなりません。ためらうことは何もありません。

二〇一八年八月、ブラジルで開かれた中南米ワールドサミットでは、キリスト教はこれ以上新しい生命を誕生させることのできない「無精卵」と同じであると話しました。その場にはカトリックの枢機卿《すうききょう》をはじめ、教団のリーダーなどの宗教指導者たちが大勢参加していましたが、私は今ある宗教はすべて、真の父母を受け入れて祝福を受けてこそ、新しい生命を宿すことができると、ためらうことなく話したのです。彼らはみな、私の言葉に同意しました。

私は地上にいる七十七億の人類をみな、神様の真なる子女として生み変えなければなりません。それは私が独り娘、真の母、宇宙の母だからです。

聖書には、「人の子に対して言い逆らう者は、ゆるされるであろう。しかし、聖霊に対して言い逆らう者は、この世でも、きたるべき世でも、ゆるされることはない」（マタイによる福音書一二章三二節）とあります。生命を得るためには、独り娘である母を通過しなければなりません。聖書は、母を否定する者には未来はもちろん、安らかなる死後の世界もないことを訴えています。私はいつも新しい生命を準備する、真の母です。常に心の扉を開き、七たびの七十倍までも許す、真の母なのです。

真の父母だけが人生の羅針盤です

一九六〇年に聖婚式をした後、私は不思議な夢を見ました。私一人、子供たちをおぶったり、その手を引いたりしながら、包みを頭に載せ、一寸先も見えない断崖絶壁の道を歩いているのです。幸いなことに、千尋の谷に落ちることなく、光を求めて進んでいくうちに平坦《へいたん》で大きな道に出たところで、夢から覚めました。

私たちの歩んできた道は、高い山があればそれを崩し、深い谷があればそれを埋めて越えていくような、苦難の連続でした。これまで、私たちのように切迫した心情で神様を解放しようとする人はいませんでした。私たちは聖婚以後、人類を救うために、世界中を回りました。どこにおいても、くつろぐことなどできませんでした。しかし、真の父母の道を歩みながら、私たち夫婦は常に一体となっていました。それは、神様の前に孝情《ヒョヂョン》の道理を果たし、平和世界を実現するための道でした。

その路程で過去数十年の間、受けてきた誤解と迫害は、本当に耐え難いものでした。韓国の歴代政権をはじめ、一部の宗教者などによる中傷や謀略も、あまりに悪意に満ちたものでした。しかし、私たち夫婦はひたすら耐えながら、神様のみ言《ことば》を伝え、真の愛を注ぎました。そのようにして、あらゆる試練を克服した今では、私を真の母として信じ、従ってくる人が百九十以上の国におり、日々増え続けています。

イエス様は、「私は神の息子であり、神は私の父である」、「私は独り子である」と言いました。独り子とは、天の父母である神様の初愛の実であり、初愛を受けることのできる王子を意味します。だとすれば、独り娘もいなければなりません。独り子は新郎であり、独り娘は新婦です。独り子と独り娘が出会い、結婚しなければなりません。それが聖書に出てくる「小羊の婚宴」です。この婚宴を経て、家庭を築くのです。天の父母様の願いとは、独り子と独り娘が真の家庭を築くことなのです。

人間の願いは、その真の家庭において、真の父母に出会うことです。人間は、真の父母の愛によって完成するのです。真の人間としてこの世を生き、永遠の生を生きるためには、真の父母に出会わなければなりません。たとえ死の道を行くとしても出会うべきなのが、真の父母です。歴史をすべて失い、後孫をみな失うことになるとしても、真の父母に出会えば、歴史を取り戻し、未来も取り戻すことができます。

聖書には、「わたしは道であり、真理であり、命である」（ヨハネによる福音書一四章六節）とありますが、ここには「愛」が抜けています。愛がなければ、私たちは何もできません。

「わたしは道であり、真理であり、命であり、愛である。だれでもわたしによらないでは、天の父母のみもとに行くことはできない」

このように、愛を加えてこの言葉を新たに心に刻むとともに、このような愛を持たなければならないのです。

地上の七十七億の人類が一人残らず、この地に顕現した真の父母に出会わなければなりません。真の父母によって祝福結婚を受けてこそ、真の生命と真の愛の道に進み出ることができるのです。

真の父母こそが道であり、永遠の真理であり、命であり、愛です。ですから、真の父母がそばにいるということは、とてつもなく喜ばしい事実なのです。人間が神様からいただける最高のプレゼントとは、み言《ことば》によって生まれ変わって真の父母の子女となり、そうしてさらに、氏族の真の父母になっていくことです。

六千年の間、父母を失っていた人類にとって、父母を見つけ出すこと、それ以上に幸せなことはありません。宗教を持つというのは、このように父母を捜すことです。そして、人間の究極の願いは、父母である神様のすべての祝福を受けることなのです。

私は真の母、独り娘として、そして宇宙の母として、すべての摂理を完成し、新しい時代を開きました。これからすべての人々がその事実を胸に刻み、真の父母の願いと一つにならなければなりません。そうしてこそ、真の父母の印を受け、平和の母、独り娘が導く生命の道を共に歩むことができるのです。

第十章
神世界に向かう偉大な挑戦

ひどく悲しくも美しい地

「ゴレ島というので、ゴレ（韓国語で「クジラ」の意）がたくさん獲《と》れる島かと思ったら、違うのですね」

韓国人は、「ゴレ島」と聞くと、クジラが獲れる島ではないか、捕鯨船がたくさん行き来する島ではないかと考えます。ゴレ島は、セネガルの首都、ダカールの沖に浮かぶ島です。もともと、一万キロ以上離れた韓国とは特別縁のない島でしたが、今では強い絆《きずな》で結ばれるようになりました。

翡翠《ひすい》色の海をかき分けて、旅客船がゴレ島に向かっています。私の周りに座った外国からの観光客たちは、素晴らしい景色に感嘆しながら、写真を撮るのに忙しくしていました。しかし、私の胸はしきりに痛んでいました。ゴレ島は美しい島でありながら、悲しみをたたえた島でもあります。そこに抑留されていた人々が流した痛恨の涙は、おそらく世界のすべての海を覆っても余りあるでしょう。

アフリカの西北部にあるセネガルは、大西洋に向かって飛び出ている地形のゆえに、アフリカ大陸の中では南北米大陸に最も近い所にあります。また、北のほうに少し航海すると、ヨーロッパに至ります。今でこそ、それは様々な面で良い条件となっていますが、まさにその理由から、過去五百年間、あらゆる苦しみと迫害を味わってきた国です。

キリスト教宣教の名のもとに、ヨーロッパからアフリカに来た宣教師の中には、本質を見失い、自国の利益だけを考える人もいました。彼らはアフリカを植民地にしながら、教育を施すこともせず、天が与えた天然資源を奪い取ることにばかり忙しくしたのです。

その上、肌の色が違うといって、アフリカの人々を人間扱いせず、奴隷にしました。そのような行動をキリスト教宣教の名のもとに取ったという事実は、真の母として、非常に心痛いことです。ですから私は、ずっと前からゴレ島を訪ね、そこを通過していったアフリカの若者たちの怨恨を解かなければならないと考えていました。

一五〇〇年代当たりから、ヨーロッパの人々は群れをなしてアフリカにやって来て、至る所を引っかき回しながら、奴隷狩りを行いました。男性でも女性でも、子供でもお構いなしに捕まえてはゴレ島などの拠点に集め、アメリカ大陸やヨーロッパ大陸に送り出したのです。

奴隷にされた人々は、足に太い鎖をはめられて身動きが取れない状態で、太らせるために豆を無理やり食べさせられました。病気にかかればすぐに海に投げ入れられて、サメの餌にされました。

平和だったゴレ島はあっという間に奴隷収容所となり、悲鳴と涙、苦しみと死があふれる地獄の島になりました。特に奴隷狩りが猛威を振るった約三百年もの間に、ゴレ島を経由して連れていかれたアフリカの人々は二千万人を超えるとも言われます。その中でどれほど多くの人が海で命を失ったのか、誰にも分かりません。

細長い形をしたゴレ島は、今や世界中の人々が訪れる観光地となりました。過去の痛憤と苦しみは一見、消え去ってしまったかのようです。白人も黒人もみな、遺跡地を見物するだけで終わってしまいます。東に行っても西に行っても、二十分も歩けば海に行き当たる小さな島です。

小ぢんまりとした集落に足を踏み入れると、観光客は感嘆の声を上げます。

「道に石が敷いてあって、まるでヨーロッパの路地裏を歩いているようです」

「家も古風で美しいですね」

ヨーロッパの人々が暮らした家は美しく古風で趣がありますが、その裏を十歩奥に行くと、黒人を閉じ込めていた奴隷収容所があります。窓もほとんどなく、暗くて狭い、汚れた石造りの収容所。そこに数百人ずつが獣のようにつながれた後、見知らぬ土地に連れていかれたのです。海に向かって開けた石の門は、そこを通って船に乗ると二度と戻ってこられないことから、「帰らざる扉」と呼ばれていました。

その門の前に立っていると、アフリカの人々の悲鳴と痛哭《つうこく》が聞こえてくるようです。観光客は好奇心から収容所に入り、あちらこちらをのぞき込みます。たまに、ため息をついたり、顔をひどくしかめたりする人もいます。朱色に塗られた門の前で祈りを捧げる白人もいないわけではありませんが、その一度の祈りで、アフリカの人々が数百年間経験してきた悲惨な思いや鬱憤をすべて解放してあげることはできないでしょう。

誰かがその悲惨な思いや鬱憤を受け止め、かき抱いてあげなければなりませんでした。皮膚の色が違うという理由だけで、人が人を搾取し、自由を奪うという不幸な歴史を断ち切らなければなりませんでした。ですから私は、一万キロ以上を飛び、いまだ悲哀に満ちているアフリカに足を踏み入れたのです。

黒真珠の涙、神様の懐に抱かれる

アフリカに行ってみると、赤色や黄土色の土がたくさん目に映ります。土が露《あら》わになった地面が広がっており、一日中風が吹いて砂が積もることで、町は赤色や黄土色に覆われています。また、「アフリカ」という言葉には「マザーランド」という意味がありますが、その言葉の持つイメージとは裏腹に、そこで暮らしている人々の日常は常に困難にさらされています。

ヨーロッパの人々は搾取ばかりして、アフリカにほとんど何も与えませんでした。神様を信じていながら、彼らを自分たちと同じ人間として扱わず、奴隷として連れていくばかりでした。アフリカの人々を慰めてくれる人はおらず、生きていく上で必要な助けを施してくれた人もそれほど多くはいませんでした。ましてや、救いのみ言《ことば》を聞かせてくれる人など、ほとんどいなかったのです。

私が初めてアフリカの地を踏んだのは、一九七〇年頃のことです。その時できた心のしこりが、長い間、消えませんでした。宣教師たちを続けてアフリカに送りながら、教会を建てるのは後回しにして、小さいながらも学校を建て、診療所を造り、工場を建設したのも、アフリカの人々の暮らしをより良くするためでした。ただし、それらは今の空腹を免れさせても、彼らの心の中にある疑問を解くことはできませんでした。

アフリカの人々は、家庭連合の宣教師や牧会者をつかまえては、いつも尋ねました。

「なぜ私たちは、このように苦痛の中で生きなければならないのですか？」

「真の父母様は、いつ私たちに会いに来られますか？」

「真の父母様は本当に私たちを愛していらっしゃるのですか？　アフリカに対する真の父母様のお考えは、どのようなものですか？」

彼らの切実な哀願は、海を越え、私の耳にも届きました。私はそのたびにアフリカに行きましたが、私を待つ人はあまりにも多く、国ごと、部族ごとに置かれた状況がみな違うため、同じ話をするわけにもいきませんでした。ある国では英語を使い、ある国ではフランス語を使います。また、ある国にはカトリックの信者が多く、ある国にはムスリムが多いため、顔の色は同じでも、お互いによそよそしくしているのです。部族間の紛争で十数年間、血を流す争いを繰り広げている国もありました。

私はどうすれば彼らの傷を癒やし、心を一つに束ねられるか、祈り求めました。そうする中で、アフリカのすべての政治指導者や部族長が一堂に会するようにしなければならないと思ったのです。

二〇一八年一月十八日のことを、私は忘れません。セネガルのダカールにあるアブドゥ・ディウフ国際会議場において、「神《しん》アフリカ――共生、共栄、共義と普遍的価値」というテーマで、「アフリカサミット二〇一八」を開催したのです。セネガルのマッキー・サル大統領をはじめ、アフリカ中から元大統領や首相、現職の大臣や国会議員が私からの招請に応じ、一堂に会しました。アフリカ大陸の最北端から最南端に至るまで、アフリカ諸国を中心に、六十カ国以上から約千二百人が参加したのです。アフリカでそれほど多くの国の人々が集まったのは、大陸史上初めてのことでした。

韓国では真冬の寒さが猛威を振るい、国中の人々が凍える季節でしたが、アフリカは熱い日差しのもと、一日中蒸し暑い風が吹いていました。人々は、熱望していた真の母の来訪を喜び、私の手を握って涙を流しました。私の講演に続いて、アフリカで活発に展開しているセマウル運動と国際ハイウェイ、そして鮮鶴《ソナク》平和賞の紹介がありました。また、私の後援により、「世界平和国会議員連合（IAPP）」、「世界平和宗教人連合（IAPD）」、「世界平和族長連合（IATP）」も結成しました。

その日の晩、韓国の誇りであるリトルエンジェルスによる祝賀公演が開かれました。長鼓《チャンゴ》の踊りや太鼓の舞、扇の舞、「お嫁に行く日」、「アリラン」など、韓国の伝統舞踊や歌を披露するたびに、聴衆からは感嘆の声が漏れました。セネガルの国歌に続き、同国の国民的アーティストであるイスマエル・ローの名曲「ディビ・ディビ・レック」を清らかな歌声で歌う時には、聴衆はみな涙を流していました。声を上げて泣く人も少なくありませんでした。歌一つで、人々の心が一つになった瞬間でした。そうして、彼らはアフリカに新しい希望と喜びがもたらされたことに対して、深い感謝の意を表したのです。

　翌日、私はゴレ島に発《た》つ船に乗り込みました。悲しみと苦しみの大地だったアフリカを解放、解怨するためでした。ゴレ島の奴隷収容所は二階建てになっており、主人である白人は二階に住んでいました。一方、一階にはアフリカの至る所から捕らえられてきた黒人奴隷たちが、船で運ばれるまでの間、滞在していました。そこは現在、観光客のために補修がされていますが、腰を曲げなければ入ることができず、光もよく入ってこないため、土窟のように陰湿です。

　ゴレ島を訪れる各国首脳や指導者のほとんどは、主に二階を見学して帰るのが慣例になっています。しかし、私は一階の「帰らざる扉」に手を当て、奴隷となった人たちの解怨のために切実な祈りを捧げました。共に参加していたゴレ島の区長をはじめ、多くの人々が共に痛哭《つうこく》しました。

　既にこの世を去った霊魂を解怨するのは、生きている人の心情を慰めることよりはるかに困難です。それは人類を救う使命を持った独り娘の切実な求めがあってこそ、できることなのです。私は沈黙する収容所の石壁と向かい合い、これまで誰も断ち切ることのできなかったアフリカの悲惨な抑圧の鎖を、永遠に断ち切りました。

その収容所の向かい側にある小さな広場には、聖母マリヤの像があります。そのそばの黄色い壁に、手のひらほどのネームプレートがいくつか掛かっていました。島を訪れた世界の有名人たちの訪問を記念したプレートでした。セネガル大統領と国民の申し出によって、私の名前が刻まれたプレートも付けられることになったのですが、その近くには、二〇一三年にここを訪れたアメリカのオバマ元大統領のプレートもありました。

セネガルの人々は、声をそろえて私に言いました。

「悲しみの大地、アフリカに温かな恵みを下さり、五百年間、背負ってきた苦痛を解怨してくださったことに深く感謝申し上げます」

「この小さなネームプレート一つで恩恵のすべてに報いることはできませんが、私たちのための貴い足跡を永遠に記憶させてください」

本土に戻る船を待ちながら、私はふと気になって、島の住民に尋ねました。

「船は一日に何回来ますか？」

「朝に一度、午後に一度来ます」

「夜に体調を崩す人がいたら、どうするのですか？」

「夜通し我慢して、朝になってから本土に向かいます」

「病状が急変して、命が危ない状況になったら……？」

「それが大きな心配事です。ここには病院もなく、医師もいませんから……」

私は船を買ってあげることを約束し、救急用の船舶をゴレ島に寄贈しました。過去、数百年にわたって数え切れないほど多くの命が犠牲になったのに、ただ船がないという理由だけで、再び不幸な目に遭わせることはできませんでした。

アフリカは、まだ暗闇に沈んでいます。自然は美しく豊かですが、人々は不毛な土地に住んでいます。それでも、そこで暮らす人々は優しく穏やかで、まじめです。私はアフリカの人の瞳を見るたびに、美しい黒真珠を思い浮かべます。太陽の光を浴びてキラキラと輝く、丸くて小さな黒真珠。アフリカの人々は貧しい生活をしていますが、その瞳は、黒真珠のようにみな輝いているのです。彼らを見ながら、私は創造主、天の父母様の摂理を実感するのです。

真っ青な玄界灘《げんかいなだ》の架け橋となって

「ここまで来るのに、大変だったでしょう」

「来ること自体はそうでもありませんでしたが、飛行機のチケットを手に入れるのに苦労しました」

韓国で行事が開かれると、日本から多くの信徒が大挙して押し寄せます。私は彼らのことが心配で、いつもその状況を尋ねます。少ないときで三千人、多いときは六千人が、一日か二日の間に信仰の本郷の地である孝情《ヒョヂョン》天苑（京畿《キョンギ》道《ド》加平郡《カピョングン》所在）に集まるのです。仁川《インチョン》空港、金浦《キムポ》空港から来る人もいれば、中には釜山《プサン》から入って、バスを乗り継いで孝情天苑まで来る信徒もいます。

日本の信徒にとって、信仰の祖国である韓国を訪問し、家庭連合の出発地である釜山のポムネッコル聖地をはじめ、青坡洞《チョンパドン》教会など各地に散らばっている聖地を巡礼して祈りを捧げることは、生涯にわたる栄光であり、願いなのです。数千人の信徒が信仰を抱いて韓国を訪れる様子は、あたかも巨大な波が迫ってくるかのようです。それはアジアの未来を変える光景でもあるのです。

天の摂理において、アジアが未来の大陸として脚光を浴びている理由は、家庭連合の勢いが最も盛んだからです。最初に家庭連合（統一教会）を受け入れた所は日本です。一九五八年七月、崔奉春《チェボンチュン》（日本名、西川勝）宣教師が釜山から密航船に乗って日本に渡り、宣教を始めました。宣教の路程は苦難の連続でしたが、凄絶な闘いを通して日本の地を開拓し、ようやく一九五九年十月二日金曜日の午後七時十五分、東京の古い建物の二階に四人が集まって、日本の家庭連合史における最初の礼拝を捧げたのです。その後、六十年以上の歳月をかけ、家庭連合は日本全国で着実に成長を遂げてきました。

しかしその路程は、ほかに類を見ないほど険しいものでした。キリスト教会からは異端だと絶えず非難され、勝共運動をしているという理由で、共産主義者からは激しい迫害を受けました。殉教する人も出るなど、苦しみはとどまることを知りませんでした。

さらに日本政府は、ダンベリー刑務所での収監期間のゆえに、夫の文《ムン》総裁に入国ビザを出すこともしなくなったのです。また、有名人が次第に祝福結婚式に参加するようになると、反対している人々は教会が大きくなっていくことに脅威を感じ、マスコミを通して猛烈に批判してきました。家庭連合に通う息子、娘を親が拉致監禁し、大きな社会問題にもなりました。

それにもかかわらず、日本家庭連合は成長を続け、日本社会の大きな灯火となったのです。これまでに数万人の日本人信徒が世界各地に向かい、宣教と奉仕を通して、「原理」のみ言《ことば》を伝えるために精誠の限りを尽くしてきました。


一方、日本には韓民族の多くの同胞も住んでいます。しかし一九九〇年代に入るまで、在日本大韓民国民団（民団）と在日本朝鮮人総聯合《れんごう》会（朝鮮総連）は、同じ韓民族でありながらも思想的背景を異にするため、互いに排斥し合っていました。同じ民族がまるで水と油のように交わらずにいるというのは、大きな不幸でした。

私たちは勝共活動をしながらも、その一方で、朝鮮総連と忍耐強く関係を築いてきました。

朝鮮総連の同胞の韓国訪問を推進すると、彼らは最初、疑いの眼差しを向けてきましたが、真摯に向き合って誘っていく中で、次第に気持ちに変化が起こり、韓国訪問団に参加するようになったのです。一度韓国に足を運んだある朝鮮総連の同胞は、共産主義を捨てました。

私は一九六〇年代から、時間ができるたびに日本を訪ね、信徒に会って話をし、宣教師たちを励ましてきました。東京、名古屋、北海道など、様々な都市で百数十回も大会を開き、神様のみ言を伝えました。

中でも長野は、冬季オリンピックが開かれたこともある中心都市です。この地域の家庭連合は当初、信徒の数が少なく、教会の建物も小さかったのですが、私の励ましに勇気づけられ、成長を重ねてきました。美しく建てられた教会の隣には、「花郎徒《ファランド》」という名前が付いた小さな修練所もあります。新羅《シルラ》時代の花郎徒の精神を高く掲げ、自分たちでそのように名付けたということです。

私はこの教会を訪れて信徒たちを励まし、ここから神様のみ旨を結実させなければならないと伝えました。そうして、教会の裏手にリンゴの木を一本、植えたのです。それからしばらくして再び行ってみると、リンゴの木はすくすくと育ち、立派な実を実らせていました。そのリンゴの木のように、日本に蒔《ま》かれたみ言は芽を出して大きく成長し、多くの実を結んでいます。

また、日本が天災地変や困難に遭うたびに、私は心を傾けてきました。近年では、数多くの命を奪った東日本大震災をはじめ、熊本地震、岡山県の水害（西日本豪雨）など、災害が起こるたびに慰労しました。

二〇一八年の夏、日本のさいたまスーパーアリーナで宣教六十周年記念「二〇一八神《しん》日本家庭連合希望前進決意大会」が開かれました。私は、日本は過去の過ちを認め、未来のために韓国と一つになり、手を取り合って進まなければならないと話しました。そして、私はその場で、日本と韓国が一丸となって日韓トンネルを開通させ、世界中を結ぶ国際ハイウェイを建設することを改めて提唱したのです。

私は、日本を「神日本」として祝福しました。それ以降、新しく生まれ変わった日本は、社会と文化が根本的に変化してきています。神様の懐に抱かれて何万人もの人が新しい人生を出発しており、毎年数万、数十万人の信徒が玄界灘《げんかいなだ》を渡って、信仰の祖国である韓国を訪れています。その足取りが、一時は怨讐《おんしゅう》関係にあった韓国と日本の和合に向けた、架け橋となっているのです。

天の摂理のために、真の父母は日本を母の国として祝福しましたが、母親は子供のためならば、すべてを惜しまずに捧げます。子供の世話をするために、母親が夜を明かすこともあるように、日本は全世界のために、自ら進んで犠牲の道を行かなければならないというのです。母の国として、世界のために献身しなければならないのです。

中南米に蒔《ま》いた愛と奉仕の種

「悲しみで言えば、中南米も、アフリカに勝るとも劣らないでしょう」

中南米の人と話をすると、必ず出てくる哀訴です。その訴えはさらに続きます。

「資源の多いことが、むしろ私たちの生活を疲弊させることになったのです」

中南米は、アフリカに負けず劣らず、無慈悲に搾取された歴史を持つ大陸です。五百年近く、ヨーロッパの強大国から植民地支配を受け、多くの資源を収奪されたため、いまだ貧しい国が少なくありません。

特に先住民には、収奪の傷跡以上に、抹殺された同族の人々の凄惨な記憶が残っています。ヨーロッパの人々は、ただダイヤモンドなどを手に入れるため、植民地を少しでも広げるため、伝染病の流行を放置して先住民を根絶やしにしようとまでしたのです。

二度の世界大戦を経た後も、共産勢力が勢いを増したため、民主主義が定着するまでに多くの困難を経ました。その過程で血なまぐさい内戦も起き、数多くの人々が命を落としました。そのため、私は中南米の空港に降りるとまず、その傷ついた霊魂を慰める解怨の祈りを捧げています。

凄絶な受難を経たにもかかわらず、中南米の人々は純朴で、みな少しでも良い生活をするために汗を流しています。宗教に深く帰依する心もあります。資源は豊富で、天候は一年中暖かく、人が暮らすのに適した所です。また、原始の自然がそのまま残されており、まさに天恵の地と言えます。中南米に足を踏み入れた瞬間、目の前に広がる大地と太古の自然、親切で善良な人々の姿に、誰もが大いに好感を持つことでしょう。

その中南米に、私たち夫婦は誰よりも深く精誠を尽くしました。家庭連合が中南米に最初の一歩を刻んだのは、一九六五年のことでした。その後、宣教師たちが中南米の各地に渡って教会を建て始め、信徒が徐々に増えていきました。中南米の大半の国はカトリックが生活宗教として根づいていますが、私たちは精誠の限りを尽くして「原理」のみ言《ことば》を伝えました。

私たちは多くの大会と行事を行い、数多くの宣教師や世界各国の信徒が中南米を訪れて奉仕活動を行いました。小学校から大学まで学校を建て、原生林を開墾し、農場を造って貧しい先住民の生活を向上させました。また、道を切り開いて部族同士が交流しやすいようにし、病院を建てて病人を治療するとともに、数十台の救急車も寄贈しました。

当然のごとく、教会を建てる作業はいつも後回しにしましたが、それでも信徒たちのたゆみなき献身に心を開く人が増え、教会は徐々に定着していきました。

中南米に注いだ精誠の中で最も意義深かったのは、「南北米統一連合（CAUSA《カウサ》）」を設立したことです。一九八〇～九〇年代、中南米で社会主義が勢力を伸ばし、大陸全体が共産化される危機にさらされていました。

もしメキシコが共産国家となれば、国境を接しているアメリカはそのメキシコに対抗するため、世界各地に派遣している米軍をすべて自国に呼び戻すでしょう。そうすれば、韓国や日本は言うまでもなく、アフリカやヨーロッパにまで、共産主義の魔の手が伸びることになります。全世界が共産化されるのも、時間の問題となります。

文《ムン》総裁と私は、この事態を何としても止めなければなりませんでした。そこで、中南米に左翼政権が次々と発足し、露骨に共産化政策を進めていく状況の中で、ＣＡＵＳＡをつくり、指導者と青年たちに「統一思想」を教えたのです。そうして、数多くの青年が共産主義に染まるのを防ぎました。またパラグアイ、ウルグアイ、ブラジル、アルゼンチンの四カ国を経済的に結びつけ、中南米が一家族になるように導きました。

これにとどまらず、十七カ国を巡回しながら、「真の家庭と私」というタイトルで講演も行いました。その際、八カ国で大統領に会いましたが、彼らはみな一様に、私たち夫婦が共産主義の侵食を阻止したことに深い感謝の言葉を述べてくれたのです。

自然はそのままのときが一番美しい

一艘《いっそう》のボートが、けたたましいエンジン音を鳴らしながら、青々とした川の流れをかき分けて進んでいます。エンジンこそ付いていますが、ひどく古びたボートです。一人が急に立ち上がると、ボートがぐらつき、そこら中から悲鳴が上がります。ひょっとして沈みはしないだろうか、と瞬間的に恐怖に襲われるのです。揺れが収まり、もう大丈夫だろう、と安堵《あんど》したのも束《つか》の間、また誰かが突然、声を上げます。

「うわっ、これは何だろう」

大きな魚が一匹、水の上を飛び跳ね、甲板にドスンと落ちたのです。鋭い歯を何十本も覗《のぞ》かせるその魚は、熱い日差しの下で跳ねています。そばにいた二、三人が怯《おび》えて後ずさると、同乗していた先住民が長い棒でその魚を拾い上げ、川の中に戻してやります。

「驚きました。何という魚ですか?」

「ドラドといいます」

ブラジルのジャルジンの川には、奇怪な魚が数え切れないほどたくさんいます。南米は、いつも春か夏の気候であり、常に花が咲き、食べ物も豊富です。そこは、人間が暮らす上で最も良い地であると同時に、あらゆる動物と植物が共生している所なのです。

緑豊かなその地は、動物や植物と共に生きていく地上の楽園です。その楽園の中でも最初にモデルとなり得る地が、ジャルジンです。

原生林と湿地から成るこの巨大な奥地は、生命の楽園と呼ばれる地域で、多くの生き物が生息し、最も自然が躍動している土地です。鳥や昆虫、魚がどれほど生息しているか、自然がどれほど生き生きとしているか分かりません。ジャルジンをはじめ、その周辺地域には湖のように澄んだ川が流れ、二十以上の滝があります。

私たちがジャルジンを訪れたのは、一九九四年の十二月でしたが、ブラジルは真夏の気候でした。ジャルジンの地に着くと、そこはどこまで行ってもアリの巣ばかり見える平原でした。その月は禁漁期間でしたが、私たちは警察の保護を受けながら、川で釣りの修練を行いました。日差しが強くなってくると、警官は川に入って仰向けにプカプカと浮かびながら、私たちが魚を釣る様子を不思議そうに見守っていました。

昔から、ジャルジンには「主が来る所」という預言が伝えられていました。パラグアイ川やアマゾン川は、奇怪な木々や蔓《つる》、巨大な樹木が絡み合っており、体をかがめてようやく抜け出せるような、危険な場所ですが、私たちは小さな船を頼りに、夜明けに出発し、猛暑と蚊の大群と闘っては、夜中に帰ってくるという極めて過酷なスケジュールをこなしました。一番大変だったのは、体を洗うことでした。狭い船の中で適当に衝立《ついたて》を立て、川の水で体を洗ったのです。

私は、そのような原始の自然がとても気に入りました。私たちはそこにジャルジン教育本部を建て、「ニューホープ農場」を造って、神の国を建設する実践の場としました。そこで最初に指導者修練会を開いた時は、修練所として、トイレや食堂すらない古びた簡易倉庫を使いました。この上なく不便な所でしたが、指導者たちをいつもそこに集め、生き生きとした体験ができる教育を行ったのです。汚染されていない、本然の自然の中で釣りと訓読をしながら、何の分け隔てもなく生活を分かち合う心情修練でした。

生態系がしっかりと保全されているジャルジンに農場を造った理由は、神様が太初に創造されたエデンの園を再現できるからです。そうして、そこに世界中の人々が集まり、自然と共に愛を感得しながら暮らすことのできる共同体をつくったのです。

もう一つの地上の楽園であるパンタナールは、神様が創造されたすべての生き物が、パラグアイ川を中心に、本然の姿のままで命をつないできた所です。魚をはじめ、動物、植物がすべて太初の姿のままなので、エデンの園とはまさにここのことではないだろうか、と深く感銘を受けるほどです。

そこではスルビ、パクー、カピバラ、レア、ワニ、ペッカリー（ヘソイノシシ）が気ままに、たくましく生きています。ピラニアは群れをなして泳ぎ、人にも危害を加えます。パンタナールは世界で最も大きな湿地であり、その一部がユネスコの自然遺産としてそのまま保全されているため、理想村を築くために選ぶことのできる唯一の土地でした。四方が危険に囲まれている環境ですが、これからの人類の食糧問題を解決するため、必要な場所でした。

中でも最も大変だったのは、チャコという地域です。そこはボリビア、パラグアイ、アルゼンチン、ブラジルにまたがるグランチャコの一部で、まさに奥地の中の奥地です。一九九九年、私たちは日本の元老信徒に、チャコのプエルト・レダを開拓するよう頼みました。レダはチャコの中でも最も生活するのが不便な所でしたが、信徒たちは袖をまくり上げ、汗を流して働きました。数年もせずにそこは人と自然が美しく共生する所に生まれ変わり、誰もが住みたいと思う理想村になりつつあります。

養殖場を造って住民の生活を改善させ、飢えに苦しむ貧しい人々の手助けをしました。牧場で牛や豚などを育て、百六十カ国に分け与えて育てさせる計画も立てました。また、パラグアイ川近くの何もない土地に、苦労に苦労を重ね、木を植えました。

私は南米に行って、何度も涙を流しました。広大な地で苦労しながら生きる人々の苦しみに涙し、学習意欲にあふれながらも文字すら学ぶことのできない子供たちを見ながら、心が張り裂けそうになりました。一日一日を生きるので精いっぱいの人々に、神様のみ言《ことば》を伝えるのは本当に難しいと訴える宣教師たちの言葉に耳を傾けながら、私たちは彼らの肩を静かに抱き、ただただ、一緒に祈りを捧げました。

「後日またここを訪れ、幸せの地にいたします。神様、ここをお忘れにならないでください」

基本的な社会的施設が不足しているチャコには、子供たちを教育する学校が必要であり、病院も必要でした。また、彼らは何よりも、飢えから脱するための生活基盤を必要としていました。そのため、私たちは世界中の信徒から寄付金を集め、チャコに注ぎ込んだのです。一朝一夕ですべてを変えることはできませんが、子供たちに希望を与え、青年たちに「我々も豊かに暮らせる」という展望を持たせることができただけでも、信徒たちには慰めとなりました。

崩れゆく生態系を守るためにも、私たちは汗を流しました。開発という美名のもと、アマゾンの密林を無差別に伐採してしまうと、地球全体に取り返しのつかないほど悪影響を及ぼします。魚の乱獲、無意味な動物の殺生は、どこであっても決してそのまま見過ごすことができない深刻な問題でした。

全世界で八億人が飢餓にあえいでいた時代には、南米もその例外ではありませんでした。南米のいくつかの国では、牛肉やトウモロコシ、大豆が豊富にあるにもかかわらず、栄養失調で苦しむ子供たちがたくさんいました。私たちは彼らを救うために農場を造り、牛や豚などを育てました。また自然保護のため、資源をどのように活用するか真剣に悩み、研究しました。

オオカバマダラは、羽を広げても十センチほどにしかならないチョウですが、カナダからメキシコまで、五千キロの距離を飛んでいき、冬を越します。それを誰かが教えたわけではありません。これこそが真実であり、自然の法則なのです。

自然と私たち人間は、不可分の関係にあります。自然についてしっかり学んでこそ、自然に表れている神様の創造の神秘を悟ることができます。神様が私たちのために万物をお造りになった時の限りない喜びと愛を感じ取ることができるのです。そうすれば、私たちも愛と感謝の気持ちを持って一日一日を生きることができます。その真理を学べる地が南米です。その天恵の大地において、「神様のもと、人類は一家族」という立場で家族愛を実践することで、私たちは本郷を訪ねていくことができるのです。

全世界の国会議員を一つに結ぶ大遠征

ネパールは、海がない代わりに、世界で最も高い山を持つ自然の豊かな国です。数多くの登山家や観光客が訪れますが、生活環境はあまり良くありません。カトマンズ空港に降りると、待合室の床で二匹の犬が穏やかに昼寝をしています。誰もその犬を追い出そうとはしません。二車線の道路を自動車やバイクが走っていると、突然一斉に停車することがあります。前方で一頭の牛がのそりのそりと歩いているからです。その牛が道を空けると、ようやく車を再び走らせることができるのです。

中国とインドの間に挟まれたネパールは、鎖国していたこともあり、経済的には遅れを取らざるを得ませんでした。しかし、家庭連合に出会ってから、大きな変化が起こったのです。特に二〇一六年の夏は、この先、長く忘れることのできない年となりました。アジアの各国から、政治・経済・宗教・教育界の指導者数百人が一斉に訪ねてきたからです。歴史上初めて、世界平和国会議員連合を創設するためでした。

世界平和は一人、二人の努力だけでは成し遂げられません。一般市民から政府の高官に至るまで、様々な階層を越えて、多くの人が積極的に立ち上がらなければならないのです。世界のあらゆる国には、大なり小なり国会があります。そこに集う議員はみな、国民の貴重な一票によって選ばれた人物であり、民意の代弁者です。世界各国を巡回している時、巡回先でその国の国会議員が訪ねてくるたびに、私は彼らに、国家と国民によって与えられた大切な使命を忘れないようにと何度も伝えました。そして、ただそのように伝えるだけでなく、平和を定着させるため、実質的な活動をすることにしたのです。

「各国の民意によって選ばれた国会議員を集め、世界平和国会議員連合を創設しなければなりません。議員たちが額を合わせて、『平和のために何をすべきか』と知恵を絞り、心を合わせれば、平和はより早く、自然な形で訪れます」

私のこの言葉を出発点として、世界中の国会議員を一つに結ぶ長い長い大遠征が始まりました。国家、人種、文化を超えて、人類の生活を脅かす頭痛の種を解決しようとしたのです。

それは決して簡単なことではありませんでした。どの国の国会も与党と野党に分かれ、葛藤と対立を起こしています。そのため人々は、「政党の違う議員が快く一堂に集まるだろうか？」と心配していました。しかし、私には少しの不安もありませんでした。私の提案を受け入れない国会議員はいない、ということがよく分かっていたからです。

世界平和国会議員連合は二〇一六年二月、韓国の国会議員会館で開かれた国際指導者会議で創設決議案が採択されたのを最初の一歩として、大陸ごとに巡回しながら、大会を開いていきました。大会のテーマは、「私たちの時代の主な挑戦課題の解決――政府、市民社会、宗教団体の役割」に決めました。

日差しの強い真夏のネパールに人々が続々と集まり、ついにアジア・オセアニア圏の大会が始まりました。二十九カ国から来た百六十六人の国会議員を含め、合わせて五百人以上の人々が、遠路をものともせず、参加したのです。ネパール国民はもちろん、大統領までが直接足を運んで、深く感謝の意を表してくれました。当初の大方の心配とは打って変わって、最初の大会から大盛況となったのです。皆が、「韓《ハン》総裁には慧眼《けいがん》がある」と驚いていました。その後の大会も毎回、会場は満員となりました。

ネパール大会に続いて、ブルキナファソの国会議事堂で行われた西・中央アフリカ圏の創設式には、二十四カ国から六百人以上が集まり、共に熱い議論を交わしました。秋にイギリスのロンドンで開かれたヨーロッパ・ユーラシア・中東圏大会には、四十カ国以上から約三百人が参加しました。私は創設者として、彼らに次のようなメッセージを伝えることを忘れませんでした。

「永久なる平和世界を建設するためには、各国の政治に責任を持つ指導者が正しい人格を備え、良心の声と道徳の価値に従わなければなりません。世界中の国会議員が一つになって平和のために協力し合えば、世の中は変わるでしょう」

十月にはコスタリカで中米・カリブ海圏大会、パラグアイで南米圏大会が行われ、十一月の初めには東アフリカのザンビアで東アフリカ圏大会が行われました。ザンビアは暑い日が続いていましたが、その暑さをものともせずに集った参加者たちは私の平和思想に共感し、苦しみの歴史を清算して、希望の平和時代を築いていくことを決意しました。

こうして残る国は、日本とアメリカだけになりました。果たして日本の現職国会議員は何人参加するだろうか、と人々はハラハラしていました。しかし、そのような心配をよそに、閣僚を含む六十三人の国会議員と共に、有識者二百人以上が集まり、大会は大盛況となったのです。政治理念と文化の違いを超えて平和世界をつくっていこうという趣旨に、ためらうことなく集まった彼らに対して、平和を渇望する私の志とその実現への道を提示すると、みな心を一つにして、歓迎してくれました。

最後に残ったのは、これまでの成果を集約し、世界的な舞台において、歴史になかった世界平和国会議員連合を誕生させる大会でした。その最後の勝利大会の場所は、アメリカのワシントンＤＣに決定しました。

二〇一六年の末にアメリカで世界平和国会議員連合の創設大会を開くための準備に際して、上院議員会館の担当者が私たちに、由緒あるケネディ・コーカス・ルームで大会を開けるよう、配慮してくれました。

「大会を開催できる部屋はいくらでもありますが、重要な大会ですから、私どもがケネディ・コーカス・ルームを準備しておきます」

ケネディ・コーカス・ルームは、ジョン・Ｆ・ケネディが一九六〇年の大統領選挙への出馬宣言をした場所です。それを記念して名付けられたこの部屋では、これまでアメリカや世界の歴史にとって重大な意味を持つ大会だけが行われてきました。担当者たちは、人類歴史に新しい里程標を打ち立てる重要な世界平和国会議員連合の創設大会を、意義深い場所で開催できるようにしてくれたのです。

二〇一六年十一月三十日、冬の雨がしとしとと降る中、五十六カ国から来た国会議員と主要参加者約五百人が会場をいっぱいに埋め尽くしました。そのうちの大部分は、各大陸で先駆けて開かれた行事に既に参加しており、隣国の人同士、抱き合いながら再会を喜んでいました。大国から来た人たちもそうですが、特に小国から来た人々は、世界的な行事に参加できたことに、言い表せないほどの喜びや希望を抱いていたようです。アフリカのベナンの国会副議長が語った言葉が、人々の深い共感を呼びました。

「私は青年時代に文鮮明《ムンソンミョン》総裁、韓鶴子《ハンハクチャ》総裁の平和原理を学びました。今でもその教えを実践しています」

私たちが平和への新しい道を示したことに対して、多くの人々が感謝の気持ちを述べてくれました。創設大会には、長きにわたり私たち夫婦と親交を結んできたアメリカ議会上院の重鎮、オリン・ハッチ議員も駆けつけてくれました。彼は、私のスピーチ後に演壇に上がると、私たちが数十年間、変わることなく平和運動を展開してきていることに対して、深い感謝の意を表してくれました。一九七七年からずっとアメリカの上院を守ってきたハッチ議員は、私の平和運動を積極的に支援してくれました。上院で民主党を代表する一人であるエド・マーキー議員も、私たちが環境保護に貢献したことについて感謝を述べ、これからもずっと支持することを約束してくれました。

ワシントンDCでの大会をゴールに、世界平和国会議員連合創設のための長い長い路程は一段落しました。一年かけて、地球を一回りしながら六大陸で開いた大会には、合わせて百九十カ国の現役国会議員約二千五百人と共に、二万人以上の人々が参加し、まさに大成功となりました。

大会と共に、自転車に乗って国土を通過するピースロードも開かれ、市民の熱い歓迎を受けました。ピースロードは、「韓半島の平和統一」を祈願しながら、自転車に乗って大陸を通過するプロジェクトです。同時に、国際ハイウェイを通して全世界を一つの交通網でつなぎ、世界で起こっている紛争と葛藤を解消して、人類を一つの家族にしようという願いもこのイベントに込められています。

リトルエンジェルスは各大陸の行事において、韓国の美しい伝統舞踊と歌を紹介するとともに、大会開催国の国歌や民謡を歌って、参加者たちの心を強く揺さぶりました。

有史以来、これほど多くの国の国会議員が集まったのは初めてのことです。彼らは国家という垣根を越え、人種の違いを意に介さず、宗教の違いをも超えたのです。一時は怨讐《おんしゅう》のような間柄だった隣国の国会議員との間でも、三、四日間向かい合って座って過ごす中で、「これから我々は、平和のために何をすべきか？」と、真剣な議論が始まったのです。

義人を探し、神《しん》世界の希望の岬に立つ

「なぜ人々は、アフリカを『暗黒大陸』と呼ぶのでしょうか？」

私は昔から、アフリカに多くの関心と愛情を抱いていました。アフリカは抑圧と紛争、不幸の歴史が絡み合う「暗黒大陸」でした。しかし、困難に満ちた生活がいつまでもアフリカで続いてはいけません。アフリカの最南端に行くと喜望峰がありますが、私は国際ハイウェイの出発地を喜望峰に定めました。人類を救うべき平和の母、独り娘として、私はアフリカに希望を与え、その涙をぬぐってあげなければならないのです。

二〇一二年、文《ムン》総裁が聖和《ソンファ》した時、私は「これからは地上の重荷を降ろし、天に安らかに入城して、天の父母様を慰労してください」という言葉を贈りました。聖婚した日、「私の代でみ旨を成してさしあげます」と天の前に約束したことを、私は一時も忘れたことがありません。

神様に対する孝情《ヒョヂョン》の精神で、東から西、南から北へと飛び回りながら、私は休むことなくみ言《ことば》を伝えました。口の中がただれ、足がむくみ、時には立っていることすらできないこともありましたが、「必ず私が成し遂げる」という約束を守るため、地球の至る所を訪ねて回りま

した。神様の願いと理想を成し遂げるため、一度としてまともに休むこともできないまま、ひたすら歩いた涙の路程でした。

神様に侍《はべ》るための神《しん》氏族、神国家、神世界創建のための路程は、決して生易しいものではありませんでした。「二〇二〇年までに必ず七カ国を復帰する」という決意の中、「私だけが残りました」という立場で、天に向かって何千回も祈りました。

そうして、ついに天から答えが届いたのです。二〇一七年七月十七日のことでした。家庭連合世界本部の尹煐鎬《ユンヨンホ》事務総長が、文《ムン》総裁から啓示を受け、黄金でできた三つの鍵を受け取ったのです。当時、尹事務総長はオーストリアにおける「神ヨーロッパ希望前進大会」を皮切りに、二〇一八年にはブラジルにおける「中南米ワールドサミット二〇一八」など、大小様々な行事を準備していました。

私はその報告を受け、これまでに縁のあった義人三人をアメリカの行事に招請しました。それはセネガルのマンスール・ディウフ師、南アフリカのサミュエル・ハデベ預言者、ジンバブエのヨハネス・ウンダンガ牧師の三人です。

二〇一八年一月、私はアフリカに向かいました。「アフリカワールドサミット二〇一八」の開催国にセネガルを選んだのは、そこに天が準備した義人がいたからです。イスラーム圏であるその国で、八百万人、あるいは一千万人以上の信徒を抱える首長たちが、独り娘の顕現を熱烈に歓迎したのです。

セネガルの義人、マンスール・ディウフ師は、イスラームで最も影響力のある指導者の一人です。そんな彼が、私の話に強く感化されたのです。彼はサミットを自分が直接準備しようと、マッキー・サル大統領を訪ね、宗教指導者としての自らの名誉を懸けて、「真のお母様をここにお迎えしなければ、アフリカの歴史を委ねられる場所はほかにない」と訴えたのです。

マッキー・サル大統領は国際会議場をはじめ、サミットのための最先端施設、さらには大統領が使用する防弾車を用意するなど、準国賓として私を遇してくれました。私の行く先々で護衛に当たってくれたのも、大統領直属の警護チームでした。しかしながら、私がセネガルに到着した時点でもまだ、大統領自身がサミットに参加するかどうかは未確定だったのです。

私はマッキー・サル大統領に会い、四十分近く、天の摂理について説明しました。イスラーム国家のトップの前で、アダムとエバのことから、祝福の重要性、独り娘の摂理に至るまで説明したところ、その場に一緒にいた大臣たちまでが、非常に驚いた様子を見せました。

「明日、サミットに参加します」

話を終えると、マッキー・サル大統領は快く承諾しました。彼は、私が単に名誉や権力、何か世俗的な利益を追い求めているのではなく、切実に、そして真摯に、人類の救いのために取り組んでいることに感銘を受け、心を動かされたのです。

彼はそれから、あらゆる行政の力を動員してサミットを支援するとともに、全国で行事の生中継を視聴できるよう、指示してくれました。国営放送を通じて行事を生中継したというのは、驚くべきことでした。開会式で私は原稿なしで、神《しん》アフリカの摂理と人類の救いについて話しました。

「私は真の母と共に、神アフリカを建設したいです」

マッキー・サル大統領は答辞として、感謝の言葉を述べてくれました。開会式後、マッキー・サル大統領は信仰的に、「私は真のお母様の息子になります」とも告白しました。

二〇一九年六月、私は南アフリカを訪れ、ヨハネスブルグでアフリカサミット、および「孝《ヒョ》情《ジョン》ファミリー十万組祝福祝祭」を行いました。天はこの一時のために、義人のサミュエル・ハデベ預言者を準備していました。一連の行事には、アフリカの全域から元・現職の大統領および首相十二人をはじめ、大臣や国会議員、宗教団体の長や宗教指導者五百人以上が参加し、アフリカにおける真の家庭運動の結実となりました。私は、アフリカ大陸がこの十万組の祝福家庭によって、世界の光、灯火としての神アフリカになるように祝願しました。

サミュエル・ハデベ預言者は、四百万人の信徒を抱える宗教団体の長で、霊的な指導者です。彼は自らを、将来来られる主を証《あか》す預言者と称し、「南アフリカ共和国と共に、アフリカが、平和運動のために生涯を捧げてこられた韓鶴子《ハンハクチャ》総裁を独り娘、真の母として歓迎します」と証ししました。この日は、南アフリカの国営放送であるSABCが祝福行事全般を生中継し、国中がお祭りの雰囲気に包まれました。

その約半年前となる二〇一八年十一月、ネルソン・マンデラ元大統領の誕生百周年記念行事と祝福行事のために南アフリカを訪れた際、尹《ユン》事務総長がハデベ預言者に、「お母様が呼んでいらっしゃいます」と伝えました。ハデベ預言者はその時、新たな教会を開拓するためにモザンビークを訪問していたのですが、そのメッセージを聞くや否や、すぐさま自分の専用機に飛び乗り、祝福式が行われるケープタウンに駆けつけたのです。私は彼に、摂理史を全般にわたって説明しました。人類に対する神様の創造理想、堕落、救済、そして独り娘の摂理に至るまで、詳細に話したのです。

ハデベ預言者はその話に感動し、私を母として受け入れ侍《はべ》ること、すなわち私の息子となることを願い出ました。そして、たとえ自分が信奉する宗教と理論体系は違ったとしても、私のことを天が準備した独り娘、真の母として、証ししたのです。そのハデベ預言者に、尹事務総長が私の願いを伝えました。

「お母様は来年、十万組の祝福式を望んでいらっしゃいます」

彼は快く承諾しました。これまでアフリカを訪ねてきた多くの宗教指導者とは違い、私がひとえに、アフリカのために祝福を与えたい一心で来たことを悟ったのです。彼は、母の真の愛とは何かを知りました。そして、私に心情的な告白をすることによって、私と心を一つにしたのです。

ハデベ預言者は二〇一九年六月、祝福式の会場となったヨハネスブルグのオーランド・スタジアムの準備はもちろん、私が到着する空港のラウンジから、身辺を守る警護チームなど、行事の様々な準備を自ら手配しました。

それにとどまらず、同年十二月には同じヨハネスブルグで、今度は会場に二十万人、インターネット中継を通して三百万人の祝福式を勝利してくれました。

私はアフリカサミットが行われた六月七日の午後、ヨハネスブルグのソウェトを訪れました。南アフリカは人種差別政策によって、人種間における過酷な試練を経験した国です。白人は、人口の大半を占めている黒人の土地を強奪し、黒人が土地を買うことも借りることもできないようにしました。身分証がなければ、思うように出掛けることもできず、白人と同じレストランで食事をすることも、同じバスに乗ることもできなかったのです。

ソウェトは、黒人隔離政策に対する抵抗運動が起こった地域であり、白人政権時代には黒人集団居住地として指定されていました。ノーベル平和賞を受賞したネルソン・マンデラ元大統領が青年期を過ごした家があり、同じくノーベル平和賞の受賞者でアフリカ人権運動の精神的支柱となったデズモンド・ツツ大主教が住んでいた場所でもあります。

一九七六年、白人植民地主義者の言語を強制的に使わせたために発生した「ソウェト蜂起」で、数千人の死傷者が出ました。まだ幼い子供たちも犠牲となった、本当に胸の痛む事件でした。当時、警察の銃撃によって、十三歳のヘクター・ピーターソンが最初の犠牲者の一人となったのですが、血を流して倒れた彼に、姉のアントワネットがすがりながら泣き叫んでいる写真は、南アフリカの歴史を変える導火線となりました。

私はこのソウェトの地で、人種隔離政策によって犠牲になった人々を救う儀式を行い、「皮膚の色の違いによって差別し、青少年から希望の芽を奪ってきた恨《ハン》の歴史を清算して、祝福の道を天が開いてくださること」を祝願しました。暗い歴史に翻弄され、無念の死を遂げた霊魂を救うことこそ、独り娘が果たすべき重要な使命です。二〇一八年一月、セネガルのゴレ島で黒人奴隷の霊魂を解放したことと併せ、人種差別による犠牲者に対する解怨の役事《やくじ》は、アフリカの黒人たちに新しい希望と勇気をもたらすきっかけとなりました。

また、ジンバブエには六百万人の信徒を抱える、ヨハネス・ウンダンガ牧師という義人がいます。彼のおかげでエマーソン・ムナンガグワ大統領の大きな関心のもと、二万人以上の祝福行事を成功裏に行うことができました。ウンダンガ牧師は、「天の啓示により、真のお母様のことを知りました」と述べながら、「私は真の父母様の息子として生まれたことに感謝するとともに、必ずや真の父母様の王国を建設したいと思っています」と自らの抱負を明らかにしました。

ウンダンガ牧師は二〇一七年五月、ザンビアで行われた祝福式に祝辞を述べるために参加する際、天の啓示を受けました。

「祝辞を述べる者として参加するのではなく、自ら祝福を受けなさい」

そして彼は啓示に従って、実際に祝福を受けたのです。

私は同年七月、ウンダンガ牧師をアメリカのマディソン・スクエア・ガーデンの大会に招請しました。

「お母様は、今まで人類が待ち焦がれ、探し求めてきた真の母です」

彼は証《あか》しをし、自己紹介をするときも、「私は真のお母様の息子です」と誇るようになりました。ウンダンガ牧師はジンバブエに戻ると、牧師たちを集め、祝福式を挙行しました。

二〇一七年十一月十一日、ウンダンガ牧師はソウルのワールドカップ競技場で行われた「韓半島平和統一世界大会」に参加しました。その後、帰路に就いたのですが、ちょうどその時、ジンバブエでクーデターが起きたのです。彼は国家に影響を与える著名人でしたから、帰国すれば逮捕され、命の危険にさらされる状況でした。現に、同じ時に外国から戻った大臣たちはみな逮捕され、連行されていきました。

ところが、ウンダンガ牧師は幸運にも、無事に空港の検査台を通過できたのです。彼はこのことを、「真のお母様による奇跡」だと告白しています。その時、もしも逮捕されていれば、彼は間違いなく命を落としたでしょう。彼は、真の母が守ってくださったと信じています。

私がウンダンガ牧師をジンバブエ天一国《てんいちこく》特使に任命すると、彼は第一声として、「独り娘、真のお母様に侍《はべ》るジンバブエになります」と宣言しました。

神様の目には、人間の肌の色はただ一色に映ります。肌の色のため、長い間迫害されてきたアフリカの黒人の人々が、今や真の父母を受け入れることで、暗鬱な過去から解き放たれています。彼らが真の家庭として重生し、新しい歴史、新しい時代を迎えることで、アフリカは全人類に向かって光を放つ希望の大陸へと生まれ変わっているのです。

国家の復帰の最初のモデル、サントメ・プリンシペ

「サントメ・プリンシペというのは、どこにある国ですか？」

「さあ……。でも、国の名前はとても良い響きですね」

サントメ・プリンシペで「アフリカサミット二〇一九」と「孝情《ヒョジョン》真の家庭祝祭」を挙行すると発表した時、人々はそれがどこにある国なのか、とても気になるようでした。私は二〇一九年の春、信徒をサントメ・プリンシペに派遣して大統領、首相、国会議長に会わせ、政府とMOU（了解覚書《おぼえがき》）を交わしました。その時から、「サントメ・プリンシペを国家の復帰のモデルとしなければならない」と考えていました。

サントメ・プリンシペは、中部アフリカのギニア湾にある小さな島国です。この国は一九七五年、ポルトガルの植民地から独立しました。韓国から行くのに四十時間以上かかることもある、と

ても遠い国です。私はこのサントメ・プリンシペを神様の真の国として祝福し、「神《しん》サントメ」と新たに命名しました。

二〇一九年九月、サントメ・プリンシペの国会議事堂で「アフリカサミット二〇一九」と祝福式が行われました。九月五日の午前十時、サントメ・プリンシペのエバリスト・カルバリョ大統領と首相および国会議長、全大臣と国会議員、宗教指導者約二百人、海外の元・現職首脳など、八百人以上が参加する中でサミットの開会式が行われ、盛大にスタートした一連の行事は、サントメ・プリンシペの国営放送によって生中継され、海外のメディアからも熱心な取材を受けました。

二〇一八年の南アフリカにおけるサミット以降、アフリカ大陸は祝福式を熱烈に受け入れています。二〇一九年の夏には、タンザニアで四万組の祝福式が自主的に行われました。このような基盤が築かれる中、国民の七〇パーセント以上がカトリック信者であるサントメ・プリンシペでサミットと祝福式が開催されたのです。

行事の前日、サントメ国際空港に到着すると、貴賓室で待機していた国会議員と指導者たちが出てきて丁重に迎えてくれました。翌日の午前に大統領府を訪問した私は、カルバリョ大統領と会談した後、国軍儀仗《ぎじょう》隊の礼を受ける中、サミットの会場である国会議事堂に入りました。ナイジェリアのグッドラック・ジョナサン元大統領（「世界平和頂上連合」アフリカ委員長）の紹介で舞台に上がった私は、その場で特別講演を行いました。

「神サントメの祝福と共に、真の母と一つとなり、天国のモデルをつくりましょう」

参加者たちは、講演中に何度も万雷の拍手と歓声で応え、私の提案に賛同してくれました。

カルバリョ大統領は、「きょうはサントメ・プリンシペの歴史上、最も長く記憶に残る日となるでしょう。『神サントメ』として祝福してくださった真のお母様に、深く感謝申し上げます。真のお母様をお迎えでき、喜びで胸がいっぱいです。サントメ・プリンシペは真のお母様が願われる天国のモデルになります」と感想を述べました。

翌日、国家主催による歴史的な祝福式である「孝情《ヒョヂョン》真の家庭祝祭」が開かれました。この祝福式には、政界や宗教界のリーダー、伝統社会における族長など、国の推薦によって各地域から選ばれた六百組、千二百人と、そのほかに六千組が参加しました。午前八時から人であふれた会場は、まさにサントメ・プリンシペ史上、初めて経験する祝祭の場となりました。

海外の元・現職首脳十五人も同席する中、聖水式では政界、宗教界を代表する六十組のカップルを五回に分けて十二組ずつ登壇させ、私が直接聖水の恩賜を授けました。

この日の祝福式は国が直接主導したもので、大統領と首相、大臣がみな祝福式に参加しました。これまで、他の祝福式では見ることのできなかった光景でした。こうして、サントメ・プリンシペは国家の復帰のモデルを成した最初の国となったのです。

サントメ・プリンシペにおけるこのような国家主催の行事が実現するまで、すべてが順調に運んだわけではありません。国民の七〇パーセントがカトリックの信仰を持っている中で、ある司教が信仰的な観点から、家庭連合と祝福式に反対する声明書を発表したのです。

私たちは大統領と閣僚の意見を把握した上で、状況が思わしくなければ、すべてのプロジェクトを中断するという旨を彼らに伝えました。司教一人の信仰的見解により、サントメ・プリンシペが一段階上に飛躍する機会を失うかもしれないと判断した大統領や閣僚は、予定どおり、すべての行事を行うことを希望しました。

一連の行事を終えて出国する私に向かって、カルバリョ大統領は真心のこもった言葉を贈ってくれました。

「サントメ・プリンシペはお母様の家であり、お母様の国です。いつでもお越しください」

第十一章

天一国安着のための天宙的カナン四十日路程

死の地から生の地に、そして神の地にならしめてください

「カンボジアは、アンコール・ワットが有名な国ですよね?」

「キリング・フィールドも、広く知られています」

カンボジアと言えば、多くの人がまずアンコール・ワット遺跡を思い浮かべます。この遺跡は十二世紀の初めにクメール族が建立した寺院で、「ワット」は「寺院」を意味しています。「アンコール」は「王都」を意味し、「ワット」は「寺院」を意味しています。王や王族が亡くなると、彼らが信じていた神と合一するという信仰的な風習に基づいて造られた建築物です。長い間、ジャングルに隠れていたアンコール・ワットは、一八六〇年になって、世に広く知られました。この国で、このたび大々的に行事が行われたのです。

二〇一九年十一月十九日、首都プノンペンのピースパレスで開催された「アジア・太平洋サミット」は、カンボジア政府が史上初めて、民間機関と共同主催した国際会議でした。

前日に現地入りしていた私は、サミット当日、カンボジアのフン・セン首相から提案された歓迎特別会談に、喜んで応じました。サミットに参加する五十四カ国の代表者が同席する中、まずフン・セン首相が、アジア・太平洋サミットの目的とカンボジアの歴史について説明してくれました。その後、私はサミットの意義について語りました。

「今回のサミットの目的は、人間が見失っている創造主、神様こそが、私たちの父母であると伝えることです。アジア・太平洋サミットは、天に侍《はべ》る場です。それゆえ、未来は希望に満ちています」

私のメッセージに参加者はみな頷《うなず》き、拍手で賛同の意を示してくれました。そして、フン・セン首相もこれに応えたのです。

「私は、韓鶴子《ハンハクチャ》総裁が提唱された『アジア・太平洋ユニオン』を支持します。アジアと太平洋の国々を一つに結ぶアジア・太平洋ユニオンに、私たちも共に参加したいと思います」

会談の後、私がフン・セン首相と並んで会場に入ると、歴史的なサミットが始まりました。各国の首脳と共に、五十四カ国から来た七百人以上のリーダーが参加する中、私は「天の摂理の完成に向けた私たちの責任」という題で、「最後の摂理の終着点である太平洋文明圏時代の安着」について講演しました。

その後、フン・セン首相はサミットに参加した各国の元・現職首脳やカンボジアに駐在する大使がみな集まる中で、私の平和ビジョンとその実践に共に参加することを表明し、アジア・太平洋ユニオンへの支持を「プノンペン宣言」に込めて発表しました。「先の者はあとになり、あとの者は先になる」（マタイによる福音書一九章三〇節）という聖句のように、カンボジアが積極的に参加して、先頭に立つことになったのです。

この日、多くの摂理が進められました。私にとってそれは、まるで千年を凝縮したかのような濃い時間でした。天の父母様と夫が、本当に喜ばれたことでしょう。

翌日、同じくプノンペンで各国の首脳やカンボジアのビン・チン副首相、イム・ノラ内務大臣をはじめとする多くの閣僚を含め、四千人以上が参加する中、「平和な国を築くための青年家庭祝祭」が開催されました。私はこの日の家庭祝祭と祝福式を通して、カンボジアが天の父母様の臨在される「神《しん》カンボジア」になるよう祝願しました。キリング・フィールドの傷跡を抱えているカンボジア。この国の「死の地」が「生の地」となり、さらにそれが「神の地」となるこの日の行事は、いつにも増して重要な意味があったため、私は大会のために特別な精誠を尽くしました。

カンボジアはこれまで、誤った思想により、善良な人々が多くの血を流してきた国です。一九七五年に権力を握った政権により、数百万人とも言われる人々が虐殺されたのです。それは当時、カンボジアの人口の四分の一とも言われる数でした。

この政権が崩壊した一九七九年からちょうど四十年となる二〇一九年、天の父母様が独り娘である平和の母を、この地に送ってくださったのです。それは何よりも、死の地を神の地に変えて祝福するためでした。

天の摂理に偶然はありません。私のカンボジア訪問は、人間的な目で見れば、単に一国家の行事のために訪問したように見えます。しかし、天の摂理はそれほど単純ではありません。私は「ユートピア建設」という美名のもとに無念な思いを抱いて亡くなった犠牲者や、当時の政府の指示によりやむを得ず虐殺を行った二十歳にもならない青年学生たちの霊魂を、解怨してあげなければなりませんでした。

　私は祝祷を通して、まず天の父母様を慰労してさしあげました。カンボジアの大虐殺を御覧になり、誰よりも心を痛められた天の父母様です。続いて、無念の死を遂げた霊魂を解怨しました。その上で、未来に希望を抱き、今を生きる青年たちの祝福式を行って、カンボジアの過去と現在、未来を祝福したのです。

　世界巡回に発《た》つ前、私は神韓国家庭連合の第五地区（神慶尚《キョンサン》国）と第四地区（神全羅《チョルラ》国）の大会を主管しており、休む間もなく巡回路程に出発したため、カンボジアに到着した時はひどく体調を崩していました。しかし、天の父母様はもちろん、夫との最後の約束を果たすため、まさに死生決断、全力投球の心情で歩んだのです。

　私は人類の母であり、天宙の母、平和の母ですから、天の父母様と人類のために、中断なき前進に前進を重ねなければなりませんでした。私は夫の聖体を前にして、「命が尽きる日までに、天一国《てんいちこく》をこの地に安着させる」と約束したからです。

偉大な母、孝情《ヒョジョン》文化の太平洋文明圏を開く

昔から海は「女性」、特に「母親」を象徴していると言われます。したがって「太平洋」とは、「偉大な平和の母」を意味しているのです。母親は愛の源です。これは、略奪と征服を繰り返す男性主導の文明圏ではなく、とめどなく与える母の心情を表す、孝情文化とも通じます。太平洋文明圏は、摂理の最後の時を迎え、人類の独り娘、真の母を中心として形成されました。特に、私たちは歴史の中で隠されてきた神様の女性格である「天の母」の立場を取り戻してさしあげなければなりません。神様は今や「天のお父様」としてだけではなく、「天のお母様」までも含めた、完全な「天の父母様」として理解されなければならないのです。人類の縦的父母であられる天の父母様を真の父母として迎え、人類一家族理想を実体化する文明を築かなければなりません。

このような太平洋文明圏時代が出発し、安着するためには、十七億に達する中華圏の人々が必ず共に参加する必要があります。しかしこれまで、中国における統一運動は、現実として、非常に厳しい状況にありました。

ですから、「世界平和華人連合」を中心として、中華圏を一つに束ねることが何よりも急務であり、同連合の世界大会を行うことは、非常に重要な意味を持っていました。そうしてこそ、太平洋

文明圏時代を安着させることができるからです。

二〇一九年十一月、台湾（中華民国）で「世界平和華人連合世界大会」（二十二日）と、「孝情文化真の愛家庭祝福祝祭（華人祝福式）」（二十三日）が行われました。現在、中華圏は一つの国家を目指していますが、特に一万四千四百人が参加したこの祝福式は、一家族理想による一つの世界に向けた、偉大な出発を意味していました。

私たちは二〇一七年から華人連合会を組織し、その土台の上で、世界平和華人連合を創立しました。これを台湾、カナダ、マレーシア、インドネシア、日本など、八カ国で創立した基盤の上で、歴史的な世界大会を開催することになったのです。

三百人以上の華人指導者が参加する中、開会式で基調演説をした監察院（台湾の行政機関）の張博雅《チャンポーヤ》院長は、「韓鶴子《ハンハクチャ》総裁は、ために生きる生活を自ら実践してこられた偉大な女性です。きょうは、私たちがなかなかお目にかかれない方にお会いできる貴重な機会を得ました」と言って、私を紹介してくれました。

私たちは、祖国である大韓民国を中心とした太平洋文明圏時代安着のための摂理を進めています。今やすべての文明が、太平洋文明に結実するのです。これは天の願いです。もはや略奪し、征服を繰り返す利己的な文明圏ではなく、与えてはまた与える、真の愛と心情に基づいた孝情文化の太平洋文明圏を築いて安着させなければなりません。太平洋文明は、人類歴史における大陸文明と海洋文明、東洋文明と西洋文明、精神文明と物質文明の和合と統一を成しているのです。

私は二〇一七年に韓国、日本、アメリカ、タイなどの国を行き来しながら、数十万人が参加した十二回の希望前進大会を通して、真の愛の心情文化革命である太平洋文明圏を宣布しました。また、二〇一八年にセネガルからスタートしたアフリカサミットを、アジア・太平洋サミットに連結した理由もここにあります。さらに二〇一九年、韓国を中心としてアジア・太平洋ユニオンの創立を提案したのも、このような理由からでした。

世界大会の翌日、同じく台湾で開かれた「孝情《ヒョジョン》文化真の愛家庭祝福祝祭」には、一万四千四百人の華人が夫婦で参加し、会場を埋めつくしました。祝福式場はまさに、喜びがあふれる祝祭の場となりました。

台湾で多くの人から尊敬されている呂秀蓮《リューシウリエン》元副総統が、その場で私を紹介してくれました。

「天を中心とした文鮮明《ムンソンミョン》総裁、韓鶴子《ハンハクチャ》総裁の活動によって、人種、国境、文明の壁を超え、今や私たちはみな家族になりました。このような行事に参加できたことを光栄に思います」

台湾の大会を準備する過程における、美しくも驚くべき証《あか》しがあります。それは、十三歳と九歳の兄妹の活動の証しです。

「真のお母様が『ビジョン二〇二〇』に向けて、高齢なのに全世界を回って活動していらっしゃるのだから、私もじっとしていられない」

　まず九歳の妹がそう言って、毎日放課後に二十分間、路上でチラシをまいて伝道活動をしたといいます。すると、その道を毎日のように通っていた六十歳のレストラン経営の女性社長が、毎日同じ場所で、同じ時間にチラシを配りながら精誠を尽くす姿を見て伝道されるという、驚くべき役事《やくじ》がありました。

　十三歳の兄も後れを取るまいと、一生懸命に活動しました。その結果、現職の里長を含め二十七組を祝福に導き、祝福式に参加させたのです。台湾において里長は直接選挙で選ばれる立場にあり、五千人から一万人を超える住民を代表しています。これはまさに、毎日伝道対象者を訪ねて精誠を尽くし、休むことなく伝道活動をした結果でした。ところが、そうこうしているうちに学校の試験がうまくいかず、思わしくない結果が出てしまったのです。両親も、「学生の本分である勉強をまず頑張るべきではないか？」と心配したのですが、彼は「真のお母様が台湾を訪問された後、頑張って勉強します」と言って、さらに伝道活動に邁進《まいしん》しました。このようにして、驚くべき結果を天の前に奉献し、証しを立てたのです。

　彼らは本当に立派で、涙ぐましい活動をしました。これは今後、美しい孝情の伝統になるでしょう。

　私たちの天一国《てんいちこく》の未来には、本当に希望があります。真の母に真っすぐ向かう祝福家庭の二世、三世のひまわり（韓国語で「ヘバラギ」）、「孝《ヒョ》バラギ」は、私にとって、とてもうれしいプレゼントです。

特に、台湾の祝福家庭の二世たちによる孝情《ヒョヂョン》文化公演は、本当に感動的でした。私は台湾を中心に、中華圏が天の父母様と真の父母に侍《はべ》る日がすぐに来るだろうと思い、これを大いに祝福しました。

「お母様、台湾の大会をすべて終えた今のお気持ちはいかがですか？」

あるリーダーの質問に、私はこのように答えました。

「とても満たされている。本当にうれしい」

誰も歩んだことのない道、平和の母がムスリムをかき抱く

「真のお母様がニジェールを訪問されるなんて、わくわくします」

「大統領はもちろん、全国民が待ちわびています。ついにニジェールを祝福するために来られるのですね」

私が空港に着くと、ニジェール政府が最高の礼を尽くして出迎えてくれました。首相をはじめ、大統領秘書室長、全大臣など、政府の閣僚がみな出てきて、歓迎してくれたのです。

二〇一九年二月、韓国で「ワールドサミット二〇一九」が開催されたのですが、もともとはその場に、ニジェールの首相と大臣たち約十人が参加することになっていました。ところが、

首相が事情により参加できなくなり、大臣だけが参加したのです。訪問団は真の母とその平和運動に、非常に感銘を受けたようです。

その報告を受けたニジェールの首相は、九月に開催されるサントメ・プリンシペでの大会に参加することを再び約束したのですが、ニジェールでテロが発生し、またもや参加を断念せざるを得なくなりました。すると首相は特使を派遣し、「真のお母様をニジェールにお迎えして、サミットと祝福式を行いたい」という親書を送ってきたのです。

このような紆余曲折《うよきょくせつ》を経た上での出会いだったので、私は非常にうれしく思いました。空港では首相と共に、ニジェールの国軍儀仗《ぎじょう》隊が出迎えてくれ、伝統的なダンスの公演も行われました。儀仗隊の敬礼を受けながら、私はそのハンサムで凛々《りり》しい姿に感嘆しました。私は真の母ですから、ニジェールの青年たちを息子として迎えたいという思いも湧きました。

その夜には、ニジェールのマハマドゥ・イスフ大統領のたっての願いで、大統領主催の歓迎晩餐《ばんさん》会に参加しました。晩餐会には、元・現職の首脳と国会議長、大臣など、ＶＩＰが三百人以上参加しました。イスフ大統領は私のことを「平和の母」として証《あか》し、韓国に対する心からの愛情と敬意を示してくれました。

二〇一八年一月十八日、セネガルで開催された初のアフリカ大陸レベルのサミットで、私は「神《しん》アフリカ」を宣言しました。その宣言に基づいて、六月から私は、アフリカにおいて真の家庭祝福運動をはじめとする、十個の「神《しん》アフリカプロジェクト」の協約を国家レベルで結びました。家庭連合世界本部の関係者が首脳一人に会うのに、短くて三日、長ければ十日以上もかかった上、結局、会うことができないこともありました。一日中、食事抜きで、十二時間以上待たされることもあったといいます。そのように苦労しながら、十カ国以上の国と神アフリカプロジェクトに関するＭＯＵを締結したのです。ニジェールともその際、協約を結んでいました。

天の父母様の夢と人類の願いを成し遂げ、人類一家族の夢を実現するに当たって、ニジェールの大統領はとても賢明な方でした。彼の積極的な努力により、ニジェールで「アフリカサミット二〇一九」と国家主催の「真の家庭祝福祝祭および平和祝福式」が開催されることになったのです。これは誰も歩んだことのない道を切り開いて進む、偉大な挑戦であり、神聖な路程でした。こうして、ニジェールの祝福式は国家主催の祝福式、アフリカ大陸レベルの祝福式となったのです。

イスラム原理主義の国ニジェールで、アフリカを動かす力を持つエリートたちが見守る中、私は天の父母様が六千年間、語ることのできなかった真実を宣布しました。

「独り娘と一つになるとき、天の父母様の祝福を受ける」

この宣布は、まるで雷鳴のごとく、ニジェールを越え、アフリカ全体に響き渡りました。サミットの最後に、五十四カ国を代表する現職の首脳やその公式的な名代が並ぶ中、私はイスフ大統領と共に二千人の参加者全体を代表して、サインをしました。イスフ大統領は、「お母様、私のことを信じてくださり、ありがとうございます」と述べ、このサミットの大勝利を天の前に奉献しました。

私は預言者ムハンマドの苦労をよく知っています。ですから、私はイスラームの最高指導者を、息子としてたくさん受け入れたのです。このたびの行事を通して、イスラームの信仰を持つアフリカの首脳や指導者たちがみな一様に、私が「真の母」であり、「平和の母」であると悟りました。家庭連合の歴史においていまだかつて経験したことのない、驚くべき奇跡を目の当たりにした大会でした。

翌日、ついに歴史的なニジェールの国家主催の祝福式およびアフリカ大陸レベルの祝福式の日を迎えました。ムスリム国家で初めて行う国家レベルの祝福式であるため、私はいつにも増して、深刻に精誠を尽くしました。

当日の朝、大統領に会うと、「ニジェールで、御自宅のようによくお休みになれましたか」と挨拶してくれました。私はほほ笑んで、「大統領の温かい歓待のおかげで、よく眠れました」と答えました。前日のサミットについてしばらく歓談した後、私は大統領に案内されて、会場に向かいました。

よく、外交上のプロトコル（儀礼、手順）は、「銃声のない戦争」だと言われます。私は、真の父母を中心としたプロトコルを「ヘブンリー・プロトコル」と名付けました。

祝福式ではもともと、国家を代表してニジェールの首相が祝辞を述べる予定になっていたので、私が入場する際、一緒に入場するのは首相一人の予定でした。ところが国会議長が、「国民を代表する自分は、真のお母様に続いて必ず首相と共に入場しなければならない」と強く求めてきたのです。首相もどうすればよいか分からない様子でした。そのため、首相と国会議長がそれぞれ国家と国民を代表する立場で、私と共に入場するようにプロトコルを調整したのです。真の母を思うニジェールの指導者たちの情熱を垣間見ることのできた出来事でした。

祝福式の会場は、ムスリムの伝統衣装を着たカップルで既にいっぱいでした。そして、当初の心配をよそに、ムスリムの指導者たちもまた、この行事を神聖な祝福式として受け入れたのです。サミットに参加した元・現職の首脳や国会議長、大臣、国会議員、宗教団体のリーダーなど、アフリカを動かしているＶＩＰも大挙して参加しました。

祝福式はムスリム国家の主導の中、まず聖水式から始まりました。イスラーム文化圏では、聖水を撒《ま》くようにしてかけるとキリスト教の洗礼に誤解されかねないため、聖水の入った大きな器を用意して私が手を浸し、新郎新婦のつないだ手に私のその手を重ねて、濡《ぬ》らす形で式を進めました。その光景があまりにも神聖で感動を呼んだのか、聖水式が行われる間中、場内からは感嘆の声が上がり、拍手が鳴りやみませんでした。まさに宗教の壁、人種の壁、文化の壁を超えて、天の父母様を中心とした人類一家族の夢を実現する、祝福結婚の場となったのです。

ニジェールは、国土の八〇パーセントが砂漠です。天はこれほど厳しい環境にあるこの国に義人を立て、祝福をすることのできる環境をおつくりになったのです。今回の大会のために最も苦労した人物の一人が、カッスム議員です。彼は、私が飛行機から降りる姿を見るや否や、自分の願いがかなったといって多くの涙を流した、ニジェールにおける孝子の中の孝子です。ムスリム国家における初の国家レベルの祝福式において、彼は勝利を祝う花束を捧げてくれました。

祝福式が終わるとすぐに、世界中から祝賀と感謝のメッセージが届けられました。

「平和の母、真のお母様がムスリムをかき抱かれました」

ニジェールの国家主催の祝福式は、感動と奇跡のドラマを見ているようでした。行事を終えた後、アフリカ大陸を代表して、アフリカ連合（ＡＵ）執行委員会の代表、西アフリカ諸国経済共同体（ＥＣＯＷＡＳ）の代表であるニジェールの首相、Ｇ５サヘルの代表、そして、「天《てん》一国《いちこく》」の名で家庭連合世界本部事務総長が参加し、協約式を行いました。

この大会は、アフリカ大陸はもちろん、全世界を驚かせ、家庭連合の歴史に永遠に残る大会となりました。困難な環境の中でも、皆が死生決断、全力投球の決意で歩んだために、天が役《やく》事《じ》せざるを得なかったのです。私も、もう八十歳に近づいています。人間の地上生活には限界があります。しかし、私は独り娘、宇宙の母であるため、私を必要とする所があれば、それがどこであろうと訪ねようとするのです。

アフリカに降り注ぐ激しい雨は、天の喜びの涙

「アフリカで、雨は『祝福』を意味します」

「今、南アフリカに降り注ぐ激しい雨は、天の喜びの涙です」

南アフリカでは、一年を通してなかなか雨が降りません。雨季でも、雨が少し降ってはやんでしまうのです。しかし、私が南アフリカのヨハネスブルグに到着した時に降っていた雨は、一向にやむ気配がありませんでした。まるでバケツをひっくり返したかのような土砂降りが続いたのです。大会を前にして、みな表情に不安がにじみ出ていました。

「十二月七日、祝福式の日にはやむだろう」

そう思いましたが、その日もやはり、雨が降ったのです。歴史的なアフリカ大陸レベルの祝福式は、まさに困難を極める行事であることを直感しました。

残念なことに、これまで家庭連合と南アフリカ政府の関係は、それほど親密ではありませんでした。実際のところ、南アフリカで友好的な環境が築かれ始めたのは、二〇一八年からと言えます。それまで南アフリカは、家庭連合の宣教地の中で最も厳しい環境にある国の一つでした。二〇一八年の七月に行われたネルソン・マンデラ元大統領の誕生百周年記念行事と、同年十一月に行われたケープタウンでのサミットは、アフリカで唯一のG20国家である南アフリカ

で、友好的な環境をつくるための取り組みでした。そのような中で、二〇一九年十二月、天が準備された義人のハデベ預言者を通して、ようやく南アフリカの大陸レベルでのサミットと祝福式を行うことができたのです。

ＦＮＢスタジアムを舞台に、歴史的な「アフリカ大陸レベルの二十万人祝福式」の瞬間が近づいてきました。しかし暴雨により、行事の開始時間を遅らせざるを得ませんでした。時間が経《た》つにつれて参加者の数はすごい勢いで増えましたが、降り続く雨を避けるため、彼らは屋根が設置されているスタジアムの三階や階段の入り口付近に移動していました。スタジアムをいっぱいに埋めるほどの人々が押し寄せていたのですが、雨のため、なかなか降りてこようとしなかったのです。

私がスタジアムに到着すると、五十四カ国を代表して祝福を受ける新郎新婦たちが、タキシードとドレス姿で待っていました。大きな歓声と拍手と共に、「マザー・ムーン、マザー・ムーン」と叫ぶ彼らを見ながら、降り注ぐ大雨はむしろ、喜びと祝福の雨であると思いました。既に現地に到着していたハデベ預言者が私を迎えに出てきたので、私は彼に、「きょうも、しっかりやりましょう」と話しかけました。

暴雨などものともせず、会場は祝祭の雰囲気に包まれていました。独り娘、真の母により下賜される歴史的な祝福に感謝し、歌い踊る参加者たち。しかし、行事を準備したハデベ預言者やスタッフたちは内心、ハラハラしていたことでしょう。

この祝福式には、二十万人が直接会場に来て参加し、インターネットによる生中継を通して三百万人以上がさらに参加する予定でした。南アフリカの国営放送をはじめ、各種メディアを通してアフリカ全域に生中継され、アフリカの数千万に上る人々はもちろん、ヨーロッパなど、世界中の人々が共に参加する大陸レベルの祝福式でした。

この祝福式のために十万組以上があらかじめ聖酒式に参加し、チケットは既に二十万枚以上売れていたため、会場に集まる人数に問題はありませんでした。しかし、予期しなかった暴雨だけでなく、参加者が乗る予定だったバス二千台が急にキャンセルになるという事態が、実は起きていたのです。

アフリカの大陸レベルの祝福式となったこの大会には、南アフリカはもちろん、モザンビーク、ザンビア、ジンバブエなど、五十四カ国の人々が参加したため、他の国から数日かけて、バスに乗ってきた人も多くいました。ところが、肝心の祝福行事が行われるヨハネスブルグで利用する予定のバスが、式の前日にキャンセルされてしまったのです。ハデベ預言者はその事態を収拾し、追加のバスを確保するために奔走しました。

このような困難の中で、やむことのない暴雨をかき分け、目標人数を達成したのは、まさに奇跡のようなことでした。さらに驚いたのは、祝福式が終わる午後三時まで、二十万の群集が微動だにせず、真摯な眼差しを送りながら行事に臨んだことです。

ハデベ預言者は、式が始まる直前になってもなかなか舞台に上がってきませんでした。あとで知ったのですが、彼は人でぎっしり埋まったスタジアムを私に見せるため、直接ハンドマイクを持って観客席に行き、グラウンドのほうに降りるように参加者たちを促していたのです。最後まで最善を尽くす彼に、私は本当に感心しました。

　ところが、私が入場する時になって、また困ったことが起きました。私は二階のグリーンルームで待機していたのですが、突然、停電が起きたのです。エレベーターも動かなくなってしまったので、私はこの歴史的な大陸レベルの祝福式を迎えるまでに天が味わってこられた数多くの苦難と逆境を思いながら、歩いて会場に向かいました。一階ロビーに到着すると、ハデベ預言者が晴れやかな笑顔で待っていました。

　私はオープンカーに乗って入場することになっていましたが、雨が降り続いていたため、オープンカーのルーフを半分閉じて入場することになりました。それでも、儀仗《ぎじょう》隊の敬礼を受けながら入場すると、観客席は熱い歓声であふれ返りました。参加者はみな一様に、「マザー・ムーン！」と連呼していました。

　私がスタジアムに入場した途端、驚くべき奇跡が起こりました。数日間続いていた大雨がやんだのです。雨がやむと、観客席の上のほうに残っていた人々がみな続々と降りてきて、スタジアムはあっという間に満席になりました。背後で天の父母様が役事《やくじ》されていることを、私は改めて実感したのです。車のルーフを全開にすると、スタジアムの歓声がますます大きくなりました。本当に驚くような光景でした。

ハデべ預言者が私を見つめ、誇らしげに言いました。

「お母様！　スタジアムをいっぱいに埋めました」

私は歴史的な大陸レベルの祝福式を執り行うため、舞台に上がりました。五十四カ国を代表して、未婚カップル五十四組、既成カップル五十四組と共に、アフリカの指導者カップル五十四組が舞台に上がりました。彼らのほとんどが、政治指導者や宗教指導者、族長たちでした。

現職の首脳およびその公式的な名代五人をはじめ、アフリカの代表が百人以上、舞台に上がっていました。元首脳六人、国会議長十二人、国会議員百四十人、国王および族長二百十九人、主要な宗教団体のリーダー百二十七人、そして、三十カ国から来た八十以上のメディアの代表が、その場を共にしました。

特筆すべきは、南アフリカ最大の部族であるズールー族の王が参加したことです。ズールー族は、南アフリカがヨーロッパの列強国から侵略を受けた際、最後まで抵抗した唯一の部族であり、この部族を中心として、今日の南アフリカ共和国が建てられたのです。そのような英雄が舞台に並んでいたため、祝福式は一層、輝きを増しました。

私は絶望と抑圧に苛《さいな》まれていた大陸であるアフリカを、希望と憧れの大陸である「神《しん》アフリカ」として祝福するため、渾身《こんしん》の力で聖水式を行いました。その際、ハデべ預言者は舞台に上がって聖水の器を持ち、私が主管する聖水式を手伝ってくれました。何百万人もの信徒を擁する宗教団体の指導者として、自身の体面を考えれば、なかなかできることではありません。ただひたすら、「母を助けたい」という思いで喜んで行動する、実に親孝行な息子でした。

その後、聖婚宣布と祝祷を行いました。私はアフリカ大陸のために、真心を込めて祈祷しました。

「アフリカにおける多くの預言者や各国の王、族長たちの願いは、天の父母様に侍《はべ》る平和な日を迎えることです。この大陸がもはや悲しみの大陸ではなく、天の祝福を受ける大陸になることを願います」

祝祷の途中から、再び雨が降り始めました。南アフリカに滝のごとく降り注ぐこの雨は、天の喜びの涙でした。それは心に積もり積もった恨《ハン》を、きれいに洗い流す雨でした。

続いて、ハデベ預言者が歓迎の辞を通して、私を切実に証《あか》ししてくれました。

「きょうは特別な、アフリカ大陸レベルの祝福式の日です。世界の五色人種を一つにされる独り娘、真のお母様を、心より歓迎いたします。きょう、南アフリカはもちろん、アフリカ全土の新しい未来が開かれました。お母様は本当に、真の母であられます」

「ビジョン二〇二〇」の勝利に向けた偉大なフィナーレである大陸レベルの祝福式で、私たちは大勝利を収めました。国家の復帰ができることを信じる人がいない中、誰も歩んだことのない道をかき分けながら、国家の復帰を越え、大陸復帰のために前進し、ついに勝利したのです。実に驚くべき、奇跡の一日でした。

神《しん》統一世界の始まり、オセアニアに勝利の旗を立てる

パラオとドミニカ共和国の希望前進大会には、私の代理を特使として送りました。国家の復帰勝利の路程を歩ませることで勝利圏を相続させ、天の父母様と夫に対して七カ国の国家の復帰と氏族復帰という贈り物をするための精誠を、共に捧げようという思いがありました。

このような理由から、パラオ大会には天上（霊界）を代表して長男の文孝進《ムンヒョジン》（文妍娥《ムンヨナ》）家庭、次男の文興進《ムンフンジン》（文薫淑《ムンフンスク》）家庭を、ドミニカ共和国の大会には地上（肉界）を代表して五女の文善《ムンソン》進《ジン》（朴仁渉《パクインソプ》）家庭を特使として送ったのです。

パラオは約三百八十の美しい島々から成る、創造本然の美しさを残した国です。私たち夫婦は二〇〇五年、天宙平和連合を創設するため、パラオを初めて訪問しました。また、二〇〇六年にも再びこの国を訪れ、全国民にみ言《ことば》を伝えました。

私は二〇一九年のパラオでのサミットを、特に「ファーストレディサミット」として開催することにしました。パラオは母系社会で、家庭をはじめ、あらゆる伝統文化において、母親が中心の位置にいるからです。パラオの大統領夫妻は、一九九二年から私たちの運動を積極的に支持していました。特に大統領夫人は、私の夫である文《ムン》総裁が聖和《ソンファ》した時も韓国を訪問してく

れ、哀悼の意を表してくれました。

　太平洋文明圏の安着を、女性が先頭に立って進めなければならないという摂理的要請を考えるとき、神統一世界の出発となるオセアニアの、母系社会であるパラオでサミットと祝福式が開催されるのは、本当に意味があることです。しかし、このパラオにおける私たちの基盤は、まだ微々たるものでした。そのため、このサミットと祝福式を行うことは、実に驚くべき挑戦だったのです。

　二〇一九年十二月九日、翌日にサミットを控え、世界中から訪れたＶＩＰたちを迎えて特別歓迎晩餐《ばんさん》会が行われました。その場には、パラオのトミー・レメンゲサウ大統領とデビー夫人、元・現職の首脳夫人八人とトンガの国会議長夫妻、ブータンとスリランカの国会議員など、三十六カ国から総勢三百人以上の貴賓が参加しました。

　澄み切った夜空に浮かぶ星々の饗宴《きょうえん》の中で行われた歓迎晩餐会は、大統領夫妻をはじめ、すべての参加者が真の母を慕う、まさに「慕情の晩餐会」でした。レメンゲサウ大統領は、「私はこの国の大統領ですが、きょうは今回のサミットの主催者である私の妻から招請を受け、ゲストとして来ました」と親しみを込めて挨拶しました。皆が家族のように、和気あいあいとした時間を過ごしました。

　翌十日、パラオのアマヨン文化会館で、歴史的な「アジア・太平洋ファーストレディサミット二〇一九」が開催されました。開会式は、デビー大統領夫人による開会の辞から始まりました。私の名代として、世界平和女性連合の世界会長である文薫淑《ムンフンスク》が創設者特別メッセージを代読しました。私はメッセージを通して、パラオはもちろん、太平洋文化圏の出発地であるオセアニアに対する格別な愛を伝えました。

かつて文《ムン》総裁は、「環太平洋時代の到来」を宣布し、アジア・太平洋の摂理を何度も強調しました。一九九二年には、「統一世界はオセアニア（大洋州）から」と揮毫《きごう》し、オセアニアの復帰のために多くの精誠を尽くしました。

私はこの「環太平洋時代」を、地理的な概念から、文明圏の概念に拡張しました。そうして、「天一国《てんいちこく》安着のための天宙的カナン四十日路程」において、カンボジアの希望前進大会では国家次元の支持を、台湾の希望前進大会では中華圏からの支持を得ました。さらに、ニジェールでは国家の次元を超えてアフリカ大陸次元の支持を受け、パラオの希望前進大会を通しては、環太平洋諸国からの支持を得たのです。

その場に参加した各国の首脳夫人たちは、真の母の心情で世界の根本問題を解決するために、みなで力を合わせようと決意しました。参加者たちはこの日を、人類の独り娘、真の母が成し遂げた「女性解放の日」と命名しました。他のサミットとは違い、この日は、男性たちが女性のために大会を準備してサポートした、まさに女性が主役の日だったのです。

サミットの勝利の土台の上で、十二月十一日、国家主催の祝福式を挙行しました。しかし、歴史的な行事であるだけに、試練が続きました。サミットがスムーズに行われたため、この日もすべて順調に進むだろうと思っていたのですが、祝福式の当日を迎えた深夜零時に突然連絡が入り、レメンゲサウ大統領が祝福式に参加できなくなったことが分かったのです。大統領が参加できなくなった理由は、国会の予算会議が、祝福式の行われる午前十時から十一時三十分の間に重なったから、ということでした。まさに青天の霹靂《へきれき》であり、スタッフはただただ、戸惑うばかりでした。

ところが当日、デビー大統領夫人と元・現職の首脳夫人たちが祝福式の会場に入った時、司会者が意外なことに、レメンゲサウ大統領が到着したことをアナウンスしたのです。そして、本当に大統領が入場し、舞台に上がってきたのでした。

太平洋文明圏の安着において、オセアニアの出発となるパラオの希望前進大会の勝利は、摂理的に大変重要な意味を持っていました。この大会のために、私の子女やアジア・太平洋圏の指導者たちは「至誠感天」の精神で臨み、無事に勝利したのです。

私たちは一家族であり、食口《シック》（韓国語で「家族」の意）共同体です。「中断すれば失敗であり、中断せずに前進すれば、勝利に至る」という信念のもと、いかなる困難にぶつかっても毅然《きぜん》とした態度で前進しなければなりません。私はこのすべての内容を、大洋のように大きな母の心で受け止め、過ちを包みこむ「愛なる母」、「慈愛の母」でなければならないのです。ですから、夜中、子供に布団をかけてやる心情で、きょうも眠れぬ夜を過ごしているのです。

神《しん》中南米の偉大な前進、希望の花を咲かせる

「中南米は、忘れようとしても忘れられない場所です」

「私たちはそこである時期を、そっくりそのまま捧げました」

「そこにかけた願いが水の泡になってしまったようで、胸がとても痛みます」

私たち夫婦が最も精誠を尽くし、汗を流した場所の一つが中南米です。炎天下の中、土ぼこりをかぶりながら、希望の土地を耕すために超人的な精誠を捧げた時期がありました。今も目を閉じれば、中南米で摂理を進めた地域がはっきりと思い出されます。

そのような私たち夫婦の汗と涙がにじんでいる中南米の地で、いくつかの訴訟が起こっていることを思うと、胸が締めつけられるようです。希望を抱くのが難しい荒れ地のような中南米の地。しかし私はこの地に、希望の花を再び咲かせました。

二〇一八年八月、文《ムン》総裁の聖和《ソンファ》六周年記念行事を前にして、私は十二年ぶりにブラジルのサンパウロを訪れました。そして、中南米サミットと希望前進大会を行うことを通して、国家を復帰する摂理のために火を点《とも》したのです。

さらに二〇一九年、十二月十四日から十五日にかけてドミニカ共和国で行われた希望前進大

会を通して、それまで蒔《ま》いてきた希望の種がついに成長し、花を咲かせました。不毛の荒野のような中南米の地に一輪の花を咲かせ、実を結んだ中南米希望前進大会は、まさに偉大な挑戦であり、偉大な勝利でした。

カリブ海地域のドミニカ共和国で開催された希望前進大会は、同国第二の都市であるサンティアゴの州政府庁舎およびホテルパ・グラン・アルミランテ・ホテルで開催された「ラテンアメリカ・カリビアンサミット」をもって、幕を開けました。この行事にはブラジル、メキシコ、アルゼンチン、コロンビア、グアテマラなど、中南米の三十三カ国を含む四十三カ国から、五百人以上が参加しました。

グアテマラのジミー・モラレス大統領（当時）をはじめ、トリニダード・トバゴ、ニカラグア、エクアドル、ボリビア、ハイチなどの元首脳六人が参加する中、ドミニカ共和国からはダニーロ・メディーナ大統領の公式的な名代として、サンティアゴ州のアナ・マリア・ドミンゲス知事が参加しました。そのほかにも元・現職の国会議長十人、国会議員三十人以上、そして中南米各国から政界、経済界、宗教界の著名な指導者が参加したのです。

サミットの開会式では、元ニカラグア大統領夫人のマリア・フローレス女史が私を紹介し、続いて世界平和女性連合の世界副会長である文善進《ムンソンジン》が、基調演説として私のメッセージを代読しました。

「世界の難問題を解決し、恒久的な平和を安着させるためには、天の父母様に侍《はべ》るしかありません。天の父母様と一つになって、共に平和を実現しましょう」

基調演説を聴いた参加者たちはみな立ち上がり、大きな拍手で応えてくれました。

サミットの最後に、「世界平和頂上連合（ＩＳＣＰ）」を創立する意義深い決議の時間を持ちました。天宙平和連合のトーマス・ウォルシュ世界議長が世界平和頂上連合の趣旨と目的を紹介した後、トリニダード・トバゴのアンソニー・カルモナ元大統領、エクアドルのロザリア・アルテアガ元大統領、ハイチのジョスレルム・プリヴェル元大統領、ボリビアのハイメ・パス・サモラ元大統領などが、世界平和頂上連合を積極的に支持する演説を行いました。

続いて、世界平和国会議員連合の共同議長であるアメリカのダン・バートン元下院議員の提言に従い、サミットに参加した元・現職の首脳がみな立ち上がって、世界平和頂上連合の創立決議文に署名したのです。

サミットに続き、十二月十五日にはグラン・アレナ・デル・シバオ・スタジアムで、「天の父母様のもとの人類一家族」理想に基づいた平和理想世界を実現するため、「家庭平和フェスティバル」が開催されました。会場を立錐《りっすい》の余地もなく埋め尽くした人々が、フェスティバルを熱く盛り上げました。

このフェスティバルには、サミットに参加した元・現職首脳など、多くのリーダーが同席するとともに、ドミニカ共和国の自治体警察官約四千人やドミニカ国立警察官約六百人を含む、一万二千人以上が参加しました。

　文善進《ムンソンヂン》副会長夫妻が主礼を務め、六千組以上の祝福家庭が誕生したこの日の祝福式では、特に警察官を代表する参加者十人に、主礼から特別賞が授与されました。また、グアテマラのモラレス大統領が祝辞を述べ、祝福式の場を一層、輝かせてくれました。

　困難な環境の中でも、中断なき前進を続けた中南米の指導者や信徒たちの精誠が、この「神《しん》中南米」の地に希望の花を咲かせたのです。今後、この花がしっかりとした希望の実を結ぶことを、私は確信しています。

とめどない涙と共に歩む、神国家、神大陸、神統一世界への道

　二〇一九年十一月十八日に始まった「天一国《てんいちこく》安着のための天宙的カナン四十日路程」は、十二月二十八日、アメリカで「世界聖職者指導者会議（ＷＣＬＣ）」を創立し、大団円を迎えました。この路程はまさに、空を巻物にし、海を墨汁にして書いても書き切ることのできない、涙の路程でした。肉体の限界を克服し、身が砕けるほど歩き続け、苦難と苦痛の中で希望と願い、祝福の花を咲かせた、勝利の路程でした。

　こうして、文《ムン》総裁の聖和《ソンファ》以後における七年路程の中で、七カ国の国家の復帰の基準が立ったのです。さらに進んで、国家の復帰による「神国家」創建はもちろん、大陸復帰による「神

大陸」創建への驚くべき摂理的跳躍が可能になりました。ついに摂理史において、後にも先にもない「神《しん》国家、神大陸時代」を迎えたのです。

　このような実体的勝利の土台の上で、私たちが歩むべき最後の路程である「神統一世界」に向けて前進することを決意し出発する、歴史的な一日を迎えることになったのです。

　キリスト教は、西暦三一三年にローマで公認された後、イタリア半島から出発し、ヨーロッパ大陸を経て、島国であるイギリスにまで広がりました。イギリスは、のちに「太陽の沈まない国」と言われるほど、世界各地に植民地を広げ、繁栄しました。彼らは宣教という名目で、世界を席巻しようとしていたのです。

　イエス様は、「自分を愛するようにあなたの隣り人を愛せよ」（マタイによる福音書二二章三九節）とおっしゃいましたが、彼らはこの本来のみ旨を捨てて、自分たちの利益だけを考えたため、結局は略奪する文化だけが残ってしまったのです。経済的には豊かな強国を築きましたが、霊的な面では多くの人々を傷つける歴史を生み出しました。キリスト教はそれ以上、発展することができなくなったのです。するとその中で、信仰の自由を求めた清教徒の人々がアメリカ大陸に移住し、彼らによって、今日のアメリカが誕生しました。

　一九八一年十月、文《ムン》総裁はアメリカの一部の指導層の牽制《けんせい》を受けて脱税の容疑で訴えられ、一九八四年の七月から獄苦を味わうことになりました。その背後には、アメリカに大きな影響を与えていた私たち夫婦に対する、共産主義者の妨害もありました。

すぐにアメリカの多くの聖職者が、文総裁の投獄に抗議するデモを起こしました。さらに一部の聖職者は、ホワイトハウスの裏庭に即席の監獄を用意し、「獄苦同志会（同苦の会）」を結成して、自発的にその中に入ったのです。

彼らはまた、文総裁が無念な獄中生活を余儀なくされていることに対し、これは宗教の自由を侵害する反宗教的行為であるとして、マスコミやアメリカ政府に向かって問題提起をしました。当時、延べ七千人以上の聖職者が宗教の自由のための集会に参加し、さらに、文総裁の生まれた信仰の祖国である韓国を訪問したのです。

その後も、私たちは「米国聖職者指導者会議（ＡＣＬＣ）」を結成し、アメリカの五十州で巡回講演を行いながら、宗教間の葛藤や白人と黒人の間の人種問題の解決のため、平和運動の先頭に立ってきました。

私は二〇一九年六月、ＡＣＬＣの大会で宣布しました。

「私は、天の父母様と人類のために来た独り娘です。私と共にみ旨を成し遂げましょう」

すると、多くの聖職者が歓声を上げて応えてくれました。

「このような真実を、なぜ私たちは今になって気づいたのだろう！　こんな当然のことを、なぜ今まで考えることすらできなかったのだろう！」

彼らは感慨深く、自らの思いを吐露しました。私は改めて、ＡＣＬＣの大会に参加した一千人以上の聖職者に尋ねました。

「二十一世紀、真の父母の時代において、選民とは誰でしょうか？」

そして、このように宣言したのです。

「皆さんこそ、まさに二十一世紀における、真の父母を中心とした選民です」

さらに私は、選民の責任とは真の父母に侍《はべ》ることであると話しました。

同年の四月にはアメリカのロサンゼルスで祝福式が行われ、六月にはラスベガスで希望前進大会が行われました。オバマ元大統領のメンター（助言者）を務めたシティー・オブ・レフュージ教会のノエル・ジョーンズ牧師が、私を「平和の母」として証《あか》ししてくれました。

「神様は特別に、韓鶴子《ハンハクチャ》、真のお母様を送ってくださり、人類が一つになれるようにしてくださいました」

彼は自分の教会の五千家庭以上の信徒を、祝福結婚に導きました。その後、シティー・オブ・レフュージ教会は、家庭連合の旗と看板を掲げるようになったのです。

同年十月三十一日には韓国のソウルで、アメリカから来たＡＣＬＣの聖職者約四十人と韓国のキリスト教聖職者約四百人など、総勢七百人以上のキリスト教関係者が集まる中、「韓国聖職者指導者会議（ＫＣＬＣ）」の創立大会を開きました。

このような基盤の上で、アメリカにおいて思いを一つにし、ＷＣＬＣ創立に向けて準備を進めたのです。「夫の遺業を完成する」という私の決意は、まずキリスト教をはじめ、諸宗教を一つにすることでした。

二〇一九年十二月二十七日、ＷＣＬＣ創立大会を翌日に控え、アメリカの聖職者約四百人と世界七十カ国以上から集まった聖職者約六百人、合わせて一千人以上の聖職者が、天の父母様を中心とした「神《じん》統一世界」を実現するための会議の場を持ちました。韓国からは約百六十人が参加し、日本、中南米、アジア、アフリカなどからも、著名な聖職者が大勢参加しました。キリスト教出発の地であるヨーロッパからは、キリスト教界で最大の協議機関である世界教会協議会（ＷＣＣ）の著名な聖職者たちが参加しました。

会議では、まずアメリカのドナルド・トランプ大統領のメンターでもあるポーラ・ホワイト牧師が、私に対する感謝とアメリカ政府の進むべき方向性について述べました。続いて、各大陸を代表する六人が登壇し、基調演説を行いました。そのうち、アメリカの代表としてはジョージ・スターリングス大司教が、韓国の代表としてはＫＣＬＣ共同議長の金《キム》スマン牧師が、アフリカの代表としてはハデベ預言者が、それぞれ演台に立ちました。

翌二十八日、ついに「神統一世界のための希望前進大会」が行われ、アメリカ全土と世界中から訪れた聖職者およびキリスト教信徒約二万五千人が集う中、ＷＣＬＣが創立されました。歴史的なＷＣＬＣ創立に当たって、二人の義人が基調演説を行いました。最初に登壇したのはハデベ預言者でした。

「二〇一九年だけでも、南アフリカで二度、祝福式を開催しました。六月、六万人以上の人々が参加した国家レベルの祝福式の際、真のお母様は、抑圧と不義に立ち向かって自らの命を捧げた青年たちのため、解怨の祈祷を捧げてくださいました。続いて十二月、FNBスタジアムで行われた大陸レベルの祝福式では、『神《しん》アフリカ』を宣布してくださいました。それは、神様を中心としたアフリカを意味しています」

もう一人の義人、ノエル・ジョーンズ牧師も、演説を通して私のビジョンを証《あか》ししてくれました。

「真のお母様はアメリカの聖職者だけでなく、私たち全員に特別なビジョンを下さいました。ほかに誰が、これほど偉大なビジョンを実践できるでしょうか?」

この大会に参加した韓国の多くの聖職者が、私たちの運動に対するこれまでの認識と思いを改め始めました。

「今回の行事を通して、これまで聞いてきた家庭連合に関するうわさが、事実と大きく違っていることが分かりました。これまで『異端』という言葉を聞いて、目と耳を塞いでいたと思います。家庭連合の紹介を聞き、実際の現場を目撃してみて、文鮮明《ムンソンミョン》総裁、韓鶴子《ハンハクチャ》総裁に天の導きがなければ、このような奇跡的な業績は到底成し遂げられないという、強烈な霊的悟りを得ました」

ほかにも、多くの感想が発表されました。

「今回のことで信仰観が変わりました。新しいクリスチャンとして生まれ変わった気分です」

「なぜ今まで、異端だと言って反対していたのでしょうか。自分で知ろうともせず、うわさだけを聞いて反対していたことを後悔しています」

「深く感動しました。家庭連合がすることは神様のみ旨だと思い、これから誠心誠意、サポートしようと思います」

「韓鶴子総裁の『独り娘』としての悟りと、真の家庭の原理によって純潔無垢《むく》なエデンの園を築くというみ言《ことば》に感動しました」

私は登壇し、メッセージを伝えました。キリスト教がイエス様の再臨だけでなく、その相対である独り娘に対して関心を持つべきであったこと、そして天が韓民族を選び、一九四三年に独り娘を誕生させたことを明らかにしたのです。

「独り娘、真の母が行うこの祝福こそ、六千年間、人類が待ちに待ってきた夢であり、天の父母様の願いであることを知らなければなりません」

私はみ言を宣布する間中、涙を止めることができませんでした。その涙は、参加者の心にしっかりと届いたことでしょう。

文総裁と私はアメリカを救うため、生涯をかけて愛を実践してきましたが、かえってダンベリーの苦難をはじめ、言い表すことのできない迫害を受けてきました。その迫害の路程に加え、文《ムン》総裁の聖和《ソンファ》後に通過しなければならなかった苦難と苦痛の路程や、国家の復帰を信じて歩んできたこの七年路程、そして最後に、「天一国《てんいちこく》安着のための天宙的カナン四十日路程」に至るまでの多くの出来事が、まるで走馬燈《そうまとう》のように過ぎていきました。

心の中に秘めた一枚の写真、祖国光復を目指して

私は一枚の写真を、今も心の中に秘めています。目を閉じると、その写真が鮮明に思い起こされるのです。色あせた写真には、一人の女性が女の子を背負い、手に太極旗を握って立っている姿が写っています。私の故郷、平安南道《ピョンアンナムド》安州《アンヂュ》の市場のどこかで撮った写真でしょう。女性はとても気持ちが高ぶった表情で、誰かをつかんで、必死に何かを訴えているかのようです。一九一九年三月一日、祖母の趙元模《チョウォンモ》が、まだ幼かった母の洪順愛《ホンスネ》を背負って万歳運動に参加した時の写真です。

その写真は残念ながら、北から三十八度線を越えて南に下りる際、持ってくることができませんでした。今も故郷の家のどこかに、大切に保管されていることを願うばかりです。私がその写真をことさらはっきり覚えているのは、叔父から何度もその話を聞いていたからです。

私はまた、似たようなもう一つの光景をよく思い浮かべます。一九四五年八月十五日、祖母が私を背負い、やはり手に太極旗を持って立っている場面です。歓喜にあふれ、誰彼問わず、

抱き合って喜びを分かち合いたいというような表情をしています。

国を失って悲憤慷慨《ひふんこうがい》する姿と、国を取り戻して飛び上がるように喜んでいる表情は、極めて対照的です。私は生涯、この二つの場面を胸に刻みながら生きてきました。どちらも、私にとって最も大切な人生の土台となり、里程標となったものです。

私が何とか言葉を理解するようになった頃から、「神様が、お前の父親である」と語った祖母は、私の原点とアイデンティティーに気づかせてくれた信仰の手本でした。一方で、国を失い悲憤慷慨する祖母の姿は、私が探し出さなければならない国の象徴であり、解放してさしあげるべき天の父母様のもう一つの姿でした。そして解放を迎え、満面の笑みを浮かべている祖母の姿もまた、私が将来迎えるべき、天の父母様のもう一つの姿なのです。

今から百年以上前、安重根《アンヂュングン》義士は満州のハルビン駅で事件を起こして逮捕され、旅順刑務所に収監されて死刑宣告を受けました。その彼に対して、母親の趙姓女《チョソンニョ》（趙《チョ》マリア）は簡潔かつ断固とした手紙を送っています。

「老いた母より先に逝くことを親不孝だと思うな。卑屈に生を乞うのではなく、大義に死ぬのが母に対する孝行だ。こちらで作ったお前の寿衣《じゅい》（死装束）を送るから、この服を着て逝きなさい」

息子に、命を乞うて控訴するようなことはしないように強く言い聞かせ、息子の寿衣を自ら作って送るという手紙の内容から、国を思う母親の崇高な志を見て取ることができます。

刑が執行される前、白い寿衣《じゅい》を着て天を仰いだ義士の瞳は、「天下を雄視し、いつ志を果たそうか。東風は次第に冷たくなるが、壮士の志は熱い」という断固とした思いに加え、母親の言葉を胸深く刻むかのように、静かに輝いていたことでしょう。

事件後、日本の憲兵が母親を尋ねて追及した際も、彼女は「国民として生まれた身で、国のために死ぬのは、国民としての義務」と言って、落ち着いた態度で反論しました。百年以上も前、祖国光復のために闘った一人の愛国志士の母親から、死生決断の覚悟を垣間見ることができます。

文鮮明《ムンソンミョン》総裁と私は、神様の祖国光復のために一片丹心の生涯を生きてきました。決して振り返ることなく、ひたすら前だけを見つめて歩んできたのです。置かれた状況がいかなるものであれ、それを受け止め、周りに左右されることもありませんでした。昼も夜も、ただの一時も、天の父母様のことを忘れて生きたことはありません。

ソ連のクレムリン宮殿では、「レーニンの像を撤去し、神様を受け入れなさい」と大胆に伝えました。北朝鮮の主席公館でもためらうことなく、金日成《キムイルソン》主席に談判して、南北統一のための新たな活路を開きました。神様の祖国光復のためであれば、一寸の迷いもなく進んできたのです。そのような私たちに危機が迫るたびに、天の父母様は奇跡的なみ業によって導いてくださいました。

夫の聖体の前で、私は「命が尽きる日までに、この地に天一国《てんいちこく》を安着させる」と涙で誓いました。この決意を、事あるごとに心に刻んできました。

夫の聖和《ソンファ》後、み言《ことば》を地の果てまで伝え、世の中をかき抱くため、私は一心不乱に駆け回りました。口の中がただれて食事もできず、すぐにでも倒れてしまいそうな状態でも、一時も休むことはありませんでした。夫との約束、「必ず私が成し遂げる」という誓いを、常に心に留めながら生きてきたのです。

私たちは、天上に向かって出発する文総裁を国家レベルで見送ることができませんでした。そのため私は、夫に捧げる聖物として七カ国を復帰し、新たな天一国を開くと約束したのです。今やすべての文明は、大韓民国を中心に結実します。太平洋文明圏も韓国で実を結びます。それは天の摂理です。与えてはまた与える孝情《ヒョジョン》文化として、太平洋文明圏が韓国に結実しているのです。

国際ハイウェイは、アフリカ大陸においては南アフリカの喜望峰から出発して韓国に至り、南米大陸においてはチリのサンティアゴから出発して、やはり韓国に到着します。

二〇一九年元旦を迎えるに当たって、京畿《キョンギ》道《ド》加平郡《カピョングン》の清心《チョンシム》平和ワールドセンターに韓国全土の信徒が集まり、「神《しん》統一韓国時代開門汎国民祈祷会」を行いました。大晦日《おおみそか》の夜から新年の明け方まで、涙で祈りを捧げ、天の父母様の祖国解放と国家の復帰に向けて前進しようと決意を固める元旦祈祷会となりました。

私は韓国全土を五つの地区に分け、希望前進大会を開催しました。首都圏では「天運相続国運隆盛」というテーマで南北統一を祈願する十万人の希望前進大会を行ったり、韓国動乱の際の国連軍参戦および十六カ国への報恩というテーマで大会を行ったりしました。忠清道《チュンチョンド》では道知事が参加する中、三・一独立運動百周年記念と韓日和合をテーマにした前進大会を、慶尚道《キョンサンド》では邑面洞《ウムミョンドン》の指導者大会を開催しました。湖南《ホナム》では、「真の母を中心とした新たな生命誕生および太平洋文明圏時代安着希望前進大会」を開きました。

全羅南道《チョルラナムド》康津郡《カンジングン》には、赤ん坊の泣き声を耳にすることがなくなって何年にもなる地域がありました。最近、農村のほとんどが同じような状況にあります。康津郡の全域で開催した「新生児誕生真の家庭希望前進大会」と共に、全羅道《チョルラド》の三つの地域でも祝福式が行われました。すると、それに参加した三組のカップルがみな双子を生むという慶事が起きたのです。さらに、その地域で双子の子牛まで産まれたため、郡全体がお祝いムードに包まれました。祝福式の時、代表家庭として壇上に上がった高齢の夫婦に、私が大切にしてきた聖衣を贈ったのですが、その家庭にもやはり双子が生まれ、感謝のメッセージが届きました。

また、その地域の現職の郡守《クンス》（郡の長）が、今日のような人口絶壁（超少子化）時代において、家庭連合の祝福式こそが国を生かす真の愛国の道であるといって、地方自治体の代表として感謝の意を伝えるために敬拝をした姿が、映像で届きました。

私は折に触れて、今の時代、本当の意味で天の父母様のために祖国を探し立てることとは何だろうかと考えます。百年前、祖母が木綿の布の中から取り出した太極旗を熱心に振ったように、この時代、天一国《てんいちこく》のためにすべきこととは何だろうと考えるのです。

今、私たちは天の父母様の祖国光復のため、それぞれ胸にしまっていた国旗を取り出さなければなりません。祖母の趙元模《チョウォンモ》が太極旗を振りながら、大声で「大韓独立万歳！」と叫んだように、天の父母様の祖国である天一国億万歳を、世界万邦に向かって力強く叫ばなければならないのです。

新しい歴史の夜明けが近づいてきています。独り娘、真の母の顕現と救いの摂理によって、人類は新たな希望の世界へと向かっています。天の摂理は完全な天一国時代を迎えつつあり、地球村の人類はみな、歓声を上げています。

私たちは「ビジョン二〇二〇」実現の時を迎え、胸を膨らませて、希望の岬に立っています。新たに昇る明るい太陽を、心を開いて迎える瞬間です。明るく希望に満ちた、新たな天一国安着の時代に向かう時なのです。

〈了〉

日本語版発刊に当たって

本書は、二〇二〇年二月、韓国の金寧社《キミョンサ》から発刊された韓鶴子《ハンハクチャ》総裁（世界平和統一家庭連合）の自叙伝の日本語版です。

世界平和統一家庭連合は一九五四年、夫の文鮮明《ムンソンミョン》総裁（一九二〇～二〇一二）によって韓国の地で創立されました。創立以来、「神様のもとの人類一家族」というビジョンのもと、全世界で真の家庭理想に基づいた活動を推進し、平和世界の実現を目指しています。

日本家庭連合は一九五九年に創立され、二〇一九年に六十周年を迎えました。二十世紀、冷戦によって世界が分断される中、特に一九六〇年代から七〇年代にかけて日本でも左翼運動の嵐が吹き荒れましたが、文鮮明・韓鶴子総裁夫妻の御指導のもと、多くの青年が日本の共産化を防ぐために尽力しました。

また、世界的に性の乱れ、家庭崩壊が進む中で、家庭連合は純潔運動や真の家庭運動を積極的に展開しました。このように、家庭理想を示し、実現するという観点でも、御夫妻は日本をはじめ、世界に対して大きな貢献をされています。

現在も祝福結婚式を通して、数多くの男女が神様のもとで永遠の愛を誓い、理想家庭を実現するために努力しています。その中には、多くの国際カップルも含まれています。今後、彼らは日本および世界において大きな役割を果たしていくことでしょう。

本書には、韓総裁の誕生と幼少期、文総裁との聖婚、世界を舞台に展開された平和活動など、多岐にわたる内容が綴《つづ》られています。また、韓総裁の誕生に至るまでの歴史的な背景や、文総裁が聖和《ソンファ》（他界）された後の歩みも詳しく述べられています。

二〇〇九年に文総裁の自叙伝『平和を愛する世界人として』が出版されましたが、文総裁と生涯を共にされた韓総裁が、妻の立場から、また女性の観点から記された内容は、多くの読者に新鮮かつ深い感動をもたらすことでしょう。

韓国で行われた本自叙伝の出版記念会で、韓総裁は本書を通してより多くの人に、天の父母である神様を紹介することができてうれしいと、その心情を吐露されました。

世界では、国家・人種・宗教間などにおいて、今も様々な対立が起こっていますが、神様から見れば、人間は誰もが等しく子女であり、互いに兄弟姉妹にほかなりません。このような神様の観点に立って、人類を等しく愛し、苦しみから解き放とうと努力する人がいれば、その方こそ、まさに人類の父母であると言うことができます。

文鮮明・韓鶴子総裁夫妻はそのような人類の父母、「真の父母」として、天の父母である神様が私たち人間に託した願いを明確に示してくださり、平和世界実現のために歩んでこられました。二〇一二年に文総裁は聖和されましたが、韓総裁は平和をこの地にもたらす母として、変わることなく前進されています。

本書を読み進めていけば、韓《ハン》総裁の原動力となっているのが、天の父母様に対する孝情《ヒョヂョン》と、文《ムン》総裁との間で「必ず私が天のみ旨を成し遂げる」と交わされた約束であることが分かります。その韓総裁の歩みが大きな形で実りつつあることは、本書の終盤を読むことで、はっきり理解していただけるでしょう。

なお、日本語版の制作に当たっては、日本家庭連合で出版委員会を組織して韓国語の原書を忠実に翻訳し、日本の読者が理解しやすいように編集しました。

本書をきっかけとして、読者の皆様がより深く、文鮮明《ムンソンミョン》・韓鶴子《ハンハクチャ》総裁夫妻の生涯、そして「原理」のみ言《ことば》を学ぶことを願ってやみません。

天の父母様聖会 世界平和統一家庭連合

韓鶴子総裁自叙伝日本語版出版委員会